LA MISIÓN DE ELÍAS

UN LLAMADO A TODOS LOS PROFETAS E INTERCESORES

JOHN LOREN & PAULA SANDFORD

Para vivir la Palabra

MANTÉNGANSE ALERTA;
PERMANEZCAN FIRMES EN LA FE;
SEAN VALIENTES Y FUERTES.
—1 Corintios 16:13 (NVI)

La misión de Elías por John Loren y Paula Sandford
Publicado por Casa Creación
Miami, Florida
www.casacreacion.com

Library of Congress Control Number: 2007925421
ISBN: 978-1-599790-46-6
E-book ISBN: 978-1-599795-78-2

Desarrollo editorial: *Grupo Nivel Uno, Inc.*
Adaptación de diseño interior y portada: *Grupo Nivel Uno, Inc.*

Publicado originalmente en inglés bajo el título:
The Elijah Task
Publicado por Charisma House
600 Rinehart Road, Lake Mary, Florida 32746

Nota de la editorial: Aunque el autor hizo todo lo posible por proveer teléfonos y páginas de internet correctos al momento de la publicación de este libro, ni la editorial ni el autor se responsabilizan por errores o cambios que puedan surgir luego de haberse publicado. Algunos nombres y detalles de las historias están cambiados, y cualquier similitud con personas conocidas por el lector es mera coincidencia.

Impreso en Colombia

23 24 25 26 LBS 9 8 7 6 5 4 3 2 1

Índice

Prólogo

¡Este libro es magnífico! Ilumina la Biblia como si fuera una linterna que destaca los misterios de Dios. Explica la profunda obra del Creador en el interior del espíritu del hombre y el orden de la vida del hombre por el Espíritu de Dios.

Este libro puede resultar difícil para los principiantes. Quienes nunca han experimentado el sanador e iluminador poder de Dios se beneficiarían al leer primero libros más sencillos sobre la oración y la sanidad; pero después de haber disfrutado en los agradables pastos de la fe, ¡este libro es tan emocionante como un fuerte viento sobre las cumbres de las montañas o una tormenta en el mar!

Hay personas que han esperado toda su vida un libro como este, que ilumina, como así hace, la mente superior de Dios y la profunda mente del hombre.

—Agnes Sanford

Prefacio

Este no es un libro para principiantes. Quienquiera que presenta una nueva verdad, tiene el temor dual de que si lo que dice es cierto, puede ser difícil vivir con ello y, así, ser rechazado o, peor aún, que pueda ser rechazado porque debiera serlo. Al publicar, actuamos en fe en que Dios vencerá los errores de sus siervos y hará del libro el uso que Él quiera.

En la actualidad, no es popular hablar sobre oficios, talentos y dones especiales. Esta es una época de hermandad. Pero al igual que no debemos permitir nunca que la democracia y la igualdad apaguen el liderazgo, esa misma tendencia que equipara no debe permitirse en los temas espirituales. La verdadera unidad nunca cancelará las auténticas distinciones. Los celosos hijos de Jacob vendieron a José como esclavo, pero el Señor lo elevó a un puesto de autoridad y, así, restauró la unidad de la hermandad.

No podemos avanzar en lo que aparentemente no está trazado sin error. Solamente cuando hubo llegado la nueva época, los discípulos pudieron echar la vista atrás para ver que el camino había estado claramente trazado en las Escrituras todo el tiempo. Aunque la Palabra es totalmente verdad, no habrá garantía de que caminaremos en sus profundidades sin cometer muchos errores. De hecho, la garantía del ejemplo apostólico es que tropezaremos en el Reino, cada uno de nosotros. El Espíritu Santo solamente garantiza el producto terminado, y no nuestra dignidad a lo largo del camino. Por tanto, escribimos a los flexibles, y no a los rígidos. El profeta con frecuencia conoce el final de la escena, sólo para descubrir que no conoce nada de lo que hay entremedio, y que la vida puede que no resulte como él la ha visto en absoluto. Quienquiera, pues, que esté dispuesto a ser humillado debería seguir leyendo con deleite; puede que encuentre su historia ya aquí.

Ya que Paula y yo hemos concebido este libro como un esfuerzo dual, con frecuencia utilizo la palabra *nosotros*. Yo escribo, Paula edita y desafía, y escribe la copia final. Esperamos que los pronombres no confundan al lector, ya que consideramos la escritura como un ministerio de equipo.

CAPÍTULO UNO

El llamado

El oficio del profeta cristiano no debe confundirse con el don de profecía. El don de profecía es una palabra inmediata del Señor para la iglesia en reuniones para dar dirección, exhortación, amonestación o consolación. El Espíritu Santo puede hablar de ese modo por medio de cualquier persona. Sin embargo, hablar así no comisiona al profeta de esa ocasión para ese oficio.

Un profeta cristiano es un vigía. Su tarea sobre los muros de la ciudad de Dios lo reclama por completo. Dios actúa en todo nuestro ser y por medio de todo lo que somos. En todo lo que un profeta es, el Espíritu de Dios vive, se mueve y actúa. Veremos que eso también significa que la vida misma y el aliento del profeta cristiano es la intercesión dentro de la iglesia.

El oficio de profeta, el único entre los oficios del Nuevo Testamento, es desarrollado por completo en el Antiguo. Por ejemplo, el oficio de apóstol parece totalmente nuevo. Los maestros existían antes, aunque oímos poco sobre ellos. Se conocían a los sanadores, aunque con frecuencia quien sanaba era también el profeta. Se habla del don de lenguas en Isaías 28:11, pero se ha cuestionado si el don se ejercía o meramente se profetizaba. Por ejemplo, la profecía de Saúl, ¿fue lenguas o interpretación? Si no lo fue, ¿entonces qué fue? (ver 1 Samuel 10:8–13). Se habla de los pastores, como en Jeremías 23, pero una vez más, ¿quiénes eran: sacerdotes, profetas o ambos? La profecía y el oficio de profecía, sin embargo, no sólo se desarrollaban por completo, sino que también eran centrales para el plan del Señor. En sus profetas, y por medio de ellos, Él advirtió, riñó, bendijo, sanó, enseñó, anunció, llamó a Israel al arrepentimiento, sometió a reyes, dio revelación para doctrina, castigó y rescató. Cada libro, desde Isaías hasta Malaquías, está escrito por un profeta o es acerca de un profeta.

Dios no se deshizo de los profetas y de la profecía cuando Jesús vio y nació la iglesia. En cambio, Él expandió su función y su poder por virtud de la cruz y la resurrección. Así, el profeta dejó de ser un vigía solitario al que con frecuencia su propio pueblo mataba, y se convirtió en parte integral de la iglesia que, mediante la guía del Espíritu Santo, aprende a proteger y atesorar a sus profetas. Y aunque la carne puede que ensordezca el oído de la iglesia para oír a sus profetas, ellos ya no parecen estar en inminente peligro de vida como lo estaban sus homólogos en el Antiguo Testamento.

El profeta cristiano, como todos los cristianos, no tiene en absoluto ningún poder en sí mismo. Todo lo que él logra debe hacerse por el poder del Espíritu Santo. Hasta el punto en que descuide este hecho, fracasará. Dios Padre es un Dios de orden, no de confusión (1 Corintios 14:33; sustituimos la palabra orden por *paz*). Sus primeros actos de crear y dividir pusieron orden en el caos. Por lo tanto, debemos descartar la idea de profetas de mirada loca y atolondrada. En 1 Samuel 9:6, 9 Samuel es distinguido entre los que están en éxtasis, entre los cuales se cataloga a Saúl en 1 Samuel 10. Los profetas del Antiguo Testamento a veces hacían, sin duda alguna, cosas extrañas, como ir desnudos y descalzos (Isaías 20), casarse con prostitutas (libro de Oseas) o llevar yugos de bueyes (Jeremías 27–28), pero aquellos fueron mandamientos del Señor con el fin de despertar la conciencia del pueblo. Los profetas del Antiguo Testamento eran hombres de disciplina, sabiduría, consejo y perspectiva, y no de un loco éxtasis.

En el Antiguo Testamento, Dios no actuaba a menos de informar primero a sus profetas (Amós 3:7). Bajo el nuevo pacto, el Cuerpo de Cristo necesita profetas más que nunca, porque el Padre no actuará sin el clamor de visión de los vigías que convocan al Cuerpo a no darle a Él descanso en oración incesante hasta que Él establezca Jerusalén (la Iglesia) y la haga alabanza en la tierra (Isaías 62:6–7).

No es suficiente con decir: “Tenemos las Escrituras; los profetas ya no son necesarios”. Eso sería lo mismo que decirle a un general en batalla: “No necesitamos responder a sus correos; tenemos los planes originales de batalla, ¡trazados antes de que la guerra comenzara!”. La interpretación actual y la revelación fresca siempre son necesarias para la vida con un Dios vivo.

Un estremecimiento de expectativa ha pasado a toda velocidad por la iglesia en esta época, a medida que el Santo Espíritu ha impulsado a maestro tras maestro a hablar sobre unidad, autoridad y discipulado. Los menos perceptivos pueden ver que el Señor está preparando a su iglesia para el capítulo final de la Historia. Todos necesitamos estar bajo autoridad. Por eso, necesitamos apóstoles, necesitamos profetas. Dios ha proporcionado un trabajo preparatorio para tales líderes a lo largo del Nuevo Testamento (Lucas 11:49; Hechos 15:1–6, 22–23; 1 Corintios 12:28; 15:7–9; Efesios 2:20; 3:5, 4:11; 1 Tesalonicenses 2:6; Apocalipsis 18:20). Ahora bien, la iglesia actual, no meramente en el primer siglo, está "edificada sobre el fundamento de los apóstoles y los profetas, siendo Jesucristo mismo la principal cabeza del ángulo" (Efesios 2:20).

No es que el Señor regresará desde el cielo para retomar su autoridad, sino que la autoridad que Él ya ha estado expresando mediante su iglesia en la tierra será terminada con su regreso. Esa autoridad ahora se está reconociendo, desarrollando y poniendo en práctica dentro de su Cuerpo. La iglesia estará plenamente preparada para recibir a su Rey, poniendo con gozo sus coronas delante de Él cuando Él venga. Así, vemos a un Señor que actualmente conquista, reina y es más abiertamente victorioso en medio de la tribulación, hasta que la tristeza de la noche dé lugar al gozo del amanecer de la nueva era.

Los profetas de los últimos tiempos deben saber que la Palabra de Dios es totalmente verdad y no puede ser quebrantada, porque enseña que de las cenizas de la tribulación el Señor del cielo y la tierra dará entrada a una nueva era de gloria. Al igual que Jesús, "*por el gozo puesto delante de él* sufrió la cruz, menospreciando el oprobio, y se sentó a la diestra del trono de Dios" (Hebreos 12:2, énfasis añadido), así también su iglesia, al ver la victoria de nuestro Señor puesta delante de nosotros, debe soportar el sufrimiento para ser resucitada a la plenitud de la nueva era.

Definición de profeta

¿Qué es un profeta? Un profeta es uno cuya boca ha sido tocada para hablar por Dios (Isaías 6:7; Jeremías 1:9). Ya que el Señor a veces habla sobre el futuro, y tal revelación conlleva cierto drama místico, algunas veces hemos tenido la tendencia a limitar, falsamente, nuestra perspectiva de la profecía a este único aspecto. Los escritores, hablando de profecía bíblica, con frecuencia limitan sus citas y comentarios a aquellas profecías que, o bien han tenido su cumplimiento en la vida de naciones y de nuestro Señor o lo tendrán en el futuro. Esto, aunque es importante, es sólo un pequeño detalle de la misión del profeta. Él advierte, dirige, intercede, enseña y aconseja. Lo que es mucho más importante, él está en los muros para ver lo que el Señor está haciendo para poder llamar al Cuerpo a responder adecuadamente (Ezequiel 33:7).

Sueños, visiones y la palabra de poder en oración no son meros productos de una mentalidad poco práctica. Piense en la casa en que está. ¿Cómo se unieron el cemento, el cristal, la madera y otros materiales para formar lo que ahora le da calor y comodidad a su cuerpo físico? ¿Se reunieron los albañiles "prácticos" y comenzaron a pegar piezas una junto a otra como si fuera un mosaico? ¿O siguieron un plan? ¿De dónde provino ese plano? Alguien tuvo un sueño. Alguien tuvo una visión. Alguien vio el cuadro de lo que llegaría a ser la casa y lo tradujo en líneas de medida y estructura. En ese punto está el profeta entre Dios y su creación.

> Por la fe entendemos haber sido constituido el universo por la palabra de Dios, de modo que lo que se ve fue hecho de lo que no se veía.
>
> —Hebreos 11:3

Lo que no aparece es la idea, la visión de la mente de Dios. El profeta ve esa visión y es movido a hablar o a orar. "Respondió entonces Jesús, y les dijo: De cierto, de cierto os digo: No puede el Hijo hacer nada por sí mismo, sino lo que ve hacer al Padre; porque todo lo que el Padre hace, también lo hace el Hijo igualmente" (Juan 5:19). Así está el profeta cristiano.

Considere el llamado de Jeremías.

> Y extendió Jehová su mano y tocó mi boca, y me dijo Jehová: He aquí he puesto mis palabras en tu boca. Mira que te he puesto en este día sobre naciones y sobre reinos, para arrancar y para destruir, para arruinar y para derribar, para edificar y para plantar.
>
> —Jeremías 1:9–10

El profeta está en el grifo del agua del favor de Dios. Según el mandato del Padre, el profeta abre o cierra el grifo de vida. Las reservas de los ríos de gracia están en su mano. Si él cierra el poder según mandato del Señor, la tierra se seca y se marchita; si abre como respuesta a la mano de Dios, la tierra da fruto. Esto se aplica a naciones y a individuos igualmente. ¡Qué posición! ¿Cree usted que esto es algo solo del Antiguo Testamento? El apóstol Santiago escribió:

> La oración eficaz del justo puede mucho. Elías era hombre sujeto a pasiones semejantes a las nuestras, y oró fervientemente para que no lloviese, y no llovió sobre la tierra por tres años y seis meses. Y otra vez oró, y el cielo dio lluvia, y la tierra produjo su fruto.
>
> —Santiago 5:16–18

Aquí Santiago indica qué poder debiera tener también el cristiano. Debemos convertir el desierto mismo en corrientes de agua viva (Isaías 35; Romanos 8).

Tales eran el poder y la gloria del profeta durante la decadente dispensación de la muerte. ¿Cuánto mayores serán desde la dispensación del Espíritu (2 Corintios 3:7–11)? Todo el Cuerpo espera la llamada del profeta:

- Aquí, hijos de Dios, abran la manguera de la oración en este punto problemático; lávenlo y límpienlo.
- Su presidente tiene problemas; arrepiéntanse y oren.
- Dios sanará su tierra; arrepiéntanse.
- El Padre evitará desastres naturales y mantendrá segura su tierra; oye, oh Israel, y busca su rostro en oración.
- El Padre tiene una tarea para Juan, que está sin trabajo; que el cuerpo local ore ahora, y Él proveerá.
- El Señor advierte que María está a punto de sufrir un aborto natural; que la iglesia ore, y Él salvará al niño.
- El Espíritu nos alerta de que se cierne un accidente; oren por protección.

Se hará su voluntad. Jesucristo *es* Señor, Señor de cielo y tierra. Él vino a destruir toda distracción, todo pecado, toda obra de Satanás, pero no solo eso, sino también a transformarlos en gloria (Hebreos 2:14–15; Romanos 8:28).

> Por tanto, no desmayamos; antes aunque este nuestro hombre exterior se va desgastando, el interior no obstante se renueva de día en día. Porque esta leve tribulación momentánea produce en nosotros un cada vez más excelente y eterno peso de gloria; no mirando nosotros las cosas que se ven, sino las que no se ven; pues las cosas que se ven son temporales, pero las que no se ven son eternas.
>
> —2 Corintios 4:16–18

A nosotros nos corresponde escuchar y obedecer. Si no obedecemos, Él levantará a otros que sí obedezcan.

¡Qué disciplina, entrenamiento y castigo se requieren! El profeta, más que todos los demás, excepto el apóstol, debe morir al yo diariamente; su palabra no *debe* ser la suya propia. Qué graves advertencias dan Jeremías 23 y Ezequiel 13 al profeta carnal que habla no por el Espíritu de Dios sino por los vientos contrarios de su propia alma. Ningún principiante puede ser así de puro. Dios enseña en el rudo mundo de la prueba y el error. Por tanto, el profeta que está brotando será golpeado, humillado, burlado y rechazado; caerá en el error y se levantará, solo para volver a caer hasta que, en cada parte de él, al igual que Nabucodonosor, sepa —con hierba en su boca— que "el Altísimo tiene el dominio en el reino de los hombres, y lo da a quien él quiere" (Daniel 4:3).

Sólo si el profeta se mantiene donde la señala una espada que reluce en la mano de Aquel que la blande, la iglesia partirá la tierra "hasta partir el alma y el espíritu, las coyunturas y los tuétanos, y discierne los pensamientos y las intenciones del corazón" (Hebreos 4:12).

CAPÍTULO DOS

En el espíritu y el poder de Elías

Los hijos de Dios en los cuales Él ha hecho grandes cosas, provenían de vidas accidentadas. Moisés era un asesino. Mire lo que hizo Jacob con Esaú y Labán. Abraham engañó al rey Abimelec. David cometió adulterio con Betsabé e hizo que mataran a Urías. Pedro negó a Jesús tres veces. Juan y Santiago luchaban por ser los más grandes. Pablo iba a Damasco respirando muerte y amenazas. Nuestras vidas accidentadas, nuestra profunda pecaminosidad y degradación, caer vanamente en todo tipo de búsqueda, se convierten por la gracia de Dios en la cruz y en la resurrección, en la inevitable escritura de la sabiduría en nuestros corazones. Nuestras heridas y pecados se han convertido en nuestra escuela y preparación. Ojalá pudiéramos aprender la pureza de la manera fácil. Gloria a Dios, porque su misericordia es tal que Él convierte la profundidad de nuestro pecado en la fortaleza del ministerio. No estamos orgullosos de nuestros males, pero la dulce gracia de Dios es tal que al final le damos gracias por ellos. Nuestros pecados se han convertido en nuestro entrenamiento para un elevado llamado en lugar de ser nuestra descalificación.

Por lo tanto, les decimos a todos aquellos que han pensado: *Yo soy Elías*, o que han oído algunas locas palabras que pretendían provenir del Santo Espíritu: ¡quizá lo sea! Quizá oyera correctamente. Meneó su cabeza como si quisiera que se fuera la niebla ese día; se preguntó si se había emborrachado en el Espíritu. Quizá se puso en vergüenza usted mismo al decírselo a su ministro o a algunos amigos, quienes le dijeron que lo olvidara. Pero siguió dándole vueltas en la cabeza hasta que pensó que se había vuelto loco, o quizá se sintió llamado sin nada de esa presión emocional. Y a veces sucede que la iglesia hasta sugerirá a uno de sus miembros que puede que tenga un llamado.

Si esto le está sucediendo a usted ahora o no, ninguna de las dos cosas es definitiva. El Espíritu Santo confirmará su llamado con señales seguras. Si Él no lo hace, usted no fue realmente llamado, pero déle a Él mucho tiempo. Si ahora no siente nada y nunca lo ha sentido, puede que Él aún no le haya dado el llamado. No procedemos sobre la base de los sentimientos, sino según su Palabra segura y la seguridad de su confirmación dentro del Cuerpo de Cristo. "Esta es la tercera vez que voy a vosotros. Por boca de dos o de tres testigos se decidirá todo asunto" (2 Corintios 13:1). Ni el pecado ni los presentimientos y los sentimientos de llamado le equipan (o no le equipan) a usted para la llamada a mantenerse en el espíritu y el poder de Elías. Es Dios quien llama. ¿Quién puede estar delante de Él (Malaquías 3:2)? Descanse tranquilo. Él llamará a quien le plazca, y Él lo bastante grande para llegar hasta quienes quiere verdaderamente.

¿Cuál es la misión de Elías?

Lo más sabio es siempre comenzar con lo que nuestro Señor mismo dice.

> Mientras ellos se iban, comenzó Jesús a decir de Juan a la gente: ¿Qué salisteis a ver al desierto? ¿Una caña sacudida por el viento? ¿O qué salisteis a ver? ¿A un hombre cubierto de vestiduras delicadas? He aquí, los que llevan vestiduras delicadas, en las casas de los reyes están. Pero ¿qué salisteis a ver? ¿A un profeta? Sí, os digo, y más que profeta. Porque éste es de quien está escrito: He aquí, yo envío mi mensajero delante de tu faz, el cual preparará tu camino delante de ti. De cierto os digo: Entre los que nacen de mujer no se ha levantado otro mayor que Juan el Bautista; pero el más pequeño en el reino de los cielos, mayor es que él. Desde los días de Juan el Bautista hasta ahora, el reino de los cielos sufre violencia, y los violentos lo arrebatan. Porque todos los profetas y la ley profetizaron hasta Juan. Y si queréis recibirlo, él es aquel Elías que había de venir. El que tiene oídos para oír, oiga.
>
> —Mateo 11:7–15

Juan el Bautista predicaba a las orillas del Jordán. En aquella región, había hermosas cañas. En la mañana, esas cañas se erguían altas en medio de los rayos del sol y, durante el calor del día, se hundían. En el frescor de la noche, volvían a elevarse, meciéndose lentamente con el toque de la brisa. Los turistas llegaban desde muy lejos sólo para sentarse y observar la belleza de la subida y la bajada de las cañas. Jesús, por tanto, podría haberles dicho muchas cosas a sus oyentes: "¿De verdad oyeron lo que Juan el Bautista decía, o se distrajeron por mirar a las cañas?". [Esta información sobre las cañas y la del siguiente párrafo referente al pelo de camello del chaleco de Juan provienen de notas tomadas al escuchar al obispo K. C. Pillai de India enseñar sobre la cultura de la Biblia].

Eso sería lo mismo que podría decirles a algunos en el día del juicio: "Les dije esta o aquella cosa necesaria en la iglesia cierto día por medio de mi predicador, el reverendo Brown (Jones o Kowalski); ¿estaban mirando por la ventana aquel día?". Las personas podrían muy bien haberse distraído, al igual que nos sucede a nosotros en nuestros bancos en la actualidad. O también podría haber querido decir: "¿Salieron esperando que Juan el Bautista fuera como otros, movido y llevado de un lado a otro (por todo viento de doctrina y la astucia de hombres, como se dice en Efesios 4:14)? ¿Esperaban que él, como muchos otros, fuera derrotado por la oposición, sólo para levantarse, temblando, cuando las cómodas brisas de una segura tarde hayan llegado? ¿Es por eso que no lo oyeron?". Cualquiera que sea el significado que prefiramos, Él con toda claridad estaba contrastando la debilidad de las cañas con la fortaleza que había en Juan.

Juan llevaba un chaleco de pelo de camello, con el lado suave hacia fuera y las cerdas hacia dentro. ¡Ay! Cualquiera que haya frotado su cara contra la barba sin afeitar de su padre en la mañana tiene una pista de lo que se siente. Cualquiera que haya pisado con pies descalzos las cerdas de un felpudo ha sentido ese toque. Quien haya intentado frotar su brazo o su pecho con lija se hace una mejor idea aún. Juan era alguien que se flagelaba. Una persona así es alguien que se castiga a sí misma por su propia mortificación y por arrepentimiento en lugar de otros. El dolor del pelo de camello hacia el interior de su pecho era una constante llamada al arrepentimiento por la aspereza de nuestros pecados, como las cerdas del camello, contra la naturaleza justa de Dios.

Las personas conocían la naturaleza simbólica de la ropa. ¿Estaba, por tanto, Jesús diciéndoles: "Su ropa mental, su modo de pensar, sus hábitos y tradiciones, son demasiado cómodos para su espíritu.

Se han envuelto en el modo de vida fácil que forma el camino hacia la destrucción"? Juan no sólo llevaba el irritado exterior del pelo de camello; su ropa interior le pinchaba profundamente hacia un continuo arrepentimiento y cambio.

Arrepentimiento: el espíritu de Elías

Quien quiera estar en el espíritu y el poder de Elías debe estar dispuesto a llevar puesto el pelo de camello en el interior. Puede que nunca se lo quite, porque el espíritu de Elías es el espíritu de arrepentimiento. Arrepentimiento no es tristeza; arrepentimiento es cambio, es gozo. La naturaleza del profeta nunca debe quedarse fija, estacionaria e inflexible. Lleva puestas cerdas interiores.

Al igual que una vasija estropeada en la rueda del alfarero que constantemente está siendo remodelada, descrita en Jeremías 18, así es el espíritu de Elías. El alma que, entre otras cosas, es nuestro carácter y personalidad, es la ropa de nuestro espíritu. Ese es uno de los significados de las hojas de higuera. Adán y Eva desarrollaron personalidades llenas de astucia, ocultando las verdaderas actitudes del espíritu de la vista de Dios (como si Él no lo supiera ya). Por eso el Salmo 32 dice: "*En cuyo espíritu* no hay engaño" (v. 2, énfasis añadido). La ropa interior de Juan es la ropa del continuo pinchazo de la conciencia, sacando a la luz todo engaño. Edificamos el tipo de muros de autofelicitación, de orgullo y de farisaísmo a los que Juan se oponía y que Dios derribaría, porque "toda nuestra justicia es como trapos de inmundicia" (Isaías 64:6).

Pasemos por un momento a los versículos siguientes y preguntémonos por la afirmación: "pero el más pequeño en el reino de los cielos, mayor es que él. Desde los días de Juan el Bautista hasta ahora, el reino de los cielos sufre violencia, y los violentos lo arrebatan" (Mateo 11:11–12). ¿Qué anda mal en Juan? ¿Por qué es el mayor de los hombres de antaño el menor de los nuevos? ¿Qué quiere decir nuestro Señor con que "*desde los días de Juan el Bautista hasta ahora*, el reino de los cielos sufre violencia, y los violentos lo arrebatan" (v. 12, énfasis añadido)? Con la llegada de Juan el Bautista llegó un cambio en el enfoque del cielo. Jesús estaba hablando de un periodo muy breve de historia. ¿Cuánto tiempo predicó Juan antes de que Jesús comenzara su ministerio? Probablemente menos de diez años. En ese breve lapso de tiempo él introdujo un enfoque radicalmente nuevo sobre Dios. Jesús tomó nota del cambio cuando dijo: "desde los días de Juan el Bautista *hasta ahora*" y "todos los profetas y la ley profetizaron *hasta Juan*". Algo más que profecía funcionaba en Juan; por tanto, el reino de los cielos sufría violencia como nunca antes, y los hombres violentos lo arrebataban. ¿Cómo? ¿Con qué violencia? ¿Qué había cambiado?

La respuesta es profundamente sencilla. Los seres humanos inevitablemente intentan vivir el camino del cielo esforzándose por ser buenos, lo bastante buenos para ser dignos del cielo. En el Antiguo Testamento el arrepentimiento fue predicado por todos los profetas pero, hasta Juan, el arrepentimiento nunca se convirtió en una cosa en sí misma, y nunca en el medio de llegar al cielo. El arrepentimiento era el antídoto contra estar destituido de la gloria de Dios. Era un regreso al sendero de justicia establecido. Vivir en justicia, obedeciendo los estatutos de Dios, era el único camino hacia el cielo predicado entre los hombres. El arrepentimiento sólo era una llamada a regresar a ese camino.

En Juan, sin embargo, el arrepentimiento se volvió completamente radical. En él, el hacha debía ponerse en la raíz de los árboles. Los hombres llegaban a Juan pensando que sería suficiente arrepentirse como antes, regresando a los caminos establecidos. Juan rechazó tal idea y demandó frutos correspondientes a una nueva forma de arrepentimiento. Él llamaba a los hombres no meramente a regresar a una demostración externa de justicia mediante hacer buenas obras, sino a una muerte total del yo. Él les "decía: "Sí, hagan buenas obras", pero ya no podía pensarse en eso como lo suficiente. El hacha debe ir hasta la raíz. El camino de Juan es el camino de la muerte. No hay *nada* bueno en el hombre a lo que pueda regresar mediante el arrepentimiento. Toda la estructura debe desintegrarse, y el hombre debe estar desnudo delante de Dios. Este entendimiento se convirtió en el mensaje crucial de la teología de Pablo. El mensaje de Juan fue reivindicado. La humanidad *es* profundamente pecadora. No hay nada que valga la pena salvar. La muerte y el nuevo nacimiento son la única respuesta de Dios para el pecado.

Por tanto, ¿qué estaba mal? ¿Por qué se hablaba del camino de Juan como uno violento? La pregunta es: ¿Quién estaba haciendo eso? Juan, y también la persona que siga el camino de Juan en lugar de aceptar la gracia como un regalo. El camino anterior era el camino de obtener el cielo a fuerza de buenas obras hechas por seres humanos. Eso era tan externo como nuestra "acción social" de la actualidad, realizada por quienes piensan en cambiar a una persona cambiando sus condiciones. Juan vio que el hacer buenas obras por sí mismas, sin importar con cuánta frecuencia o cuántas, nunca podía cambiar el corazón, que es el único cambio que realmente importa. Por tanto, comenzó a remodelar al hombre en el interior. Pero históricamente, el camino de Juan llegó antes de la cruz y la resurrección. ¡Su camino no era nada menos la obtención del cielo que el camino anterior de hacer buenas obras! No había manera de que él pudiera conocer el don gratuito de la salvación, el cual aún no había sido revelado. Por tanto, él obtendría su camino hacia el cielo por medios negativos, al quitar lo malo. El reino (todos los hombres que intentan su camino), por tanto, sufría violencia.*

El camino de Juan era una preparación para la llegada del Señor, el allanar las montañas interiores y elevar los valles interiores. Esta obra sigue siendo tan verdadera y necesaria como entonces. Las ciudadelas interiores del hombre, cuyas rígidas maneras de pensar, esos prejuicios incuestionables, esas respuestas automáticas sin supervisión, los falsos motivos ocultos, los escondidos pecados del espíritu, todas las rarezas y complejos que andan sueltos tras quien hace el bien, deben ser abiertos a la quirúrgica espada del Espíritu, pues si no, la cruz no puede penetrar hasta el núcleo del hombre. La misión de Elías precede a la obra redentora de la cruz. Todo predicador es consciente de eso cuando comunica el mensaje dual que primero revela el pecado y luego aplica el bálsamo del evangelio.

Digámoslo de otro modo. Cuando Juan comenzó a predicar su arrepentimiento radical, el cual destruyó toda columna de la mente humana, se mostró a la gente un nuevo camino de obtener el reino. Ya no era el camino positivo de construir bondad en el sistema del carácter interior, sino el camino violento de destruir lo falso. El hacha

* Una traducción de Mateo 11:12 dice: "El reino del cielo viene violentamente", lo cual, desde luego, sucedió en la muerte de Jesús. Pero aun así dice que todos los hombres entran el reino violentamente o con violencia. Muchos eruditos entienden que eso significa la violencia de la muerte para nuestro propio yo, que es el significado que adoptamos aquí, porque no hay manera en que nadie pudiera hacer violencia al perfecto reino del Padre.

es violenta por naturaleza. ¡Uno no descansa en el filo de un hacha! Una vez que comienza el movimiento del hacha mental de Juan, nunca se detiene. Se suelta de la mano y tiene una vida irrefrenable por sí misma. Se convierte en algo como el ho-rror de la obra de Edgar Allan Poe, *The Pit and the Pendulum*. En cualquier pedazo de autoconfianza que encontrara usted donde mantenerse, el hacha de la verdad encuentra sus motivos ocultos, y usted avanza un paso más hacia el abismo de la desesperación. No hay escape. Ya que el pecado se ha infiltrado absolutamente en todas las cosas buenas que hayamos hecho, el movimiento del hacha, una vez que comienza, tarde o temprano corta hasta la raíz. La depresión y la muerte propia nos esperan.

Muchos, inseguros de la confianza y la gracia en Jesús, han caído en el abismo de la desesperación. Invariablemente, al aconsejar a los deprimidos, hemos visto el movimiento del hacha de Juan detrás de la depresión. En círculos cada vez más amplios, corta el suelo de los buenos sentimientos sobre el que reposa la víctima hasta que la desesperación los vence. La depresión es con frecuencia el resultado, donde debiera estar la libertad en el Espíritu Santo.

¡Imagine la acción de esta hacha antes de la misericordia de la cruz y antes de la llegada del Espíritu Santo a las multitudes! Sólo cuando el orgullo y la autoconfianza fueran hechos pedazos podrían oírse las buenas noticias de la cruz. La obra de Juan era necesaria, y lo sigue siendo hoy día; pero no debe estar en pie por sí misma. Lo negativo es sólo para limpiar el camino para lo positivo.

Tras lo negativo viene lo positivo

Quienes llegan hoy en el espíritu y el poder de Elías deben llegar en el poder gozoso y celebrador de la fiesta de Dios. Si no, como Juan, traerán muerte al feliz festival del reino. Su marca no debe ser el "o…o" sino el "ambos, y". Hacen un llamado a la muerte interior. Ellos eran el chaleco invertido de dolor, pero sólo para pinchar los engaños que enturbian el gozo de la fiesta. Más importante aún, el frotar el hombre interior no es su misión, sino la del Espíritu Santo, para quien ellos preparan el camino. Nuestro Señor *ha* venido. ¡Este es un nuevo día!

Nuestro misericordioso y amoroso Padre celestial felizmente nos *daría* el reino. Desgraciadamente, ni siquiera Él puede derramar vino nuevo en odres viejos. Si solamente pudiéramos desenvainar la piel de nuestra vieja naturaleza carnal con alegría y prontitud, todo sería diversión y juegos en la alegría de la nueva era; pero somos obstinados. Con tenacidad, nos aferramos a los viejos caminos. Peor aún, no somos conscientes de la mayor parte de nuestra naturaleza pecaminosa y de sus prácticas en nuestro interior. Nos hemos ocultado de nuestra propia carne (Isaías 58:7). Por tanto, Juan debe llegar. Lo viejo debe ser derribado y totalmente destruido antes de que pueda surgir lo nuevo. "He aquí, yo hago nuevas *todas* las cosas" (Apocalipsis 21:5, énfasis añadido). Ahora Él nos ciñe con lo nuevo, llenándonos de la bendición de su Santo Espíritu antes de que Él obre el misterio de la santificación en nosotros.

Necesitamos permanecer firmemente en las buenas nuevas, porque a quien entre en el proceso de morir al yo y regrese de Jesús a Juan, ¡le cortan la cabeza! Una vez que la mente y la conciencia son movidas para poner en movimiento el hacha de la autopercepción, nunca se detienen. Continúan obrando, hasta de modo subliminal, buscando debilidades y culpas que, sin fe, nos destruyen mediante la tensión y la ansiedad. Algunos han sido impulsados al suicidio. Incontables hijos de Dios, incapaces de detener sus pensamientos acusadores y de pretexto, han sido impulsados a la bebida, las drogas, la lascivia... cualquier cosa para escapar a las tensiones de la culpa. Su mente sobrecargada de culpa, incapaz de detener la obra cortante de la conciencia, finalmente se agota. La persona puede volverse deprimida, maníaca, catatónica, perder la cabeza con alcohol o drogas, o con la cabeza cortada por el hacha del pensamiento. Pero eso no tiene por qué ser así si la persona ha abierto su corazón lo suficiente al tierno perdón y la sanidad de nuestro Señor Jesucristo.

La violencia, entonces, es para el yo y para todo lo que nos rodea. El arrepentimiento radical fue un nuevo camino que comenzó en Juan, el cual fue benditamente breve en la Historia. Lo mismo debería ser con nosotros. Donde esté el hacha de las obras de Juan, la cruz y la resurrección deberían seguir de inmediato. El reino *llega* violentamente y *permanece* en paz.

Muchos, sin embargo, obran al revés y se ocultan de sí mismos tras el aparente refugio de la cruz. Afirmando con sus labios honrar al Señor, no permiten que el filo del hacha toque sus corazones cuando debiera hacerlo. Consideran la cruz como gracia barata y evitan el dolor del filo que nos deja desnudos delante de Dios. Siempre que el predicador toca un área clave, ha "dejado la predicación y ha pasado a la intromisión". Para ellos, afrontar la naturaleza pecaminosa cesó cuando aceptaron a Jesús como Salvador. ¡Millones de cristianos se ocultan de Dios y de su propia carne en el santuario mismo del Señor!

Pero si queremos crecer en nuestro Señor, no hay manera de escapar de la espada de la verdad. Somos espiritualmente perezosos. Al igual que aquellos a quienes Jesús habló, vemos una vestimenta suave en todo lo que se nos dice. "Háblanos de cosas fáciles, y no de cosas difíciles". Por eso los profetas del Señor deben levantarse y mantenerse en el espíritu de Elías. Llevando puesto su propio pelo de camello interior, y quitando primero la viga de sus propios ojos, deben seguir el camino de Juan y llevar a cabo la misión de Elías, de hacer volver los *corazones* de los hombres a sus hijos y los *corazones* de los hijos a sus padres (Malaquías 4:5–6). Su misión es la de cortar hasta lo más profundo del ser.

Si la iglesia respondiera, como un ciervo que salta alegremente sobre las montañas, cruzando los muros del autoengaño, gran parte de la misión de Elías sería innecesaria. Pero somos lentos de mente y de espíritu, y lo seremos aún más. Y por eso el Señor debe levantar nuevamente para cada edad y para cada persona sus Elías, que corten nuestros incrustados espinos de pensamiento a fin de que el Príncipe de Paz pueda llamarnos de muerte a vida.

El poder de Elías

Hasta aquí hemos hablado solamente del espíritu de Elías: el de arrepentimiento. Elías llega también en poder.

> Pero, ¿qué salisteis a ver? ¿A un profeta? Sí, os digo, y más que profeta.
>
> —Mateo 11:9

Juan era más que cualquier profeta del Antiguo Testamento. Él "prepararía el camino delante de ti". La comisión de Juan era más que la de cualquier otro profeta. Jeremías desarraigó y derribó reinos

(Jeremías 1:10). Isaías retrasó el tiempo diez grados (Isaías 38:8). Moisés sacó a Israel de la cautividad, recibió los Diez Mandamientos, hizo milagros y, en Números 12:8, habló con Dios cara a cara. Eliseo multiplicó aceite, resucitó muertos e hizo que el hierro flotara en el agua (2 Reyes 4:1–16; 6:5–6). Elías depuso al rey Acab y Jezabel, mató a 850 profetas de Baal y Asera, purgó a todo Israel, ungió rey a Jehú, clamó que cayera fuego del cielo sobre un buey cubierto de agua, detuvo las lluvias durante tres años y medio, luego dio lluvia, clamó que descendiera fuego del cielo y quemara a un capitán y sus cincuenta hombres, ¡y finalmente fue llevado al cielo en un carro de fuego! Sin embargo, ¡Jesús nos dice que entre los hombres nacidos de mujer nadie fue más grande que Juan!

Aquí yace un misterio. No se nos dice que Juan hiciera ningún milagro. Él no derrocó reinos, sino que, por el contrario, un rey le cortó la cabeza inspirado por una muchacha que danzó. En cuanto a preparar el camino para Jesús, al verlo uno podría preguntarse sencillamente qué fue lo que Juan logró. El camino se suponía que sería allanado y lo torcido enderezado, las montañas allanadas y los valles elevados. Sin embargo, agarraron a Jesús para lanzarlo de cabeza por un precipicio (Lucas 4:29), estuvo en peligro de ser apedreado hasta la muerte (Juan 10:31–34) y lo abandonaron, lo traicionaron y finalmente lo crucificaron. ¿Qué había de llano y liso en todo eso? ¿Qué poder ejerció Juan? ¿En qué fue grande? ¿Cómo preparó el camino del Señor? ¿Fracasó en su tarea?

Dijimos que los hombres normalmente buscan alcanzar el cielo esforzándose por ser buenos externamente, mientras que Juan buscó el cambio en el corazón por medio del arrepentimiento del mal. Igualmente, los hombres definen el poder como una posición en la política, como victoria en la guerra, y como lo milagroso en la religión. Quien tenga éxito en esos caminos es aclamado como grande. Lo mismo es cierto en todos los campos: economía, agricultura, artes, deportes, educación de los hijos. Quien pueda lograr más con el mínimo esfuerzo o gobernar a otros es pregonado por el mundo como el más grande. Pero aprendemos en el Nuevo Testamento que la verdadera grandeza no es ninguna de esas cosas (por ejemplo: Mateo 18:1–4; Lucas 22:24–27). La verdadera grandeza es la humildad que vacía a uno mismo interiormente y se manifiesta en el servicio a otros, como lavar los pies de los discípulos. La vemos en Juan cuando dice: "El que viene tras mí, cuyo calzado yo no soy digno de llevar, es más poderoso que yo" (Mateo 3:11) y "Es necesario que él crezca, pero que yo mengüe" (Juan 3:30). Juan fue el primero entre los hombres delante de Jesús que descubrió la verdadera grandeza al vaciarse a sí mismo y servir humildemente a otros.

El verdadero poder no es gobernar sobre otros (Lucas 22:25), sino el volverse el menor a fin de edificar a otros. "Nadie tiene mayor amor que este, que uno ponga su vida por sus amigos" (Juan 15:13). En el Reino, la verdadera grandeza y el poder no son en absoluto lo que el mundo supone. Juan habló del principio de la mansedumbre, de morir al yo por causa de otros, como el camino hacia el Reino, y lo puso en práctica.

Juan es, sin embargo, menos que el menor en el Reino porque él precede a la gracia; es decir, Juan es el Juan humillado. El cristiano es humillado por el Espíritu Santo y nace de nuevo no por voluntad de hombre, ni por el esfuerzo de la carne, sino de Dios (Juan 1:13). Así, Juan es el mayor porque, en ese breve periodo de tiempo, llamó las mentes de los hombres al nuevo principio.

Él preparó *el camino* del Señor. El Señor Jesús llevó este camino inverso hasta su conclusión en su crucifixión. Juan sí que cumplió su misión; entró y comenzó el camino del que Jesús habló como el suyo propio y en el cual andaremos para siempre como "seguidores del camino" (Hechos 9:2).

¿Y las montañas y los valles? Las montañas simbolizan la oración, y los valles hablan de desesperación y humillación. La Escritura dice: "El que aparta su oído para no oír la ley, su oración también es abominable" (Proverbios 28:9). Romanos 3, citando el Salmo 14, nos dice que cada uno de nosotros ha hecho precisamente eso. Todos nos hemos apartado para no seguir la ley y nuestra oración es una abominación, hasta que la gracia de Cristo nos crea de nuevo. Ya que esforzarse es fundamental para el viejo hombre, el cual debe morir para que nazca el nuevo, toda boca debe cerrarse (Romanos 3:19), ¡aun la de la oración! Aparte de la cruz, cualquier éxito espiritual en la oración crea problemas con el orgullo, pero en Cristo dejamos toda jactancia (1 Corintios 1:31). Por tanto, aun las buenas oraciones de los hombres deben cesar, y toda montaña debe allanarse, hasta que la oración se convierta en un acto inmerecido de Dios en los hombres, y no en un esfuerzo mediante el cual Él es manipulado.

Así, todo valle debe ser elevado. Todos aquellos que hayan fracasado por completo, no quienes hayan tenido éxito, no quienes son justos, serán salvos. Jesús vino para salvar a los perdidos, a quienes atraviesan el valle de sombra de muerte. No la muerte en sí misma, sino es la sombra—los temores, las heridas, los fracasos—la que arruina la mente y derriba el orgullo. El camino de Juan podría ser el camino de la muerte, su camino podría quitar lo que es noble ante los ojos del hombre, pero es un consuelo para los que ya están caídos. Cada persona que haya conocido alguna vez la depresión amaría y entendería a Juan el Bautista. Algunas personas conocen su camino plenamente. Su mensaje fue bálsamo para las multitudes conquistadas; ellos eran quienes llegaban sinceramente para ser bautizados. A los ricos él los despedía vacíos (Lucas 3:8; 1:53).

El profeta, el capacitador

Por tanto, cualquiera que venga en el poder de Elías debe despojarse de las visiones de grandeza. El profeta del Nuevo Testamento no es el hacedor de milagros, ni el sanador, ni el maestro, ni el evangelista; no está en el foco central. El profeta es el capacitador de la bujía que pone en marcha a otros. La obra de Juan estuvo oculta en su mayor parte, una lucha en el desierto con la fantasmagoría invisible de los corazones de los hombres. La obra de Juan se hizo en ayuno y en oculto para que otros pudieran brillar cuando Jesús llegara. Él fue el intercesor desde los desiertos desolados para que las puertas de las cárceles interiores pudieran abrirse y otros llegaran a Jesús. Esa es también la tarea de los profetas del Nuevo Testamento.

Ese fue el gran cambio que hizo a Juan ser más que un profeta. Los profetas del Antiguo Testamento brillaban como luces y líderes; hacían grandes milagros y señales, pero no leemos de un sólo milagro hecho por un profeta en el Nuevo Testamento, aunque los profetas siguen existiendo. Pablo, Bernabé y Silas pueden ser excepciones; de otro modo, no oímos de profetas cristianos que estén en el centro de la escena como hacedores de milagros. Felipe tenía a cuatro hijas profetisas que se mencionan en Hechos 21:8–9, pero no oímos de ninguna obra hecha por ellas. El profeta Agabo ata las manos de

Pablo como una señal y advertencia, pero no sabemos de ninguna otra cosa hecha por él (Hechos 21:11). Había profetas y maestros en Antioquia, entre ellos Bernabé y Saulo (Hechos 31:1), pero su obra está despojada de la prominencia de "fuegos artificiales en la noche", no debido a que el oficio profético haya pasado, sino porque Juan, que fue más que un profeta, y Jesús, nuestro Señor, han cambiado su curso y, así, su ley. Ahora ellos, como Juan, hacen su obra en su mayor parte en secreto, o tranquilamente dentro del Cuerpo.

Cuanto más alta sea la escalera tanto de los dones como de los oficios, menos vemos una demostración abierta y más un servicio escondido y tranquilo. Del apostolado, el oficio más elevado, sabemos que quien es el más grande debe ser el menor.

El poder del profeta cristiano es humillar al poderoso y levantar al destituido. Cuando otros ríen, él llora en su espíritu, y cuando ellos lloran, su espíritu se regocija. Porque él va un paso por delante en la visión y en el carga que hay en su espíritu. El Señor es el precursor, pero Él es con mayor frecuencia ese precursor por medio de sus profetas. Ellos van delante de Él para preparar su camino en el Cuerpo. Cuando la iglesia se regocija y celebra la victoria de nuestro Señor, el profeta ya es llamado a la siguiente batalla, al siguiente abismo de tristeza. La siguiente obra del Señor está sobre él. Cuando el Cuerpo de Cristo se retuerce en dolor y arrepentimiento, el profeta se regocija de que el cuerpo se esté arrepintiendo y también de que la recompensa de la misericordia del Señor esté llegando. Aunque el profeta es uno con la iglesia, sin embargo él siempre se mantiene un poco apartado. El profeta del Antiguo Testamento habría ido por delante para hablar, sanar o hacer cualquier cosa que fuera necesaria. El profeta del Nuevo Testamento postra su espíritu en oración, sin que el resto del Cuerpo lo sepa, y otros se encuentran a sí mismos sanando, enseñando o hablando. Esa es una de las razones por la cual los profetas que son profetas por oficio se sientan en la reunión mientras que otros que no ocupan el oficio se convierten en los profetas del momento. Al igual que el ministerio de Juan el Bautista, como un iceberg tiene nueve partes por debajo de la superficie y una en el exterior, así son el poder y la obra de los profetas.

Ellos no son manipuladores que manejan las cuerdas tras el telón. Más bien son quienes luchan en oculto contra quienes verdaderamente

CAPÍTULO TRES

A restaurar todas las cosas

Jesús sabía que la humanidad olvidaría la necesidad de la misión de Elías. Todos preferimos saltar cómodamente a la red sin pausar para quitar dolorosamente lo viejo. Por tanto, siempre que encontró la ocasión, Jesús habló unas palabras para revelar su propósito para las misiones de los Elías de los últimos tiempos.

> Cuando descendieron del monte, Jesús les mandó, diciendo: No digáis a nadie la visión, hasta que el Hijo del Hombre resucite de los muertos. Entonces sus discípulos le preguntaron, diciendo: ¿Por qué, pues, dicen los escribas que es necesario que Elías venga primero? Respondiendo Jesús, les dijo: A la verdad, Elías viene primero, y restaurará todas las cosas. Mas os digo que Elías ya vino, y no le conocieron, sino que hicieron con él todo lo que quisieron; así también el Hijo del Hombre padecerá de ellos. Entonces los discípulos comprendieron que les había hablado de Juan el Bautista.
>
> —Mateo 17:9–13

Unas palabras, sí, ¡pero qué tres palabras de profecía tan asombrosas, llamativas e intensas! "¡Restaurará todas las cosas!". Obviamente, Él no podía haberse referido a Juan el Bautista, aun cuando no hubiera usado un verbo en futuro. Juan no restauró todas las cosas. Los profetas del Antiguo Testamento nunca dijeron que él fuera a restaurar todas las cosas. Restaurar es un mandato positivo a edificar. La comisión de Juan era la de preparar el camino allanando montañas y elevando valles, poniendo el hacha a la raíz de los árboles, y reduciendo a hierba todo orgullo humano. Nada de eso es un mandato a restaurar; por lo tanto, una vez más, no podría ser una referencia a Juan el Bautista.

Sin embargo, la Escritura sí que habla de muchos que serán restauradores (Isaías 58:12; 61:4). Toda la iglesia debe actuar como Elías. La iglesia no debe huir al cielo antes de la tribulación, sino restaurar todas las cosas como preparación para el regreso del Señor. ¿Qué gloria es para el Señor llevarse a su ejército antes de la batalla? La iglesia es creada para ese propósito precisamente, para restaurar todas las cosas y que Él pueda regresar con honor.

> Mas vosotros sois linaje escogido, real sacerdocio, nación santa, pueblo adquirido por Dios, para que anunciéis las virtudes de aquel que os llamó de las tinieblas a su luz admirable.
>
> —1 Pedro 2:9

Hemos estado dispuestos a celebrar ser la luz; nos hemos regocijado por la misericordia mencionada en el siguiente versículo. ¿Y lo de "para que anunciéis las virtudes de aquel que os llamó"? Eso significa estar como pueblo peculiar y escogido; eso significa victoria en medio de la tribulación.

Isaías profetizó sobre que las naciones se volverían al Señor, la vegetación de la tierra y la vida animal siendo sanadas y cambiadas, y los malos incapaces de sostener su tipo de vida en medio de tal cambio (Isaías 59:16–19; 60:1–5; 62). Isaías proclama la victoria del Señor a medida que Él cambia la tierra *por medio de* su pueblo peculiar y escogido. Nosotros, la iglesia, somos el Elías de la profecía "restaurará todas las cosas".

Sin embargo, la iglesia no se convierte en el Elías de los últimos tiempos hasta que, como Jesús mandó, sus mensajeros concretos, sus profetas Elías, llamen a la iglesia a la misión de Elías.

Elías vendrá primero

Elías significa "mi Dios es Yahvé". Todo lo demás es idolatría. Elías viene para proclamar el dominio único de Dios en la tierra y en el cielo. Esa proclamación es fuego y destrucción de todo lo que no es Dios. Elías, así, es llamado "el profeta de fuego".

En Judas aprendemos que el fuego es algunas veces venganza: "...como Sodoma y Gomorra y las ciudades vecinas, las cuales de la misma manera que aquéllos, habiendo fornicado e ido en pos de vicios contra naturaleza, fueron puestas por ejemplo, sufriendo el castigo del fuego eterno" (Judas 7). En 2 Tesalonicenses 1:7–8 entendemos que el fuego de Dios se ha convertido en venganza para quienes "no obedecen el evangelio de nuestro Señor Jesucristo". Veremos, sin embargo, que antes de esa venganza final, mientras aún tenemos tiempos para arrepentirnos y ser salvo, el fuego de Dios es para las bendiciones duales de refinar y sanar.

"Porque él es como fuego purificador... Y se sentará para afinar y limpiar la plata; porque limpiará a los hijos de Leví, los afinará como a oro y como a plata, y traerán a Jehová ofrenda en justicia" (Malaquías 3:2–3). Y Malaquías profetizó un sol que sale para quienes confían en el Señor como "el Sol de justicia, y en sus alas traerá salvación" (Malaquías 4:2), y para quienes no lo conocen como "un horno... que los abrasará" (v. 1). En una ocasión bendice con sanidad, y en la otra abrasa con destrucción. ¡Ese mismo fuego actúa de modo distinto en los hombres según dónde estén ellos en el Señor!

> Su llama no te quemará; yo solo diseño
> que consuma tu escoria, y que tu fuego refine.[1]

Isaías preguntó:

> ¿Quién de nosotros morará con el fuego consumidor? ¿Quién de nosotros habitará con las llamas eternas? El que camina en justicia y habla lo recto; el que aborrece la ganancia de violencias, el que sacude sus manos para no recibir cohecho, el que tapa sus oídos para no oír propuestas sanguinarias; el que cierra sus ojos para no ver cosa mala.
>
> —Isaías 33:14–15

No es que los justos escaparán al fuego, sino que sabrán cómo permanecer bendecidos en el fuego. El fuego que es amor no tendrá nada de daño en él para quienes saben y confían en que solo quema y quita la escoria. Quienes no confían en Dios Padre por medio de Jesús se encuentran a sí mismos totalmente destruidos por el derramamiento de ese mismo fuego imparcial de amor.

Juan el Bautista dijo de Jesús: "él os bautizará en Espíritu Santo y fuego. Su aventador está en su mano, y limpiará su era; y recogerá su trigo en el granero, y *quemará la paja en fuego que nunca se apagará*" (Mateo 3:11–12, énfasis añadido). El Elías del Antiguo Testamento habría manejado él mismo el fuego, como lo hizo sobre los dos capitanes y sus cincuenta (2 Reyes 1:1–16). Juan demuestra el cambio con respecto a que él va delante para que Maestro pueda bautizar con fuego; no Juan, sino el Maestro, es quien maneja el fuego. La primera parte de la misión de Elías es preparar a la iglesia para el fuego.

"…y con fuego"

Hemos oído mucho sobre el bautismo del Espíritu Santo, y deberíamos tenerlo; fue tiempo para el bautismo y lo sigue siendo. Ahora necesitamos oír la última parte de estos versículos que profetizaron la venida del Espíritu Santo por medio de nuestro Señor: "y con fuego". Jesús quiere que tengamos más que el bautismo del Espíritu Santo; debemos ser bautizados también con fuego.

Dios puede permitir a Satanás tentar; Satanás no tiene ningún poder de otro modo. Dios inició la conversación que terminó con Él permitiendo que Job fuera tentado en el fuego de la aflicción. "Entonces Jesús *fue llevado* por el Espíritu al desierto, para ser tentado por el diablo" (Mateo 4:1, énfasis añadido). Nuestro Señor sin pecado también ha pasado por el camino de la tentación y el sufrimiento.

El amor de Dios permite la tentación, y la iglesia necesita creer eso de una manera nueva. Satanás ya no es el dios de este mundo; él fue un usurpador, y Jesús lo ha depuesto y lo ha sacado a la luz. Jesús es Señor del cielo y de la tierra. A pesar de eso, cuando nos negamos a permitir que la tierna mano del Señor nos ministre, Él abre las puertas para que Satanás nos enseñe la lección (comparar 1 Timoteo 1:20).

Algunas veces, no debido a terquedad o el pecado, sino simplemente porque también nosotros, como el Señor, debemos luchar con las tinieblas para hacernos fuertes, las tentaciones se enfrentarán a nosotros. Por eso es muy importante saber que Jesucristo es, sin duda alguna, Señor y que Satanás es un pobre, demente y enfermo espíritu cuya demencia puede a veces actuar como el veneno de una serpiente para curar la mordedura de una serpiente. Muchas veces, hemos luchado por nuestras vidas contra los poderes demoníacos y contra Satanás mismo. Hemos sido atacados, ahogados, casi asfixiados e incapaces de emitir sonido alguno. De eso aprendimos que Satanás tenía ese poder solamente si podía conseguir nuestras propias energías en la batalla. Su único poder es el engaño; ¡él verdaderamente es un viejo espíritu débil y enfermo que debe huir cuando su víctima sencillamente alaba al Señor! A medida que aumenten los momentos de tribulación, que no tengamos más exaltación necia del supuesto poder de Satanás, no más proyección de nuestros problemas sobre Satanás como si él nos hubiera hecho hacer lo que hicimos, no más quejas bajo la mano de Dios como si Él no fuera quien nos disciplina o como si, contrariamente a todas las promesas de la Escritura, Satanás de algún modo nos hubiera arrebatado de la mano de Dios.

Quizá el libro más oportuno en esta época sea el de Merlin Carother, *Power in Praise*.[2] Si el lector no lo ha afrontado, sugerimos que deje este libro y lo digiera por completo, porque no puede entender lo que este libro ofrece sin ello. La iglesia se mantiene en su misión de los últimos tiempos "mostrando las alabanzas de Dios" al alabarlo a Él en medio de las aflicciones y los horrores de la tribulación.

Jesús nuestro Señor mismo nos bautiza con fuego. Algunos de nosotros hemos buscado sensaciones como sentir fuego sobre la cabeza o por todo el cuerpo. El maravilloso amor de Dios verdaderamente derrama sobre nosotros misericordiosamente llamas de calidez. También nosotros hemos sentido ese fuego una y otra vez; pero tales sentimientos efímeros no son la evidencia completa del Espíritu Santo para los que creen (1 Corintios 14:22), y las lenguas de fuego son meras señales de paso en la carne. La evidencia duradera del bautismo en el Espíritu Santo es una vida fructífera, y la auténtica evidencia del bautismo de fuego es un alma purgada.

La iglesia necesita entender su llamado a ser hijos e hijas que, en medio de los horrores, alaben al Padre por amar lo suficiente para disciplinar. No puede juzgar por lo que sus ojos ven o sus oídos oyen (Isaías 11:3). Si el dolor, la muerte y el sufrimiento se multiplican, la iglesia debe ver lo que Dios está formando por medio de ellos en el alma del hombre o, mejor aún, no verlo, para alabar a Dios de todos modos con una confianza sencilla. Es vital para la venida de nuestro Señor que lo alabemos en medio de las tribulaciones que llegarán. Él mismo envía el fuego de la forma que sea.

Sean demonios, diablos, nuestra propia carne, otros seres humanos, carencias, desastres naturales, muerte o enfermedad, cualquiera que sea el instrumento en la mano de Dios, que nosotros, como Sadrac, Mesac y Abed-nego, le alabemos en medio de ello.

Esta es la primera misión de los profetas Elías de esta época: preparar a los hombres para el fuego. No estamos preparados si buscamos escapar; no estamos preparados por optimistas; estamos preparados cuando alabamos a Dios por todas las cosas. Estamos preparados cuando vemos a Jesús como el Señor de gloria en todas las cosas y no atribuimos nada a los instrumentos que Él usa. Estamos preparados cuando sabemos que alabarlo a Él va acompañado de arrepentimiento por nuestra parte. Al alabarlo a Él por todas las cosas sin arrepentimiento, no afrontamos lo que nos corresponde afrontar. En lugar de atribuir demasiadas cosas a Satanás, podemos atribuir tanto a Dios que, al hacerlo, nos ocultamos para no admitir lo que hemos hecho o lo que debiéramos hacer. Estas dos cosas, arrepentimiento y alabanza a Dios, van juntas de modo tan natural como el día y la noche: el uno sigue al otro.

Elías es el profeta de fuego. Él advierte del fuego que llega; clama que descienda fuego mediante la oración intercesora. Elías hoy día lo serán los profetas del Señor que adviertan del comienzo de la tribulación. Ellos no sólo deben advertir de modo general, sino también concreto, tal como el Señor les indique, con respecto a familias, iglesias, individuos, vehículos, aviones, terremotos y tornados. Un profeta del Señor le dijo a su amigo: "Revisa el neumático derecho de la parte delantera de tu auto. El Señor me acaba de advertir que algo puede sucederle". Antes de que el hombre avanzara más de unas cuantas manzanas, esa rueda se salió de su lugar. Si no hubiera sido advertido, y hubiera estado viajando a velocidad normal, podría haberse matado. El Padre se interesa en los más pequeños detalles de nuestras vidas. Dios utilizará a los profetas para proteger a los suyos en las llamas de la tribulación en un mundo lleno de dolor. Ellos llamarán al Cuerpo a orar de modo más concreto para evitar o suavizar muchas tragedias. Los profetas hablarán las advertencias de Dios para que pueda evitarse la enfermedad, o si no se evita, para que se reciba en el conocimiento de que "todas estas cosas padecemos por amor a vosotros, para que abundando la gracia por medio de muchos, la acción de gracias sobreabunde para gloria de Dios" (2 Corintios 4:15).

Los profetas no solo deben advertir del peligro que se avecina, sino, en algunos casos, ellos también deben clamar para que llegue. Se les manda a veces que clamen para que descienda el fuego del sufrimiento rápidamente sobre el Cuerpo mediante la oración intercesora. ¿Parece eso una necedad? ¿Entonces por qué un médico le da a un paciente una medicina que sabe que le hará vomitar? Él sabe que cuanto más tiempo permanezca el veneno en el interior, más se acerca su víctima a la muerte. Cuando Dios, en su sabiduría, sabe que estamos inconscientemente en las tenazas de la maldad, entonces con misericordia puede que Él traiga disciplina con rapidez para prevenir la muerte. Por tanto, Dios puede llamar a un profeta a que clame por disciplina sobre un individuo, familia, grupo o nación.

Los profetas de los últimos tiempos deben estar totalmente muertos a sí mismos en nuestro Señor y en perfecta obediencia. Sus mentes deben permanecer puramente en Él, para no echar agua sobre fuegos que Dios esté avivando o, peor aún, clamar por fuegos de sufrimiento a causa de sus propios deseos ocultos de venganza.

La necesidad de disciplina está así pesadamente sobre nosotros. Cualquier fuego, sea espiritual o terrenal, es más difícil de controlar. Sin embargo, los fuegos controlados han calentado nuestras casas, han cocinado nuestros alimentos y han impulsado nuestros motores. El fuego espiritual controlado es aún más necesario y valioso. Los hombres deben aprender, como lo hizo Pablo, a permitir que la aflicción valga su peso en oro.

A veces, cuando oramos, vemos en nuestras mentes un cuadro de paz, tranquilidad y comodidad. A veces ese es también el deseo de Dios, y a veces no. Puede que realmente estemos adorando un ídolo y tratando de conseguir que Dios nos ayude; en ese caso, su respuesta a nuestra oración puede que sea exactamente lo contrario de lo que queríamos.

El profeta puede pedir a Dios que retenga la disciplina, como Abraham rogó por las malvadas ciudades de Sodoma y Gomorra (Génesis 18). Pero también debe cesar, como Abraham hizo, y permitir a Dios que no haya obstáculos en la tarea de disciplinar a sus hijos por su propio bien. Para una cultura que ha aprendido a envolverse de comodidades y utiliza su ciencia para racionalizar y descartar la verdad, uno de los aspectos de la vida que deben restaurarse con más necesidad es la disciplina (Proverbios 13:18).

Restaurar todas las cosas

¿Qué significa "restaurar todas las cosas"? ¿Debe ser la tierra transformada en Utopía antes de que Él regrese? La Escritura nos dice otra cosa. ¿Qué otra cosa podría significar "restaurar todas las cosas"? Si un hombre contrata a un consultor gerente para su oficina, podría decir: "Él pondrá todo en orden y nos proporcionará algo de eficiencia aquí". En ese caso, "todas las cosas" sería relativo al negocio del cual se estuviera hablando. La vida de ese hombre en su hogar, por ejemplo, podría seguir siendo un desastre, su fe o su vida entre sus amigos. Sin embargo, el consultor podría ciertamente restaurar todas las cosas en el negocio.

Quizá Jesús quisiera decir que todas las cosas en toda la tierra deben ser restauradas por la iglesia, y que esos pasajes que hablan de guerra continua son una parte del cumplimiento de esa profecía. O quizá, ya que Él estaba hablando a los tres discípulos más cercanos en ese momento, estuviera pensando solo en la restauración de la iglesia misma. No tenemos palabras concluyentes en ninguno de los sentidos. Quizá el Señor no quiera que lo sepamos.

El profeta del Señor debe aprender a nunca suponer que dice una palabra por su propia autoridad (Deuteronomio 18:20). Sabemos que debemos seguir sirviendo, observando y orando con fervor según el Espíritu que está en nosotros hasta que Él nos diga otra cosa. Por tanto, importa poco en este punto en la Historia qué significado tuvieran esas palabras. Nuestro trabajo es igual. Oramos por él cada día tal como Él nos enseñó, diciendo: "Venga tu reino. Hágase tu voluntad, como en el cielo, así también en la tierra" (Mateo 6:10). Sigamos adelante para estar tan llenos en Él que su Espíritu pueda tener las riendas para llevar a cabo todo lo que Él quiera.

La siguiente es una palabra para los sabios: la misión de Elías no es conocer de manera precisa lo que ciertos pasajes proféticos de los últimos tiempos significan. Eso es mucho trabajo y no logra nada significativo en el corazón del individuo; no supone una preparación real para el regreso de Él, ni le da verdadera gloria y honor.

Romanos 12, todo el capítulo, nos dice lo que es agradable a Él, y no oímos nada sobre estudiar las Escrituras para encontrar pistas sobre cómo o cuándo Él regresará.

Esto es lo que podemos saber: cualquier cosa que fuera perdida o destruida por el pecado necesita ser restaurada. Cristo fue enviado para destruir las obra del diablo (1 Juan 3:8). La restauración no sólo destruye las obras de Satanás, sino que también transforma todas las cosas de modo que obren para bien para quienes aman a Dios (Romanos 8:28). Toda situación problemática es una forja en la cual Dios está edificando fortaleza en sus hijos. Cualquier cosa que pase, cualquier cosa que sea resultado del pecado humano, necesita ser restaurado; esta es la misión a la cual el siervo del Señor es llamado.

Sin embargo, la existencia de problemas no es lo que mueve al profeta del Señor. Muchos inválidos llenaban los pórticos en el estanque de Betesda, rodeando a un hombre que había estado allí por treinta y ocho años. Jesús lo levantó solo a él (Juan 5:1–9). En otras ocasiones Él sanó a *todos* los enfermos (Mateo 8:16; 12:15). Por tanto, el profeta del Señor no es movido por la tragedia o los llamamientos de ayuda; él debería preguntarle a su Señor cuando vea la tragedia u oiga los llamamientos, pero el mandato del Señor es lo que le mueve a actuar.

Cualquier restauración que Dios decrete en el momento dado es la misión del profeta, ni más, ni menos. Jesús advirtió que muchos irían haciendo grandes milagros, pero no en la voluntad de Él (Mateo 7:21–13).

Una buena obra es iniquidad si la hemos hecho fuera del mandato del Señor. Si un sargento no consulta con su capitán, o peor aún, le desobedece, y captura una colina, ese mismo acto de valentía puede exponer a uno de los flancos y poner en peligro a todo un ejército. Así sucede con el ejército del Señor. Se está enseñando obediencia al Espíritu a los hijos de Dios. Restauramos lo que Dios nos mande restaurar, y nada más.

Regreso a la unidad

Esta lección deduce una de las mayores misiones de esta época: el regreso a la unidad. La unidad ya existe. Estamos en el Espíritu, y Él está en completa unión con el Padre y el Hijo y con cada cristiano. Así, en el Espíritu, no mentimos cuando cantamos:

> Como un poderoso ejército se mueve la iglesia de Dios
> Hermanos, pisamos por donde los santos han pisado;
> *No estamos divididos; como un solo cuerpo nosotros,*
> *Uno en esperanza y doctrina, uno en caridad.*[3]

En Él *somos* un cuerpo; sin embargo, expresamos conflictivamente esa doctrina que existe y que discurre por nuestros varios espíritus como un río de fe. Cualquiera que se proponga crear o edificar unidad como si no existiera ya, comete blasfemia. Cualquiera que en obediencia al Espíritu actúe dentro de esa unidad para restaurar la unidad, es un soldado en sus filas.

La unidad es vital. Su ejército debe actuar en concierto. La unidad es el terreno mismo de las obras de Dios entre los hombres.

> ¡Mirad cuán bueno y cuán delicioso es
> Habitar los hermanos juntos en armonía!...
> Porque allí envía Jehová bendición,
> Y vida eterna.
>
> —Salmo 133:1, 3

Ahí, donde "los hermanos habitan en unidad", es donde Dios ha enviado la bendición. La deducción es que donde se carece de unidad, la bendición de Dios no puede estar. Uno no tiene que estar mucho tiempo en la iglesia para aprender que, donde hay unidad, Dios bendice, y donde hay desacuerdo, Él no bendice. La unidad es el preludio y la condición principal para el poder en oración (Mateo 18:19). La unidad siempre existe en el Espíritu en el cuerpo, sin importar cómo alborotemos y peleemos, pero la unidad debe viajar de espíritu a alma, y a corazón, y a mente y a acto antes de que dé fruto entre los hombres.

Sin embargo, la búsqueda de unidad no tiene por qué evitar la discusión, las diferencias de opinión o hasta el profundo desacuerdo. Una cosa es estar de acuerdo tan profundamente en corazón, alma y espíritu, que podemos estar en desacuerdo violentamente en mente sin interrumpir la unidad o romper el acuerdo que beneficia a la oración. Otra cosa es permitir que los desacuerdos causen enojo y un espíritu partidista de modo que las energías interiores sean arrastradas a batallas inconscientes y debates conscientes. Pablo y Pedro batallaron fuertemente (Gálatas 1–2). Sin embargo, el Padre hizo estupendos milagros en ambos y por medio de ambos; ¡y dondequiera que ellos iban la iglesia prosperaba! Los hombres luchaban contra Pablo en todas partes. La mayoría de las cartas del Nuevo Testamento están escritas abordando peleas o ellas mismas están implicadas en zanjar alguna disputa. Sin embargo, la iglesia estaba llena de poder.

Podemos alborotar unos contra otros enérgicamente sin interrumpir la verdadera unidad. No debemos hacer tal ídolo de la unidad que necesariamente ocultemos las irritaciones necesarias de comunicación y así hacerle un flaco servicio a la unidad mientras interiormente nos sentimos frustrados y odiamos. La restauración de la unidad también significa la restauración de la comunicación sincera. El enojo, los celos, el rencor, la envidia y cosas similares rompen el tejido de la unidad, y no la comunicación sincera. Si los corazones de los hombres están tejidos como uno, el ejercicio mental de debate sirve solamente para resaltar el respeto y aumenta la broma y la diversión. No necesitamos tener temor a las peleas, mientras perdonemos de inmediato y abracemos con sonrisas. La unidad se mueve de espíritu a alma y corazón por la ruta de la apertura, y no por un apretado silencio.

Cada denominación aporta sus puntos fuertes al resto de la iglesia. Por ejemplo, algunos protestantes ahora están comenzando a apreciar lo que Dios ha sostenido y prosperado entre los católicos en áreas tales como la misa, los conceptos de autoridad y la devoción litúrgica. Algunos católicos están aprendiendo a valorar lo que Él ha revelado a los protestantes en términos de reverencia por la Biblia, ser nacidos de nuevo y el don gratuito de la salvación. Dios quiere convertir la era de la división en la era de la unidad, haciendo que cada brazo de su Cuerpo presento lo que ha sido esculpido en la roca de la verdad en aislamiento como un don para toda la iglesia. Pablo habló acerca de la unidad de la fe. Cuando se produce esta unidad, ya no somos llevados de un lado a otros por todo viento de doctrina, sino que hablamos la verdad los unos a los otros en amor, creciendo como un cuerpo "bien unido" que aumenta y se edifica a sí mismo en amos (Efesios 4:12–16).

Nadie que haga sonar su propia trompeta y demande acceso exclusivo a la verdad tiene lugar en el ejército del Señor, y mucho menos en las filas de los profetas Elías. Elías clamó: "¿Hasta cuándo claudicaréis vosotros entre dos pensamientos? Si Jehová es Dios, seguidle; y si Baal, id en pos de él" (1 Reyes 18:21). El asunto no se trataba solamente de escoger a Dios, y solamente a Él, sino que era el de tener una opinión: unidad en el cuerpo. Jezabel desvió hacia dioses fenicios; Acab debería haber guiado hacia Dios. La unidad estaba destruida, pero Dios levantó a Jehú, por medio de Elías, para purgar a Israel hasta que la unidad fuese restaurada. Hoy día, Dios restaura la unidad no mediante fuego y muerte, sino por el camino de la cruz, el fuego del Espíritu y la misericordia del perdón y de compartir. Es momento para que la madera, el heno y la hojarasca en nuestro pensamiento sean quemados a fin de sus preciosas gemas de sabiduría preservadas en cada brazo de la iglesia puedan brillar a la luz de Él (1 Corintios 3:11–15).

La restauración de la unidad puede ser el único factor por el cual el Señor espere a dar la llamada a la última batalla. En un coro, continúan la charla y las payasadas hasta que el director del coro levanta su batuta. Poco a poco todo queda en una concentración silenciosa en ese individuo, y hasta que el director del coro haya obtenido esa unidad, no dará la señal para comenzar. El gran coro del Señor se está formando desde sus distintas ramas, aún saludándose, aún chismeando y cayendo en la crítica de los caminos de los demás; pero la batuta se está levantando. "Se hizo silencio en el cielo como por media hora" (Apocalipsis 8:1). ¡Luego llegaron las trompetas!

Daniel preguntó sobre los últimos tiempos: "¿Cuándo será el fin de estas maravillas?". Se le dijo: "*cuando se acabe la dispersión del poder del pueblo santo*" (Daniel 12:6–7, énfasis añadido). Nosotros somos el pueblo santo (1 Pedro 2:9). Nuestro poder fue dispersado por la división; pero ahora, el Espíritu Santo está restaurando la unidad entre los corazones y las mentes de los hombres, y veremos al Señor hacer maravillas de los últimos tiempos por medio de la iglesia, en concierto con los ángeles del cielo.

No permita que ningún supuesto profeta le diga que el resto del Cuerpo se ha equivocado; que ningún profeta le convenza de que solo aquellos que descubran la verdad serán salvos.

> Porque se levantarán *falsos Cristos*, y *falsos profetas*, y harán grandes señales y prodigios, de tal manera que engañarán, si fuere posible, aun a los escogidos.
>
> —Mateo 24:24 (énfasis añadido)

> Porque vendrán muchos *en mi nombre*, diciendo: *Yo soy el Cristo*; y a muchos engañarán.
>
> —Mateo 24:5 (énfasis añadido)

Muchas personas creen que esas profecías dicen que muchos llegarán afirmando ser Jesucristo, y ya que no ven a nadie que afirme ser Jesús, entonces no creen que sean aplicables estas palabras; pero éstas solo dicen "Cristo" o "Cristos". *Cristo* significa "el ungido". Muchos son verdaderamente ungidos; verdaderamente tienen la unción de Él sobre ellos *en el Espíritu*. Pero no se han purificado lo suficiente a sí mismos (Daniel 12:10; 1 Juan 3:3) y, por tanto, aunque la unción es verdadera en el Espíritu, y ellos realmente vienen en nombre de Dios, a pesar de ello en *alma*, *corazón* y *mente* ellos no son verdaderos, y desvían.

Ninguno de nosotros podemos escapar a esa acusación. Hay entre nosotros falsos Cristos y falsos profetas, porque en un grado u otro todos somos falsos para Él. Por eso existimos en el cuerpo de Cristo como comprobantes los unos de los otros. Él ha levantado un nuevo sentimiento de unidad y de autoridad para que podamos sujetarnos los unos a los otros, recibir las amonestaciones unos de otros y vivir (Lucas 17:3; Gálatas 6:1).

Entonces, no sólo no es probable que ese hermano esté solo, afirmando poseer la verdadera revelación, sino que también la poseerá menos cuando se niegue a recibir corrección. El hermano que trae una palabra de división tiene menos probabilidad de ser verdadero. A veces el cuerpo verdaderamente se divide debido a la palabra de un profeta; pero el profeta que directamente llama a la división entre hermanos como si solo él tuviera la verdad, tiene menos probabilidades de ser verdadero. No debemos "ir allí" o "ir allá", sino permanecer en unidad de fe con nuestros hermanos ya sea que podamos estar de acuerdo con sus opiniones doctrinales o no.

Lo que llama a la separación de otros hermanos con mayor frecuencia nace del temor, no de la fe. Hay ocasiones en las que no debemos emparejarnos con los incrédulos, pero recordemos que la palabra es *incrédulo* (2 Corintios 6:14), y no aquellos con los que estamos en desacuerdo *en la fe*. Si nuestro hermano conoce a Jesús como Señor y Salvador, a pesar de lo contrario que sea a nuestras opiniones doctrinales, no nos corresponde juzgarlo como un incrédulo. Más importante aún, no tenemos mandato de apartarnos de él como hermano, a menos, como en 3 Juan, él persista en negar a Jesucristo como Señor en la carne a la vez que afirma ser cristiano. O, como en 1 Corintios 5, si alguien persiste en algún pecado a pesar de todo lo que podamos hacer. El camino de Jesús es el de entregar su justicia por otros (2 Corintios 5:21). El camino del cristiano es el aceptar al hermano, sea cual sea su condición, al igual que Jesús entró en las casas de fariseos que lo odiaban y comió con ellos. Él permitió que malas mujeres lavaran sus pies con sus lágrimas. Nosotros, que debemos caminar tras Él, no tenemos otro mandamiento sino el de mantener abierto el corazón y amar.

Un auténtico profeta puede admitir que puede que él sea infiel y, por tanto, esté equivocado en muchas áreas; él sabe que su protección del error está dentro de la unidad del Cuerpo de nuestro Señor. Por el contrario, el falso profeta confunde su unción con lo que él piensa en su alma, corazón y mente, y por eso piensa que no puede estar equivocado.

Los miembros del ejército del Señor pueden tener diferentes lanzas (pensamientos) y diferentes armaduras (costumbres y tradiciones), pero "ninguno estrechará a su compañero" (Joel 2:8). El tiempo para hablar es ahora. Ahora bien, cuando nos sentamos y juzgamos nos hacemos daño y nos probamos por varias tradiciones; pero siempre que participamos en la oración o el servicio, posponemos tales cuestionamientos.

Hemos examinado el bautismo de fuego y la unidad del Espíritu en términos de la restauración de todas las cosas. Una tercera área de restauración, y quizá la más importante, concierne al hombre interior.

La restauración del hombre interior

Jesús repetidamente reprendió a los fariseos por observar leyes externas a la vez que se negaban a un cambio de corazón. Los tres primeros capítulos de Apocalipsis repiten la constante frase: "Al que venciere...". ¿Qué debe ser conquistado más que nuestra propia carne? La totalidad del ministerio de Jesús, desde su primera lectura pública hasta su muerte en la cruz, señala y logra la limpieza y el cambio en el corazón. La iglesia va con mucho retraso en cuando a un entendimiento de cuál es su naturaleza interna y la subsiguiente batalla interior que debe pelearse. Una vez más, la santificación *ha sido* lograda en el espíritu. Debe ser practicada en *el corazón y el alma*. Quien trabaje para limpiar el ser interior como ya no hubiera sido limpiado por la cruz está en el camino equivocado. Sin embargo, tenemos que tratar con lo que queda de la naturaleza carnal dentro de nosotros. Al igual que Juan fue llamado a volver *el corazón* de los hombres al Señor mediante el arrepentimiento, ahora los profetas Elías necesitan ser formados en los caminos del corazón humano y en el camino de la liberación interior de Él por medio de la cruz y la resurrección. No vemos necesidad más urgente que la de la liberación del hombre de su propio yo. Quizá nada sea más esencial para la obra de restauración que la santificación del corazón, alma y espíritu. Algunos han llegado a pensar que la santificación o la sanidad del hombre interior es todo sobre lo que trata nuestra fe. No lo es.

Pero es tan totalmente importante que podemos ver cómo muchos podrían quedar atrapados en ello. En cualquier caso, "restaurar todas las cosas" incluye la restauración del alma, porque ¿qué se ve más directamente afectado por el pecado que el alma que muere por él (Génesis 2:17)?

También la mente del hombre tiene necesidad de restauración (Romanos 12:2; 1 Corintios 2:16; 2 Corintios 10:5; Filipenses 2:5). Jesús fue crucificado en el Gólgota, la calavera. Él fue crucificado en la mente del hombre, por medio de ella y para ella. El primer pecado fue un pecado mental (Génesis 3). ¿Cómo podría volver a haber una plena risa y alegría en la casa de Dios hasta que la errante mente del hombre sea totalmente apropiada y enganchada a la Palabra y al Espíritu?

Las naciones también deben ser restauradas. La Biblia está repleta de pasajes concernientes a la restauración de las naciones. Fueron dispersas por primera vez en Génesis 11 (el incidente de la torre de Babel). Su restauración es un tema principal de la Biblia. Isaías 65, Isaías 66 y Miqueas 4 contienen profecías sobre la consumación de la restauración que el Señor hace de la paz verdadera sobre la tierra; sin embargo, el esfuerzo de las naciones que comenzó en Génesis 11 no termina hasta Apocalipsis 22, el último capítulo de la Biblia.

La economía, la política, la justicia, la educación, las artes del drama, la pintura y la escritura; los periódicos y la producción en televisión: todas estas áreas y muchas otras necesitan ser restauradas; pero antes deben llegar el fuego y la unidad. La humanidad debe ser transformada; entonces, y solo entonces, las naciones podrán vivir en paz. Ya sea que las naciones sean restauradas antes o después de la *parousia* (el regreso del Señor), no lo sabemos. Lo que sí sabemos es que es el mandato del Señor que sus profetas llamen al Cuerpo a la sanidad de las naciones. Nosotros somos las hojas del árbol para la sanidad de las naciones (Apocalipsis 22:2). El árbol es Cristo. Esta misión es profetizada del modo más inequívoco como perteneciente a su Cuerpo.

Cuando todo lo demás sea restaurado, ¿qué queda? Es que los hijos de Dios deben sanar la tierra. En Génesis 3 la tierra fue maldecida debido al pecado del hombre. "Tiemblan todos los cimientos de la tierra (Salmo 82:5). Dios Padre planea restaurar no solo a los seres humanos sino también a la naturaleza.

> Oh Jehová, al hombre y *al animal* conservas.
>
> —Salmo 36:6 (énfasis añadido)

Se habla más de esto en Isaías 11:1–9 y Romanos 8:18–23.

La humanidad debe ser totalmente restaurada antes de que pueda serlo la tierra, sino, por medio del pecado continuo, la cumbre del Carmelo se secará y los campos de los pastores se enlutarán (Amós 1:2). Así, aunque esta misión está principalmente en nuestros corazones por deseo, es la última en el orden de restauración del Señor. Para entonces, es de esperar que los nuevos profetas del Señor se hayan levantado, y seremos el pequeño tenor y contralto en el grandioso coro del himno de Aleluya del Señor.

Se ve que toda restauración depende de que el hombre aprenda la dulzura de la obediencia; y la obediencia depende de oír con exactitud. ¿Cómo sabrá el ejército si debe avanzar si no puede oír las órdenes del Señor? Por tanto, la presente restauración más urgente y la primera es la resurrección de la capacidad de la iglesia para oír a su Señor.

Todo soldado de servicio debe aprender a unir lo que oye con lo que quienes tienen autoridad sobre él oyen, y a someterse a tal autoridad. Todo ciudadano en el reino del Señor debe saber de sueños y visiones (Joel 2:28–29), y sin embargo, cada uno debe aprender a tener temor de hablar en contra del siervo del Señor que tiene una mayor autoridad (Números 12:8). Todos deben aprender a discernir lo que es verdadero y lo que es falso (1 Juan 4:1). A algunos se les da solo el obedecer, pero en el nuevo Reino no somos como siervos que no saben lo que hace su señor, sino que somos como amigos a quienes se les da a conocer todo (Juan 15:15). Por tanto, debe hacer una disciplina de escuchar.

Estos tres primeros capítulos de este libro han sido un preludio a esa tarea. Desde aquí en adelante nuestra responsabilidad será la de ver qué es ser llamado y formado para ser un profeta, cómo entender sueños y visiones, cómo oír directamente, y así cómo cumplir las funciones de hablar las palabras de Dios dentro del Cuerpo, y lo más importante, cómo hacer intercesión (y guiar a otros en el trabajo más urgente y contundente de la intercesión).

CAPÍTULO CUATRO

El llamado de un profeta

Nadie por decidirlo, o desear serlo, puede convertirse en profeta. El cuerpo del ejército de los profetas no es un club abierto. Uno no puede pagar una cuota, o tomar entrenamiento, o solo desear intensamente convertirse en profeta. No hay libro de membresía, como en las iglesias. Uno no puede heredar el manto de un profeta; no puede ser dado por una persona a otra, aunque un individuo puede ser el instrumento del Señor para tal cosa. Leer éste y un millón de libros más no hará profeta a una persona. No hay modo en que un individuo pueda convertirse en profeta por medio de la carne.

> Porque muchos son llamados, y pocos escogidos.
>
> —Mateo 22:14

Eso no sólo es cierto de los profetas, sino también de convertirse en cristiano. Juan escribió: "los cuales no son engendrados de sangre, ni de voluntad de carne, ni de voluntad de varón, sino de Dios" (Juan 1:13). Muchos han pensado que podrían escoger acudir a Dios en su propio momento. No pueden hacerlo. Nadie puede hacerlo. Acudimos a Dios cuando Él nos llama, o no acudimos en absoluto. Somos nacidos de nuevo del Espíritu, no por ningún hombre. Si le escogemos a Él, lo hacemos solamente cuando Él nos ha escogido y llamado.

Tal elección es mucho más difícil para el profeta. Un individuo no solo no puede convertirse en profeta a menos que Dios lo llame, sino que puede convertirse en profeta solo al responder en obediencia cuando Él le llama, como Él le llama, y en un reconocimiento confirmado dentro del Cuerpo de Cristo. Entonces él será formado, ¡y su formación es como ninguna otra! Probablemente le serán necesarios no menos de doce años. S. Pablo pasó al menos catorce años de disciplina y formación (Gálatas 2:1).

El llamado de un profeta es dado solamente por el Señor. Fue su Espíritu Santo quien llamó y habló por medio de cada profeta del Antiguo Testamento (Hebreos 1:1); siguió siendo igual en los tiempos del Nuevo Testamento y sigue siendo así en la actualidad, aunque existe una diferencia. Ahora el llamado del profeta debe ser independientemente confirmado por el Señor por medio del cuerpo, y ese cuerpo debe sostener y mantener al profeta tanto en su formación como a lo largo de su ministerio. Parece que el pueblo no confirmaba el llamado de un profeta en el Antiguo Testamento. El profeta del Antiguo Testamento estaba por encima de todos los demás. El profeta del Nuevo Testamento no solo es llamado dentro del cuerpo, sino que también todo el cuerpo se basa sobre el fundamento de apóstoles y profetas (Efesios 2:20).

La descripción que Job hace de un profeta

El llamado de un profeta normalmente, pero no siempre, incluye su descripción de trabajo. Así sucedió tanto con Jeremías como con Isaías. El llamado de Ezequiel, sin embargo, no contiene su descripción de trabajo. Ezequiel fue único; en él, la profecía entró en una nueva dimensión. Ezequiel realizó actos especiales que no eran meras señales como habían sido con Isaías, Jeremías y Oseas, por ejemplo, sino el "soportar una carga" por la casa de Israel.

> Tú, hijo de hombre, tómate un adobe, y ponlo delante de ti, y diseña sobre él la ciudad de Jerusalén. Y pondrás contra ella sitio, y edificarás contra ella fortaleza, y sacarás contra ella baluarte, y pondrás delante de ella campamento, y colocarás contra ella arietes alrededor. Tómate también una plancha de hierro, y ponla en lugar de muro de hierro entre ti y la ciudad; afirmarás luego tu rostro contra ella, y será en lugar de cerco, y la sitiarás. Es señal a la casa de Israel. Y tú te acostarás sobre tu lado izquierdo y pondrás sobre él la maldad de la casa de Israel. El número de los días que duermas sobre él, llevarás sobre ti la maldad de ellos. *Yo te he dado los años de su maldad por el número de los días*, trescientos noventa días; y así llevarás tú la maldad de la casa de Israel. Cumplidos éstos, te acostarás sobre tu lado

> derecho segunda vez, *y llevarás la maldad de la casa de Judá* cuarenta días; día por año, día por año te lo he dado.
>
> —Ezequiel 4:1–6 (énfasis añadido)

Eso era algo nuevo. Ningún profeta antes de Ezequiel había llevado conscientemente el pecado del pueblo. Esto fue tanto un preludio como una preparación para la cruz.

Ezequiel fue llamado "hijo de hombre"; se convirtió en un título mesiánico porque Ezequiel inició el llevar la carga que fue central para la eficacia de la cruz. Jesús se identificó a sí mismo con esa nueva tarea comenzada por Ezequiel. Sería su principal propósito para venir a la tierra: hacerse pecado por la humanidad y morir en nuestro lugar. Sin embargo, esa misión ser el iniciador de llevar la carga no estaba contenida en el llamado de Ezequiel. A veces, el Señor incluye la descripción de trabajo del profeta en su llamado, y otras veces no lo hace.

Aunque el Señor es un Dios de principio, y necesitamos entender y seguir sus principios siempre que sea posible, Él intencionadamente ha hecho que esos principios vayan contracorriente unos con otros a fin de que no podamos reducir la vida a ser manejada por completo ni tampoco perder la espontaneidad de la continua sorpresa en Él. Dios nunca nos permitirá que usemos pequeñas cajas y digamos: "Esta, y sólo esta, es la manera de Él" hasta que hayamos excluido a nuestro Señor y todas las sorpresas para que no "interfieran" en nuestro control de la vida. Siempre que pensemos que tenemos vida contenida en términos predecibles, Dios desbaratará nuestros moldes tan bien hechos. ¿Quién sabe? Puede que, por tanto, haya verdaderos profetas cuyo llamado no fue nunca más que una corazonada subliminal y que nunca, sin embargo, han sido confirmados dentro del Cuerpo. Lo que establecemos como principios bíblicos a ser observados por el Cuerpo son la regla general para su seguridad; pero ninguno de ellos limitará a Dios. Él, que da vida por medio de una virgen y trae victoria definitiva para la vida por medio de la muerte no se detendrá ante nuestro entendimiento sobre cómo funciona la vida.

Si los principios son para seguridad a fin de que no haya confusión, sino orden, en la vida del rebaño. Sin embargo, debemos recordar que Jesús es nuestro orden y seguridad, y no esos principios. Nuestra seguridad nunca está limitada a recordar qué regla se aplica dónde. No somos dependientes del conocimiento ni salvos mediante él. Somos salvos mediante la persona de nuestro Señor Jesucristo. A Él nos referimos constantemente, y no meramente a la Palabra escrita por Él y sobre Él. Así, queremos conocer y observar, hasta donde podamos, sus ordenanzas para el llamado de un profeta pero con humildad, por si Él invoca algún principio alternativo que esté por encima de nuestro entendimiento. Quien piense que esto es demasiado ligero y confuso tiene razón, porque no debemos primeramente seguir el conocimiento o el principio, sino que siempre debemos depender de un Señor cuyos pensamientos no son nuestros pensamientos.

Ese es el camino de un profeta Elías. Él debe mantener a hombres y mujeres en la Palabra, y luego aplastar la Palabra sobre ellos, para que Cristo pueda ser todo en todos. Quien encuentre esto demasiado confuso es mejor que viva más tiempo con nuestro Señor antes de continuar, porque el hacha de Juan debe cortar cualquier posición que adoptemos y que no signifique una total dependencia de Jesús. Uno debe haber aprendido que no necesita otra cosa sino a Jesús antes de poder continuar andando como un profeta Elías. Muchos de los hijos de Dios se agarran a pedazos de Él; se aferran a esos pedazos como si lo fueran todo, pero, en cambio, debemos amar y servir el todo de Él. Cuando permanezcamos claros en Él, y sólo en Él, y no en algún principio o ley, entonces nuestra paz es segura (Isaías 26:3).

El llamado de un profeta

Los profetas son llamados de muchas maneras diferentes, en momentos diferentes, y bajo circunstancias diferentes.

> Era Moisés de edad de ochenta años, y Aarón de edad de ochenta y tres, cuando hablaron a Faraón.
>
> —Éxodo 7:7

> Y era Abram de edad de setenta y cinco años cuando salió de Harán.
>
> —Génesis 12:4

Samuel, sin embargo, era sólo un niño que dormía sobre el piso del templo cuando Dios lo llamó (1 Samuel 3:1–10). Jeremías no sólo era un niño (Jeremías 1:6), sino que también fue llamado y ordenado desde antes de su nacimiento (v. 5). Juan el Bautista fue anunciado antes de su concepción (igual lo fue Isaac, en Génesis 17:16) y fue también lleno del Espíritu Santo desde su nacimiento (Lucas 1:13, 15).

A propósito, eso refuta claramente nuestro principio de que nadie recibe al Espíritu Santo a menos que primero se haya convertido y haya recibido imposición de manos. Es sabio tratar de observar un buen orden, pero Dios no estará limitado a él. ¿Vemos cómo el Señor aplastará todas nuestras maneras claras, bonitas y seguras? Él simplemente no estará contenido dentro de nuestras pequeñas concepciones. Es bueno conocer los principios del Señor, pero tampoco nosotros debemos nunca estar limitados a ellos. Andamos por gracia en el Espíritu de nuestro Señor Jesucristo.

El llamado del Señor puede llegar sobre un individuo directamente, al hablarle el Espíritu Santo a él mientras escucha; o el llamado puede llegar indirectamente, por medio de otra persona, como Elías llamó a Eliseo (1 Reyes 19:19). El llamado puede llegar mientras se está despierto o dormido, por visión, sueño o conversación interior. Samuel estaba dormido, pero fue despertado y oyó al Señor; ¿fue en voz audible o en el interior de su espíritu? José fue llamado a aceptar a María mientras dormía (Mateo 1:20). Isaías estaba en el templo, parece que en su servicio regular como sacerdote, porque parecía estar dentro del lugar santo cuando tuvo su visión (Isaías 6).

El Señor no ha cambiado. Él, sin embargo, llama a sus siervos de cualquier manera que escoja, aunque con más frecuencia por medio de visiones o sueños. Pablo fue derribado al suelo en una visión (Hechos 9:3–4). Juan el amado fue llevado al cielo para darle la visión del profeta de escribir el libro de Apocalipsis (Apocalipsis 1:1–3, 9–10). En Hechos 10 Pedro fue guiado a una nueva misión por medio de un "trance" estando medio dormido, medio despierto. (¿Fue un sueño o una visión?). Cornelio, en el mismo capítulo, fue guiado por una visión. Deuteronomio 13 habla de un profeta como un "soñador de sueños".

Alguno puede tener algún otro oficio y ser ascendido al oficio de profeta. Bernabé, Simeón, Lucio, Manaen y Saulo (Pablo) eran maestros y profetas cuando el Espíritu Santo ordenó que Bernabé y Pablo fueran apartados para el oficio de apóstoles (Hechos 13:1–3). Así se cumplió la palabra del Señor.

> Y su señor le dijo: Bien, buen siervo y fiel; sobre poco has sido fiel, sobre mucho te pondré; entra en el gozo de tu señor.
>
> —Mateo 25:21

Pastores y maestros con frecuencia son elevados para convertirse en profetas, y los profetas para convertirse en apóstoles. Al hacerlo, ellos no siempre abandonan su anterior oficio. Sin embargo, un profeta, cuando es llamado, puede ser un maestro, sanador, exorcista, o evangelista; puede cumplir cualquier función que esté por debajo de él en autoridad. A pesar de ello, puede que no actúe como apóstol. Un apóstol puede actuar en cualquier posición dentro de la iglesia. Los profetas pueden resistir su llamado—como hizo Jonás—, con resultados nefastos. Durante un periodo de tiempo varios hombres, uno tras otro, acudieron a Paula y a mí para recibir consejo. Cada uno de ellos parecía tener una maldición sobre su vida; nada iba bien. Los negocios fracasaban, sus esposas los abandonaban, o nunca podían encontrar a una buena mujer con quien casarse. Tormentas en la naturaleza y tormentas interiores continuamente los abrumaban. Cada uno de esos hombres había resistido y rechazado un anterior llamado al ministerio del Señor. Uno de ellos, que era joven, respondió, y el Señor lo ha bendecido mucho; Él hasta puso al lado de aquel joven a una hermosa mujer. Si el Señor se enfurece contra quienes se niegan a su llamado al pastorado, imagine cómo trata a quienes se niegan a su llamado a la profecía. No tenemos que imaginarlo. Sólo tenemos que leer la historia de Jonás.

La confirmación del llamado del profeta

¿Cómo reconoceremos el llamado de Dios en nosotros? Con frecuencia, es después de que el llamado se haya aclarado cuando la mente ve cómo incidente tras incidente en nuestras vidas, como filas de fichas de dominó que caen, fueron sucediendo hasta llegar a ese momento. En los siguientes capítulos, hablaremos sobre cómo oímos la voz de Dios. La disciplina de Dios no llega a menos que persistentemente hayamos ignorado su voz, ya sea conscientemente o inconscientemente. Dios nos dará señales claras; y Él regresará una y otra vez, con paciencia. Él nos conoce lo bastante bien para comenzar con mucho tiempo.

Una vez que hayamos oído, Él confirmará el llamado mediante señales personales y luego mediante otras personas. No todas las confirmaciones llegan de miembros de su Cuerpo. El Señor con frecuencia ha utilizado ángeles como sus mensajeros para nosotros. Personas extrañas y no creyentes han sido utilizadas para decirnos cosas, de las cuales ellos no conocían su profundidad. Este tipo de cosas es frecuente entre el pueblo del Señor. El Señor a menudo me guía y me reprende mediante las bocas de niños (Salmo 8:2). El Señor puede hablar por medio de cualquier persona o cosa para confirmar su mensaje a sus siervos los profetas.

Agnes Sanford habla de su traslado a California en su libro *Sealed Orders*. Me implicó un poco a mí, y quiero añadir algunos detalles que ella no menciona pero que son pertinentes. Agnes estaba viviendo en Westboro, Massachusetts. Yo fui a visitarla. Una mañana, mientras teníamos un tiempo devocional, el Señor me impulsó a que impusiera manos sobre Agnes y profetizara. Yo dije que el ministerio de Agnes iba a ser cambiado; que ella ya no ministraría solo a personas, sino que ahora debía ministrar a la creación, concretamente a flores y a la tierra. Ella se trasladaría seis meses después a California. Yo vi una visión concreta y detallada de la casa en que ella residiría, y la describí en voz alta. Las colinas que había detrás de la casa estaban adornadas de flores, había árboles cerca de la casa, y tenía una terraza y lados de estuco blanco. Unos meses después una de sus amigas, agente de bienes raíces, habló con Agnes mientras ella estaba visitando a sus hijos en la zona sur de California, y le dijo: "Tengo una casa que creo que es perfecta para ti". A Agnes le encantó la vista y se trasladó. Poco tiempo después yo la visité y reconocí la casa como idéntica en todos los aspectos a la que yo había visto en la visión seis meses antes.

Entonces entendimos que su llamado era una orden de orar por el área siempre que amenazaban terremotos. Eso se debe a que la casa está en una colina directamente sobre la falla de San Andreas. Todo eso fue justo antes del gran temor que sobrecogió a California con respecto a los terremotos. Cientos de personas tuvieron visiones de horrendos terremotos y de que la zona sur de California se hundía en el mar. Congregaciones enteras, avisadas en tales sueños y visiones, hicieron sus maletas y se trasladaron al Este. No entendieron ni el significado de las advertencias ni el poder del arrepentimiento. Agnes se puso a trabajar llamando a otros a unirse a ella en oración por California. Un grupo de jóvenes hicieron marcha sobre las montañas amando la tierra y orando por su protección. Yo me uní a ella durante un tiempo, pero entonces, como Elías en 1 Reyes 18:12, fui llevado por el Señor "donde yo no sabía". Agnes siguió en oración, llamando a otros continuamente. El Señor encontró a sus diez justos (Génesis 18:32). Hasta la fecha, las profecías de desastre no se han cumplido.

Los no creyentes dirán, desde luego: "Eso sólo demuestra que todo era una necia superstición, de todos modos. Nunca iba a suceder tal tragedia. Aquellas personas se alarmaron por nada".

> Pero los entendidos comprenderán.
>
> —Daniel 12:10

> Si se humillare mi pueblo, sobre el cual mi nombre es invocado, y oraren, y buscaren mi rostro, y se convirtieren de sus malos caminos; entonces yo oiré desde los cielos, y perdonaré sus pecados, y sanaré su tierra.
>
> —2 Crónicas 7:14

El profeta tiene poca honra en esta vida. Nadie puede saber la cantidad de esfuerzo espiritual que hubo en las oraciones de Agnes y de sus compañeros. Los profetas trabajan en intercesión secreta.

Más adelante, la zona sur de California sí que sufrió un gran terremoto. Cuando pude ponerme en contacto por teléfono, le pregunté a Agnes: "¿Qué sucedió, Agnes, te dormiste mientras trabajabas?". Ella me respondió: "Ese no era mi paciente. Fue la falla de San Gabriel. Yo fui enviada a orar por la falla de San Andreas. Ni siquiera sabía que hubiera una falla de San Gabriel. No te preocupes; ahora la tengo".

Quien piense que Agnes se está engañando a sí misma está equivocado. Esta historia contiene lecciones que vale la pena observar. El traslado a la hermosa casa de California y la guía a la misión profética fueron un ascenso de Agnes por un trabajo bien hecho. Durante años ella había sido una fiel sanadora y maestra. Ahora era llamada a la posición profética. La recompensa del siervo del Señor no es, como en los círculos seculares, banquetes, placas y las felicitaciones de los hombres. Para Agnes, fue el que le dieran una hermosa casa nueva, pero más importante, que le dieran misiones nuevas y mayores para hacer para Él. Es como un padre en la tierra que le dice a su hijo: "Oye, hiciste una buena tarea con la azada en esas dos filas de judías; como recompensa, aquí están veinte filas de maíz para que las trabajes". ¡Oh, vaya! Sin embargo, esa es precisamente la gloria y el gozo del Reino. Ser puesto en el estante o en el prado es un castigo, pero que se le den a uno nuevas y mayores responsabilidades, eso es gozo y recompensa.

Agnes había sido una sanadora y luego maestra durante muchos años, preparada por medio de mucha disciplina y experiencia para ser una profetisa. Su formación ya se había realizado antes de su llamado. Así, ella entró de modo natural y fácilmente en el oficio profético. Ella fue ungida para ser profetisa mediante la imposición de manos de otro profeta. Ni ella ni yo habíamos pensado en una cosa así antes de la oración; fue puramente un acto del Espíritu Santo. Sin embargo, habría sido invalidado sin las señales de confirmación de la casa y el momento. Su llamado incluyó la descripción de trabajo, pero solo la bosquejó. El Señor dio las principales pinceladas después de que ella estuviera en su lugar.

Agnes tenía más de sesenta y seis años de edad cuando el Señor le dio su nueva misión. La mayoría de sus amigos estaban en el este. El traslado significó un completo desarraigo de su vida. Tuvo que dejar atrás a viejos amigos, quizá con dolor en el proceso. Se podían dar pocas explicaciones a los amigos que sentían que tenían derecho a saber acerca del traslado. Como Abraham, que fue llamado a los setenta y cinco años a desarraigar su vida y ser recompensado por ello, así Agnes fue llamada a una difícil obediencia.

Ella realmente no podía decirles demasiado a sus amigos. ¿Qué les diría? "Me voy para salvar a California de hundirse en el mar!".

La comisión de un profeta normalmente no es hecha pública hasta después de que sea cumplida. A veces ni el profeta la conoce, hasta que en retrospectiva le es revelado lo que el Señor ha logrado por medio de él. Así, con frecuencia él no puede explicar a la gente por qué hace lo que hace.

Incontables profetas han sido movidos por el Señor a un lugar concreto en un momento dado para sus propósitos. Un amigo mío fue enviado al área de Fort Lauderdale, y luego a Ocala, para los propósitos del Maestro. Él se fue en fe, sin saber qué ingresos ni qué propósito tendría. El Señor se lo reveló y suplió. Harald Bredesen fue enviado a un viaje alrededor del mundo con nada sino la fe.

Compartimos estas pocas historias de llamado y de obediencia para comunicar que el Señor trabaja en nuestra época de modo muy similar a como lo hizo en los tiempos bíblicos. Sus tratos con Abraham, Moisés, Jeremías, Ezequiel y todos los demás profetas del Antiguo y el Nuevo Testamento no fueron distintos a los tratos con los profetas modernos.

Paula y yo fuimos llamados, en muchas maneras y momentos, de grado a grado. Nuestra formación se extendió durante muchos años tanto de bendición como de maldición. Como Agnes, yo era maestro y sanador después de recibir el bautismo del Espíritu Santo en el año 1958. En un campamento en Camp Farthest Out en Ardmore, Oklahoma, que es el que siempre se realiza para sanidad, Agnes Sanford, Tommy Tyson y yo éramos los tres líderes. Una noche, bajo la unción, Tommy no pudo presentar una de las conferencias regulares. Seguía regresando a la predicación de avivamiento de siempre, fundamental y de lágrimas. Al final hizo un llamado para que cualquiera que nunca hubiera aceptado a Jesús como su Señor y Salvador personal se pusiera en pie y lo hiciera. Mi corazón ardía, lo cual era ridículo porque yo le había aceptado a Él muchas veces antes. Entonces Tommy extendió el llamado a cualquiera que podría haberle aceptado antes. Un hombre entre la audiencia levantó su mano y dijo: "Yo quiero hacerlo, Tommy". Yo me puse en pie y dije: "Yo también". Agnes se puso en pie, ¡y toda la audiencia se puso en pie! De camino de regreso a mi cuarto, mi corazón cantaba: "¡Hurra, soy salvo! ¿Aleluya!". No es necesario decir que yo estaba más que un poco confuso. En mi cuarto, dije:

"¿Cómo es que me haces esto Señor? ¿Qué está sucediendo? Tú sabes que yo te he aceptado antes". Para explicar la respuesta que oí, antes debería explicar que cuando Agnes y yo enseñamos con respecto al hombre interior, con frecuencia llamamos al subconsciente "Junior" porque es el almacén de las experiencias de la juventud. El Señor me dijo aquella noche en Ardmore: "Junior acaba de entender la idea".

Algún tiempo después yo tuve un vívido sueño. Tommy Tyson iba conduciendo mi auto. Yo iba solo en el asiento de atrás. Antes de poder protestar, o de hacer algo al respecto, Tommy se salió de la carretera en un precipicio muy alto. Yo buscaba en el asiento trasero tratando de imaginar cómo podría aterrizar sobre los asientos a fin de poder tener una oportunidad de sobrevivir. Tommy había desaparecido. El auto seguía cayendo en picado, como el pobre coyote que acaba de perder otra vez al correcaminos, volando hacia el suelo del desierto. El auto finalmente golpeó el suelo cayendo suavemente. Yo salí del auto sin heridas, pero de algún modo cambiado, y una voz dijo con una gran autoridad: "Este es el nacimiento de un profeta".

Desde aquel momento en adelante ¡todo fue mal en mi vida! Mi próspera iglesia comenzó a no crecer. Agnes y yo nos separamos como equipo. Los viajes de misiones y de enseñanza se detuvieron. Yo caí en un engaño espiritual y me salí de la pista durante un tiempo. Las finanzas se pusieron difíciles. Entonces, cuando volví a centrarme espiritualmente, la carga de trabajo aumentó hasta que Paula y yo creímos que nunca podríamos sobrevivir. De semana en semana seguíamos prometiendo a nuestros cansados cuerpos: "Si nos llevan a delante estos días, quizá seamos capaces de descansar". Paula tuvo un importante accidente de auto y casi muere. Los niños en la casa estaban alborotados.

El Señor estaba rompiendo toda fuente de confianza que Paula y yo teníamos. Debíamos aprender que no podríamos lograr nada por nosotros mismos. Aquellos fueron nuestros siete años de comer hierba (Daniel 4). Sólo el Espíritu pudo crecer en nosotros y por medio de nosotros. Yo necesitaba ese engaño espiritual porque mi confianza había estado en mi capacidad para oír a Dios, y no en la capacidad de Dios para vencer mi pecaminoso corazón para hablarme.

Todo eso fue aquella larga caída en mi sueño, en la cual yo constantemente buscaba alguna manera de detenerla o de encontrar la manera de aterrizar sin salir herido. El aterrizaje final en la muerte llegó cuando yo me solté y morí por completo a mi propio esfuerzo. Dejé que todas mis ambiciones y deseos, sueños y anhelos, cayeran y murieran por completo en las manos de Dios. Esa caída llevó unos seis años, siempre un morir más y más de mi pernicioso ser. No hay duda de que hay muchas más muertes que pasar; pero el profeta al final nació. Y también Paula. Tommy, por medio de quien el Señor llamó mi corazón a la muerte, era el conductor en el sueño. Él Agnes, y otros, al orar por mí en la Escuela de Cuidado Pastoral, con frecuencia me habían visto como un profeta del Señor. Por tanto, yo había recibido el llamado interior, la formación y la confirmación del Espíritu dentro del cuerpo.

Pero el Señor hacía tiempo que había hablado de los dos como un equipo profético. Eso fue confirmado cuando varios grupos, al organizar series de enseñanza y consejería, pidieron que Paula fuera conmigo y proporcionaron el transporte completo también para ella. Ella también fue confirmada dentro del cuerpo.

Lo que aún faltaba era una visión concreta de nuestras tareas. En *I Believe in Visions*, Kenneth Hagin dice que hay cuatro periodos básicos en la vida de un siervo de Dios. El tercero comienza con la visión del campo de labor del siervo.[1] El siervo debe esperar esa visión. Por tanto, en medio de aquel tumultuoso periodo, el Señor comenzó a decirnos a los dos una y otra vez que Él cambiaría nuestras vidas y nuestro ministerio. Entonces un joven llegó para el ministerio y después, lleno del Espíritu, escribió para mí la siguiente larga profecía:

Para John Sandford, 17 de octubre de 1971, sobre las 4:30 de la tarde:

> Hijo mío, ¿Acaso el Señor, tu Santo, no se ha manifestado a ti de maneras y por medios que la mente natural del hombre no puede concebir? Porque ciertamente, dice el Señor, te he dado a conocer mis caminos, y mis obras están en tu interior a fin de que tu Padre celestial reciba gloria. Yo soy un Dios de propósito y dirección. No he dejado al hombre, a ningún hombre, solo para que haga sus elecciones y elija sus caminos, sino que todas las cosas están en mis manos, y

por mi diseño soberano todas las cosas están obrando para bien. Tú te has preguntado: '¿por qué ha sido el Señor tan bendito conmigo? ¿para qué propósito me ha escogido el Señor?'. Yo te entregado a mi pueblo como una *señal*, como una *prueba* y como una *maravilla*, para que ellos puedan saber que hay Uno que es exaltado y que habita en la eternidad y mora entre los pobres, quebrantados y contritos de corazón. Sí, en el pasado yo he cambiado drásticamente tu ministerio dos veces, y muchas veces has sentido que nuevas olas de gloria pasan por tu cuerpo e iluminan tu mente. Pero una vez más te estoy cambiando. Hay un cambio, un cambio profundo y duradero, que se está produciendo en el interior de tu pozo, y un nuevo fluir de los ríos de mi vida surgirán en tu interior. Porque tú tocarás más y más el trono de mi gracia, y desde el interior saldrán aguas con poder renovador y rejuvenecedor. Porque tú has encontrado una llave, y yo *abriré* las puertas de *oportunidad* para ti en el futuro *cercano* para *embarcarte* en el *gran mar de aventura*. Porque serás liberado de tu actual situación en una manera que te sorprenderá y te deleitará, y serás libre en mí para llevar a cabo mi mandato. No te maravilles de cómo el Señor obrará su palabra, porque de una manera que tú no conoces ¡serás exento de tus obligaciones en tu congregación! No digo cómo, ni tampoco debes preguntarte cómo; pero de la manera más sorprendente serás "libre". Entonces, hijo mío, conocerás el poder contenido del Señor sobre ti. Porque tendrás un pensamiento acerca de dónde el Señor querría que fueras, pero enseguida sabrás que no es ahí, sino en otro lugar. Pero no irás a otro pastorado en el futuro cercano, sino que "pastorearás" a mi pueblo, aunque no de la manera en que el hombre lo entiende. Porque se extenderá una gran limpieza por la tierra a medida que tú formes a mis siervos en los caminos de mi sanidad. Te volverás bastante controvertido, y muchos te menospreciarán, condenándose a sí mismos, porque ellos no querrán ser sacados a la luz. Porque mi luz en ti *expondrá* las obras ocultas de las tinieblas en otros, no para condenar sino para liberar a los oprimidos. En todo esto, recuerda que yo lo hago, y asegúrate de darme a mí la gloria. Esta palabra comenzará pronto y yo apresuraré el día, dice el Señor.

Nunca antes habíamos conocido a este hombre antes de que llegara aquella vez par pedir consejo. Él no sabía nada de mi vida y, sin embargo, el Espíritu habló de modo preciso de dos cambios drásticos, de que la gloria pasaba, y de lo que yo me preguntaba. Nunca volvimos a ver a ese hombre, hasta la fecha.

Siguieron dos años más del fuego de la tribulación, llegando a su clímax en junio de 1973 cuando me invitaron a ser uno de los conferencistas en la clínica Seattle Charismatic Clinic. Allí el hermano Costa Deir puso su vida en oración intercesora por mí. Winston Nunes me llamó a morir a todo mi ministerio a otros en todos los aspectos; oró por separación de espíritu y alma, y por renuncia a todo el pasado, personas y eventos igualmente, para que yo pudiera ser libre en Cristo. Paul Gordon y Bob Heil me apoyaron mucho y me llevaron sanidad. Les Pritchard me dio consejos. Bob Arrowsmith me ayudó. Otras personas demasiado numerosas para poder mencionarlas me dieron fortaleza y ánimo. La "noche oscura del alma" terminaba en el amanecer de un nuevo día.

Visión para la misión

Sin embargo, la visión de las nuevas tareas aún no había llegado. En julio, el Señor me ordenó que presentara mi renuncia a la iglesia United Church of Christ en Wallace, Idaho, para el día 31 de agosto. En esa denominación el pastor debe darle a la iglesia noventa días de servicio después de la renuncia, y la iglesia debe seguir pagándole todo su salario durante ese mismo periodo. Eso significaba que el salario terminaría el 30 de noviembre; pero el Señor no me permitió poner en circulación documentos para entrar a otro pastorado. Ahí estaba parte del cumplimiento de aquella profecía. Un amigo me había visitado anteriormente, queriendo que me uniera a él en un trabajo de fundación de ranchos cristianos para jóvenes, un trabajo que ya había comenzado. Sí que pensamos en seguir esa dirección, pero sentí de inmediato el poder refrenador del Señor. Tampoco me dejaba el Señor que me pusiera en contacto con nadie para encontrar un puesto. Se nos prohibió hacer cualquier cosa para encontrar trabajo de alguna manera.

> Y cuando llegaron a Misia, intentaron ir a Bitinia, pero el Espíritu no se lo permitió.
>
> —Hechos 16:7

Dos de nuestros seis hijos eran ya independientes; pero teníamos a un hijo en la universidad, a uno en el instituto, a uno en la escuela secundaria, y a una niña en la guardería, además de una hija de diecisiete años viviendo con nosotros. Después del 30 de noviembre no tendríamos más ingresos. Las misiones en octubre demostraron ser anormalmente generosas, y pagamos muchas facturas. Pero octubre pasó sin nada más que un mensaje de "espera" de parte del Señor. Los amigos se preocupaban, tratando de aferrarse a la fe, y se interesaban por los Sandford. Nosotros estábamos aprendiendo obediencia en nuevas dimensiones.

La visión no llegó hasta el 20 de noviembre. Parte de ella era: "Debes escribir, dar conferencias y consejo. Yo proveeré". Inmediatamente llegó una carta de un amigo en Florida, con un pequeño donativo, diciendo que estaba muy contento de dar apoyo a nuestra misión. Nadie le había dicho nada, ¡a menos que lo hubiera hecho el Espíritu Santo! El Señor estaba confirmando su palabra.

Luego llegó el mandato de mudarnos a Coeur d´Arlene, Idaho. Entonces un amigo nos llamó para hablarnos de una bonita casa para rentar. La vimos y nos gusto, pero la renta significaría pagar 175 dólares mensuales. Pensamos: *Si pudiéramos utilizar el camper para un depósito inicial, ¡quizá (una idea loca) podríamos comprar una casa!* Por tanto el viernes, 30 de noviembre, entramos en Northwest Real Estate, y por una de las coincidencias de Dios, de los doce hombres que allí había hablamos con un agente cristiano que se había mudado hacía solo unos meses a Coeur d´Arlene meramente por fe. Él lo entendió. Nos enamoramos de la primera casa que vimos; lo tenía todo: tres dormitorios, sótano, dos baños, dos chimeneas, un garaje para dos autos, un porche trasero cubierto, lavavajillas líneas eléctricas, y suelos totalmente enmoquetados; y los chicos podían tener un gran dormitorio en el piso de abajo a fin de que yo pudiera utilizar el dormitorio más pequeño en el piso superior para escribir y dar consejería. Regresamos a casa llenos de esperanza y de oración.

Entonces descubrimos que uno apenas podía entregar una caravana, debido a la crisis energética. Nuestro depósito inicial había desaparecido. De todos modos oramos por la casa.

Un sábado en la mañana yo regresé a la agencia de bienes raíces y le dije al jefe de nuestro agente: "Soy pastor sin una iglesia. No tengo empleo. No tengo dinero. Y quiero comprar una casa". Él sonrió y dijo: "Veremos lo que podemos hacer".

El domingo, una señora de la iglesia Catholic Charismatic Lord of Love Community en Spokane, Washington, alentada por una monja a quien yo había dado consejo, llamó para decir: "Tengo seis mil dólares que usted podría utilizar para su depósito inicial".

Al día siguiente fui a visitar al gerente de la oficina local de ahorros y préstamos para ir a ver a un banquero de Coeur d´Arlene. Él le dijo al banquero que los Sandford tenían el depósito inicial pero ningún dinero más, ningún ingreso garantizado, y solamente la perspectiva de dar consejería utilizando la casa como oficina. El banquero respondió favorablemente y dijo: "Vamos a ir adelante con esto por ti, John". El martes a las once de la mañana el banquero llamó. El banco ya había comprobado nuestra credibilidad (una tarea que normalmente requiere varios días), ya había evaluado la casa favorablemente (otra tarea que requiere días), y ya había acordado hacer el préstamo. Nos trasladamos el martes en la noche, y el trato se cerró una semana después. Nuestra alabanza a Dios no tenía límites.

Comenzando un viernes sin dinero y sin trabajo, para el martes el Señor nos había provisto de una gloriosa y nueva casa, y así confirmó un nuevo ministerio.

El calendario estaba lleno de citas para consejería cada tarde, y yo escribía y Paula tecleaba cada mañana. El tiempo del Señor es algo maravilloso. Aquel lunes yo le había dicho al banquero que mi intención era cobrar veinte dólares por hora de consejería, y sobre esa base se había garantizado el préstamo. El miércoles, después de habernos mudado, el Señor me recordó Lucas 6:38 y me mandó que no cobrara nada. Se *da* consejería a todos los que llegan. Algunas personas no dan nada, pero otras dan tal como el Señor les guía.

¿Puede imaginar lo que el banquero habría hecho si yo hubiera recibido ese mandato antes y tuviera que haberle dicho: "Bueno, no vamos a cobrar nada; el Señor proveerá para nosotros?".

El camino sigue siendo un camino de fe, estrecho económicamente; pero Él ha prometido, y Él es fiel para proveer.

Así fue nuestro llamado, no más dramático que el de muchos de los siervos del Señor, pero ciertamente cumpliendo la profecía de "deleite" de que "serás liberado de manera sorprendente...para embarcarte en el gran mar de aventura". Y la comisión es tal como fue profetizada, concretamente: "para formar a mis siervos en los caminos de mi sanidad".

Él ha llamado, y Él seguramente cumplirá su Palabra. Oramos para que estos testimonios puedan dar aliento a otros para responder al llamado del Señor. "Fiel es el que os llama, el cual también lo hará (1 Tesalonicenses 5:24).

CAPÍTULO CINCO

La disciplina y la formación de un profeta

La formación de un profeta del Antiguo Testamento se realizaba poniéndolo bajo el cuidado y la disciplina de un profeta más viejo. Las lecciones no eran sesiones formales en aulas de clase, aunque los profetas a veces literalmente se sentaban a los pies del maestro. La enseñanza más contundente se producía siempre que incidentes en la vida proporcionaban una oportunidad. El programa de televisión de los años setenta, *Kung Fu*, retrataba el modo en que los sabios de oriente eran en realidad formados. La vida era el maestro; el maestro era el ayudante.

Aunque hay unas cuantas oportunidades hoy día para entrar en el ministerio profético, los profetas en la actualidad siguen siendo formados principalmente por el Señor Jesucristo mismo por medio de su Santo Espíritu. Su formación se produce tanto en la vida como en el salón de clase. Por consiguiente, cuando hablamos de una escuela para profetas, nos referimos solamente a ese tipo de terreno formativo que puede preparar la iglesia en general para entender y alimentar a los profetas emergentes que hay en medio de ella. El Espíritu santo es el maestro, quien levanta a sus profetas. Él ya no los separa para que se sienten bajo un maestro, como en el Antiguo Testamento. El profeta ahora es una parte integral dentro del Cuerpo; el Cuerpo se convierte en su matriz y lugar de formación. Muchos profetas se pierden su llamado o no entienden su formación por la falta de apoyo de la iglesia. La iglesia necesita reconocer a sus profetas y proporcionar el entorno en el cual ellos puedan madurar.

Es difícil reconocer a un profeta en ciernes; sin embargo, hay pistas que deberían alertar a los ancianos. Grandes tragedias *pueden* señalar una especial preparación de Dios en una vida. Las personas que son soñadoras y visionarias al recibir el Espíritu deberían ser observadas, porque entre ellas *puede* haber un profeta. Quienes llevan la carga, o quienes con frecuencia se identifican a sí mismos con las cargas de otros, *pueden* ser profetas en formación. Quienes tienen dones de enseñanza pueden ser escogidos por el Señor para profetizar. Pero estas son solo indicaciones; nada puede ser conclusivo aparte del llamado y la confirmación del Espíritu Santo.

Un pastor puede ser o no ser un profeta. Un profeta puede ser o no ser un pastor. Pero es casi imposible llevar puestos ambos sombreros al mismo tiempo. Un pastor necesariamente debe tener al rebaño en su corazón de una manera especial; no debe alimentar a su rebaño en aguas rápidas o exponerlo a lo que aún no puede asimilar. Sin embargo, el profeta con frecuencia es llamado a hacer precisamente esas cosas. El profeta debería entender cómo lo que él dice afectará al pastor, pero eso no debe silenciarlo. Si ambos llamados están en un solo corazón, esa persona casi se ve partida en dos.

Yo solía sentirme libre siempre que era llamado a abandonar el pastorado local para hablar en algún otro lugar porque era más fácil actuar como profeta lejos de casa. Me encantaba el pastorado, pero Dios me estaba preparando para aceptar otro llamado.

Dios puede tocar a cualquiera: un basurero o un alcalde, un conserje o un senador. Pero con frecuencia es difícil ver a quienes Él toca porque el Señor a menudo los esconde. Moisés estaba oculto entre los juncos y luego en la casa de Faraón. Jesús tuvo que ser ocultado en Egipto. Tanto nuestra carne como Satanás destruirían a los elegidos de Dios si fueran descubiertos demasiado pronto. Por tanto, cuando el Espíritu Santo revela a un profeta en ciernes, la iglesia debería estar alerta y preparada para protegerlo.

Humillación

> Mas Josafat dijo: ¿No hay aquí profeta de Jehová, para que consultemos a Jehová por medio de él? Y uno de los siervos del rey de Israel respondió y dijo: Aquí está Eliseo hijo de Safat, que servia a Elias.
>
> —2 Reyes 3:11

Eliseo derramó agua sobre las manos de Elías. Derramar agua sobre las manos de otro era una tarea de mujeres. La gente comía con los dedos, y luego las sirvientas les llevaban agua en cuencos.

Se ponía un cuenco bajo las manos del que comía, y se derramaba agua de otro cuenco sobre sus manos. La sirvienta llevaba en su brazo una toalla para secarse luego. Esa tarea era considerada muy baja y siempre la hacían mujeres.

Un profeta más viejo formaba a un profeta más joven humillándolo, aplastando y rompiendo su orgullo, derrotándolo, y revelando su pequeñez y su incapacidad delante de Dios. Se ponía prueba tras prueba para el neófito. La prueba era un éxito ¡solamente si él *no* la pasaba! Aprender que no podía tener éxito por medio de los recursos de su propia alma era el primer elemento fundamental y constante revisión del curso de estudio del profeta. Cualquier cosa que mostrara al profeta su ser corrompido y lo llevara a la desesperación de conquistarlo era un éxito, porque se había llevado otra razón para tener confianza en la carne (Filipenses 3:4). Watchman Nee ha escrito bien del quebrantamiento en sus libros *La liberación del Espíritu* y *El hombre espiritual, volumen 1.*[1] Son libros excelentes, aunque Nee escribió antes de la palabra del Señor por medio de Merlin Carothers. Y, por ese motivo, *El hombre espiritual* puede llegar a ser imperioso.

La formación del profeta revela y rebaja, una a una, todas las motivaciones falsas y escondidas de su vida. Cuando a mí no se me permitió buscar otro puesto después de renunciar en mi iglesia y no podía hacer nada para asegurarme de poder llevar a casa la provisión para mi familia, fue una muerte en la esfera del corazón, y no meramente en mi mente. Tuve que ver mi orgullo, algo profundamente cultural, acerca de ser el proveedor para mi familia. Lo que la gente pensara de mí fue también una humillación que soportar y de la que aprender.

Hablar a una audiencia siempre ha sido fácil tanto para Paula como para mí, pero el Señor a propósito confundió e interrumpió algunas de nuestras charlas, o peor aún, nos permitió hablar con brillantez sólo para descubrir que lo que decíamos no llevaba vida a nuestros oyentes. Los dos somos cantantes, y el Señor, en ocasiones, ha quebrado nuestras voces para enseñarnos a apoyarnos totalmente en el Espíritu. Yo, que soy atleta, tenía humillantes problemas de espalda de vez en cuando; los huesos de la espalda de Paula se rompieron en un accidente de auto. Todos mis sueños y visiones se volvieron confusos hasta que no pude confiar en nada de mí mismo. Al habernos sido dadas naturalezas sensibles a fin de poder sentir enseguida la presencia de Dios y remontarnos a alturas devocionales, a ambos se nos cerraron las puertas hasta que no pudimos sentir nada.

Nombre cualquier área del éxito natural—sexo, comunicación, inteligencia, amistades—, y si el Señor no la ha aplastado ya en sus siervos hasta que toda su confianza esté solamente en Él, lo hará pronto. Agnes Sandford, una de las más grandes en los Estados Unidos en el ministerio de sanidad, tuvo cáncer de mama y, a pesar de las oraciones de todos—y de esperar casi hasta ser demasiado tarde—, tuvo que someterse a una operación de mastectomía radical. La mayor maestra sobre la depresión y cómo sanarla tuvo que pasar ella misma por la depresión. La mano de Dios la estaba preparando para la tarea de la profecía.

Cuando la humillación sea completa, estaremos preparados para graduarnos para la profecía. Los hombres occidentales piensan poco en echar una mano para lavar los platos, pero no los hombres orientales. Que se les pida que hagan la tarea de una mujer es una humillación inaceptable. Derramar agua sobre las manos de Elías fue, así, la degradación final, la prueba y la ceremonia de graduación.

La gente no reconocerá a los profetas en formación como personas que tienen sabiduría y un sano juicio. El Señor frustra hasta su sentido común. Agnes solía decirme desesperada: "Declaro que él es el hombre más loco que he conocido nunca. Él puede oscilar más lejos de extremo a extremo que cualquier persona que haya visto nunca". Otro amigo me describía como un indio oteador que vaga por el interior y regresa corriendo, con su cabello de punta y sus ojos desorbitados, gritando: "No de esa manera, muchachos, ¡no de esa manera!".

La muerte del yo

Los profetas en formación se ponen en ridículo a sí mismos más veces de las que creen. El Señor característicamente da a un joven profeta dos o tres visiones, y el profeta, a su vez, da advertencias a la congregación. ¡Y funciona! Alrededor de ese momento, el profeta principiante comienza a estar "vanamente hinchado por su propia mente carnal, y no asiéndose de la Cabeza" (Colosenses 2:18–19). Llega a estar fuertemente engañado, y lo siguiente es que se ve totalmente rebajado y humillado delante de los miembros de su congregación. Dios lo dispuso de ese modo, y aun si el profeta tiene abundante sentido común, no puede escapar al proceso de humillación esencial para su formación.

No es que el Señor tiente nunca a nadie. Santiago dice:

> Sino que cada uno es tentado, cuando de su propia concupiscencia es atraído y seducido. Entonces la concupiscencia, después que ha concebido, da a luz el pecado; y el pecado, siendo consumado, da a luz la muerte.
>
> —Santiago 1:14–15

El Señor sí que prueba nuestros corazones (Salmo 66:10–12), pero eso no debería confundirse con la tentación a pecar. Las pruebas de Dios llegan en forma de aflicciones y dificultades; la tentación es otro asunto. No se puede culpar a nadie de la tentación sino a nosotros mismos. Cualquiera que sea el instrumento, manejado por la mano que sea, el restregar se debe a las manchas de la sartén, y no de la mano.

Hemos conocido personas cuyas vidas enteras han sido una serie de tragedias. Los detalles con frecuencia eran más atroces de lo que se puede creer, pero con frecuencia descubrimos que detrás de todo ello yacía la gema que la mano de Dios estaba puliendo. Un profeta estaba siendo formado.

Detrás de la formación de todo profeta discurre un tema básico: la muerte del yo a fin de que la unidad pueda brotar y el profeta pueda capacitar a otros para que brillen.

Con ese fin se produce toda la formación del profeta. El profeta debe aprender cómo oír a Dios hablar en sueños y visiones; debe pulir sus dones de percepción y de conocimiento por medio de la práctica; debe aprender a combinar el ser valientemente franco con la cortesía reticente; debe conocer la ley, y cuándo y cómo seguir al Espíritu por encima de la letra de la ley en misericordia. Sobre todo, aprenderá el poder y los caminos de la intercesión y cómo llamar al Cuerpo a ella.

Todas esas son objetivas formas externas de conocimiento, las cuales solo secundariamente implican el carácter y la personalidad del profeta. Sin embargo, su carácter afectará fuertemente la manera en que él haga esas cosas a menos que muera al yo.

Hasta que un individuo muera a sí mismo, es un idólatra; adora una imagen que es sutil y subconscientemente nada más que él mismo. Y pasa su vida y su energía buscando hacer que la gente lo ame, lo honre y lo adore. Todos somos Nabucodonosores de corazón y, al igual que él, tenemos nuestros hornos de fuego a los cuales lanzamos a quienes se niegan a unirse a nuestra idolatría. Nuestras naturalezas carnales, aunque rebajadas por la cruz, siguen gobernando demasiado en nuestras vidas; por tanto, el Espíritu Santo debe continuamente traernos a un Daniel y sus tres amigos para mostrarnos, por medio de nuestros enojos, que estamos atesorando lo que no es de Dios, aunque creamos que lo es. Debido a que vivimos del cuadro de la vida que tenemos subconscientemente (idolatría), tendemos a pensar que todo el mundo que no está de acuerdo con nosotros es falso. Tratamos de programar a otros para que sean como nosotros. Otros, al sentir que están siendo tragados en nuestro mundo, huyen de nosotros. Hasta que caigamos a tierra y muramos, quedaremos solos (Juan 12:24). Aun si otros se unen a nosotros, permanecemos solos porque al unirse a nosotros han dejado de ser hijos de Dios independientes que nos escogen libremente; en cambio, se han convertido en extensiones de nosotros, satélites en nuestra órbita.

Libertad de la idolatría

Con frecuencia, la tarea de un consejero es liberar a la gente los unos de los otros. La idolatría puede estar muy profundamente consolidada en las relaciones familiares, y debe ser rota. Necesitamos ser separados de las demandas inconscientes de otros, razón por la cual Jesús dijo que Él no había venido a traer paz, sino a dividir mediante la espada (Lucas 12:52–53). Esas demandas a menudo tienen un gran poder porque están respaldadas por años de mutua idolatría familiar en la que esposos y esposas, y padres e hijos, se han idolatrado unos a otros y, así, se han controlado unos a otros. Han llegado a acuerdos no expresados mediante los cuales mutuamente afirman las personas tan espléndidas que son. Es, de hecho, odio disfrazado de amor.

Cuando una persona cae a tierra y muere—diariamente—, muere más y más a sus propias idolatrías, al igual que a las que le han sido impuestas por otros. Así, es liberado *de* otros y es libre para estar *para* ellos. En un principio eso causa problemas, porque todos a su alrededor se ven obligados a cambiar el modo en que se relacionan con esa persona; pero gradualmente, la gente necesitada comienza a buscarla. Él ya no está solo, porque ellos sienten y quieren su libertad. Ellos pueden decir que no serán forzados a entrar en su molde, ni tampoco serán juzgados o condenados. Con esa persona ellos comenzarán a encontrarse a sí mismos en lugar de convertirse en una copia o sombra de ella.

Así, un profeta se convierte en un capacitador. Debido a que ha caído y se ve a sí mismo no como un dios sino como una criatura, otros son liberados alrededor de él (2 Corintios 4:11–12).

El profeta del Antiguo Testamento llamaba a las personas a regresar a la ley; las llamaba a aceptarla y a volver a vivir de modo exterior a ellos. Así, él era necesariamente alguien que imponía. Sostenía y defendía un modo de vida, un cuadro, un molde que estaba fuera de la persona y al cual debía conformarse. Sin embargo, el profeta del Nuevo Testamento está al lado de su hermano, hablándole la Palabra de Dios, para que cada hermano pueda experimentar la inscripción de la ley que Dios hace de modo único en su propio corazón. Esta posición cumple la profecía de Jeremías:

> Pero este es el pacto que haré con la casa de Israel después de aquellos días, dice Jehová: Daré mi ley en su mente, y la escribiré en su corazón; y yo seré a ellos por Dios, y ellos me serán por pueblo. Y no enseñará más ninguno a su prójimo, ni ninguno a su hermano, diciendo: Conoce a Jehová; porque todos me conocerán, desde el más pequeño de ellos hasta el más grande, dice Jehová; porque perdonaré la maldad de ellos, y no me acordaré más de su pecado.
>
> —Jeremías 31:33–34

En el Antiguo Testamento, la idolatría se entendía generalmente en términos externos (Isaías 45:20), pero en el Nuevo es un mal interno (Colosenses 3:5). Así, el profeta del viejo pacto gritaba contra el pecado como algo de lo que había que despojarse como si fuera ropa; pero el profeta del nuevo pacto debe mirar al corazón de las personas. Él sabe que allí, y solamente allí, puede realizarse la transición crítica. El pecado ya no le indigna como lo hacía con sus homólogos del Antiguo Testamento. Al pecado se le han sacado sus colmillos por la misericordia de la cruz. Ahora el profeta permanece al lado, para que el Santo Espíritu pueda capacitar a cada persona en su propio camino, a fin de que el proceso de reconocer el pecado, pedir perdón y ser cambiado pueda escribir el carácter de Dios en el corazón de cada individuo.

Tras la advertencia del profeta del Antiguo Testamento a no pecar estaba la compulsión a obedecer, a vivir a la altura de un cuadro del glorioso Israel. Tras la advertencia del Nuevo Testamento a no pecar está el amor de Dios Padre entrenando a sus hijos a medida que crecen en Él. El pecado sigue siendo horrendo, pero en el Nuevo Testamento es transformado en gloria por su misericordia.

Jesús, al entrar en la muerte y conquistarla, ha hecho de la muerte la gozosa ruta hacia la vida. La muerte a uno mismo es esa puerta estrecha que Jesús dijo que pocos encuentran (Mateo 7:13–14). Todo lo que Dios dice en el Nuevo Testamento tiene la intención, o bien de mantener el entorno del cielo y la tierra en los cuales Él pueda dar nacimiento a hijos, o bien de levantar, enseñar y castigar a esos hijos. El profeta del nuevo Testamento, por tanto, es llamado a morir a todo cuadro que pudiera tener de la buena vida a fin de que pueda permanecer sin egoísmo al lado de cada hermano, tribu y nación y que Dios pueda estar sin obstáculos para salvar y levantar a sus hijos. Esto es lo que Pablo les decía a los romanos (ver Romanos 14:10–15:7).

Ningún profeta instantáneo

El llamado de un profeta demanda años de morir al yo. Nadie puede convertirse en profeta rápidamente. La época del café instantáneo y la televisión no puede producir una profecía instantánea. Los apóstoles y profetas son fundamentales para la iglesia porque han sido llevados a más muerte del yo (que otros que no son así escogidos) y a renacer en Él.

Los profetas y los apóstoles no tienen menos pecado que otras personas; lejos de llegar a no pecar de modo que tenga confianza en su propia justicia, el profeta más bien ha sido hecho consciente del engaño y de la villanía de su corazón que ha llegado a un punto de profunda desesperación en cuanto a llegar a ser alguna vez leal a Dios. Esa conciencia de impotencia es lo que Dios quería.

Cuando S. Pablo comenzó su ministerio, Jesús le dijo que él era un pecador: "¿Por qué me persigues?" (Hechos 9:4). Más adelante Pablo predicó que "todos están bajo pecado" (Romanos 3:9). Al final de su ministerio, cuando salía de él tal virtud que se tomaban pañuelos de su cuerpo y se ponían sobre los enfermos para que sanasen (Hechos 19:12), él escribió a Timoteo: "Palabra fiel y digna de ser recibida por todos: que Cristo Jesús vino al mundo para salvar a los pecadores, de los cuales yo soy el primero" (1 Timoteo 1:15). Observe el tiempo verbal. No dice que él fue una vez un pecador, sino que en el presente se reconoce a sí mismo como el mayor de los pecadores. Todo apóstol o profeta tiene esto como su hito: que el Señor continuamente le muestre la villanía de su ser interior para que nunca deje de ser un mendigo que señala a otros mendigos dónde está el alimento. Quien sea rico en sí mismo no ha aprendido nada y no tiene nada que dar.

El llamado de Dios a un elevado oficio en la iglesia nunca es una elevación al honor. Más bien es siempre una invitación a la humillación (1 Corintios 1:26–31).

La iglesia no tiene por qué asustarse o sentirse ofendida por quienes parecen estar agitándose mucho en la línea del Señor; esos peces puede que sean los que el Señor está preparando para el oficio más elevado. La iglesia necesita dejar de tener temor al pecado (no para salir y pecar con más libertad), pero también necesita amar a los pecadores (lo cual significa también disciplina), a fin de que Dios pueda utilizar todo en la vida para levantar a sus profetas para que realicen su misión.

Tristemente, la iglesia con frecuencia ha sido una atmósfera demasiado rígida para la producción de profetas y apóstoles. Bob Mumford habla del modo en que recompensamos y honramos a un soldado herido en batalla, pero cuando un soldado para Cristo cae herido en batalla, ¿qué hacemos? ¡Lo rematamos!

Alabamos a Dios y le damos gracias porque la iglesia no nos desechó ni nos rechazó mientras aprendíamos. Los Estados Unidos están literalmente cubiertos del desastre de mis errores. A otros, sin embargo, no les ha ido tan bien. Han sido perseguidos para que salieran de la iglesia, o se les ha restringido y callado, y no llegaron a madurar conforme a la plenitud de Él.

La formación de un profeta o apóstol es la disciplina más difícil y más atroz a ser soportada en cualquier lugar en el universo. Que la iglesia se convierta en parte de la solución en lugar de ser parte del problema.

> Hijo mío, si tratas de servir al Señor, prepárate para la prueba. Fortalece tu voluntad y sé valiente, para no acobardarte cuando llegue la calamidad Aférrate al Señor, y no te apartes de él; así, al final tendrás prosperidad. Acepta todo lo que te venga, y sé paciente si la vida te trae sufrimientos. Porque el valor del oro se prueba en el fuego, y el valor de los hombres en el horno del sufrimiento. Confía en Dios, y él te ayudará; procede rectamente y espera en él.
>
> —Eclesiástico* 2:1–6

* Eclesiástico, o La sabiduría de Jesús el Hijo de Sirac, es parte de los libros apócrifos del Antiguo Testamento que no están incluidos en la mayoría de las ediciones protestantes de la Biblia, aunque están incluidos en ediciones católicas. Para más información, ver B. M. Metzger, *An Introduction to the Apocrypha* (New York: Oxford University Press, 1957).

CAPÍTULO SEIS

Lecciones de profecía de la historia de la mujer en el pozo

Dentro de esta historia está uno de los grandes milagros de conversión registrados jamás. En un poco más de una hora, nuestro Señor despertó a una extraña para que pasara de un encuentro casual a un pleno y glorioso reconocimiento de Él mismo como más que el esperado Mesías, todo ello sin sobrepasar su libre albedrío y su terquedad de corazón.

Estamos convencidos de que esa mujer no era una mujer mala en absoluto, sino que, por el contrario, era una profetisa del Señor. Veremos lo que piensa usted a medida que avancemos. Puede tener poca importancia lo que pensemos de ella ahora, pero es divertido manejar nuevas ideas. Mientras tanto, utilizaremos esta historia como un trampolín hacia muchas lecciones en el arte y la práctica de la profecía, y de otros ministerios.

La hostilidad entre judíos y samaritanos había sido intensa durante mucho tiempo. Después de la muerte de Salomón, las diez tribus del norte de Israel se separaron de la monarquía unida establecida por David. La capital de las tribus secesionistas era Samaria (los escritores bíblicos generalmente se referían al reino del norte como Israel y al del sur como Judá). Después del exitoso sitio de Samaria por los asirios en el año 722 a. C., los israelitas fueron deportados en masa y sustituidos por otros cautivos orientales de los asirios. Aunque esos cautivos eran principalmente gentiles y politeístas, adoptaron la religión de la región a la cual habían sido enviados como colonia. Así, en tiempos del Nuevo Testamento, ellos adoraban a Yahvé, reconocían a Moisés como el apóstol supremo de Dios, aceptaban la Torá (Génesis–Deuteronomio) como Escritura canónica, reconocían el monte Gerizim (no Sión) como el lugar escogido de Dios mencionado en la Escritura (por ejemplo: Deuteronomio 14:23), y esperaban un día final de juicio.

Obviamente, ellos estaban muy cerca en la fe de sus vecinos del sur pero, ya que siempre luchamos más con nuestros hermanos que con extraños, esa cercanía solamente realza la hostilidad. La geografía sirvió para exacerbar aún más el problema. En la época de la ocupación romana, los judíos ortodoxos habitaban las regiones tanto del norte como del sur de Samaria. Sus sentimientos contra los samaritanos eran tan intensos que un judío piadoso generalmente rodeaba Samaria en lugar de atravesarla, por ejemplo, al ir de Jerusalén a Nazaret. El resultante odio racial entre judíos y samaritanos hacen parecer nuestras tensiones raciales actuales como una fiesta para tomar el té.

Sin embargo, Jesús decidió atravesar Samaria en lugar de rodearla. Él había caminado unas veinte o treinta millas, y no se nos dice en cuántas horas o días. Los discípulos se habían adelantado a la ciudad para comprar alimentos. Jesús estaba solo, tenía calor, estaba cansado y tenía sed. No había ningún recipiente con el cual sacar agua. La ciudad no proporcionaba recipiente alguno, y ya que no había ninguno, los extraños no podían contaminar toda su agua o utilizarla descuidadamente, porque ese era un pozo sagrado en la historia de Israel. Por tanto, Jesús dependía de quien pudiera pasar por allí para sacar agua del pozo.

Un profeta depende de otros

A nadie le gusta depender de otros; hiere muy poco a nuestro orgullo darles a otros, aun si damos hasta que nos duela profundamente. Siempre podemos estar orgullosos de haber dado. Es mucho más humillante *recibir* algo de otros, a excepción, quizá, de la Navidad o nuestro cumpleaños, cuando sentimos que el regalo nos honra. Recibir regalos diariamente, sin embargo, es humillante. Añadamos a eso que un individuo reciba regalos de otros solamente cuando Dios guíe, y a uno se le enseña la lección de la dependencia implícita en las palabras: "*Danos* hoy nuestro *pan de cada día*".

La tarea de un profeta también puede complicar esta parte de su vida. Dios puede mandarle que hable al pueblo una palabra muy difícil, por la cual es probable que el pueblo odie al profeta. Ese mismo pueblo es la mano de Dios para alimentarlo. Todo pastor sabe esto. Jesús les mandó a sus discípulos:

> Y les dijo: No toméis nada para el camino, ni bordón, ni alforja, ni pan, ni dinero; ni llevéis dos túnicas. Y en cualquier casa donde entréis, quedad allí, y de allí salid. Y dondequiera que no os recibieren, salid de aquella ciudad, y sacudid el polvo de vuestros pies en testimonio contra ellos. Y saliendo, pasaban por todas las aldeas, anunciando el evangelio y sanando por todas partes.
>
> —Lucas 9:3–6

Los profetas deben aprender a vivir mediante el pueblo del Señor. Esta es una lección de doble filo. En primer lugar, enseña al profeta humildad y fiel dependencia de Dios. En segundo lugar, crea el tipo de relación entre individuos en la cual el ministerio profético puede tener un efecto pleno. Quienquiera que dé a un profeta abre puertas al Señor (Mateo 10:40–42).

La mujer sunamita, al ver la necesidad del profeta, preparó un cuarto para Eliseo. Por tanto, ella iba a recibir la recompensa de un profeta. El profeta le prometió un hijo, el cual tuvo a su debido tiempo, poniendo fin a su deshonra entre los suyos (2 Reyes 4:8–17).

Dios quiere hacer bien a su pueblo, pero Él es educado; Él no invadirá, sino que nosotros debemos darle nuestro permiso. Por tanto, Él viene de muchas maneras, una de las cuales es en la persona de sus profetas. Si el pueblo le da algo a un profeta, abre el camino para que el Señor le dé al pueblo. Del mismo modo, el Señor hace que sus profetas sean dependientes del pueblo. No hace daño si el pueblo comprende esto y, por consiguiente, da con motivos egoístas.

> Y cualquiera que os diere un vaso de agua en mi nombre, porque sois de Cristo, de cierto os digo que *no perderá su recompensa.*
>
> —Marcos 9:41 (énfasis añadido)

Por otro lado, los profetas siempre deben *dar* sus servicios; ellos no cobran. A medida que dan, el Señor les recompensa a ellos por medio del pueblo (Lucas 6:38). Igualmente, una iglesia no debería hablar nunca de “contratar” a un pastor, a un profeta itinerante, a un maestro o a un evangelista. Tales personas no son asalariadas que huyen cuando llegan los lobos. Tales personas entregan sus vidas por las ovejas como un don gratuito de Dios (Juan 10:11–13). El pastor nunca recibe un salario; él, al igual que los levitas, vive de las ofrendas dadas a Dios. Son suyas para poder comer.

No es sabio que el hombre de negocios diga: "Vamos a poner esto en términos de negocios. ¿Qué vamos a pagarle a este ministro si lo traemos aquí?". Los términos de negocios no pertenecen a esto. El siervo es libremente dado por Dios al pueblo. El pueblo deben dar libremente a los siervos de Dios. Ningún siervo de Dios puede legítimamente establecer términos de salario como una demanda antes de ir a una congregación. Si el hombre de negocios quiere asegurar que el siervo de Dios sea recompensado adecuadamente, que dé con generosidad y se ocupe de que otros también den. La Junta y la iglesia pueden ponerse de acuerdo de antemano sobre lo que debe apartarse para él, pero esa cantidad no debería determinar si él aceptará o no el pastorado.

Dios no ha cambiado su *modus operandi.* Él sigue mandando a sus siervos que dependan totalmente de Él. Sigue siendo bueno para la iglesia y bueno para el profeta. El siervo de Dios no necesita nada de las seguridades del mundo, a pesar de lo cómodas que puedan parecer. Dios es su proveedor suficiente, y nunca las personas.

Jesús no tenía una necesidad real de la mujer samaritana; Él podría haber ordenado al agua, y ésta habría llegado hasta sus labios. Pero "siendo en forma de Dios... se humilló a sí mismo" (Filipenses 2:6, 8). En este sentido, Jesús necesitaba la ayuda de la mujer samaritana. Muchas veces el Señor dispone las cosas de tal modo que otros hagan por nosotros lo que pensamos que podemos hacer por nosotros mismos.

Poco después de habernos mudado a nuestra nueva casa, llegaron dos jóvenes con un montón de madera cortada en su camioneta, ofreciendo ponerla en el garaje por lo que más tarde supe que era un precio ridículamente bajo. Yo tenía una camioneta, sabía dónde ir a cortar madera, solía ser un operador de sierra profesional, y había planeado salir para conseguir madera. Les dije que no a los hombres. En ese momento, un sentimiento de haber errado golpeó mi corazón; sin embargo, seguí tercamente inconsciente de que mi corazón estaba lleno de confianza en mi propia carne para conseguir esa madera.

Ciertamente, cuando me llevé a un vecino conmigo para ir a conseguir la madera, ¡todo el viaje se frustró por completo! Había nevado, y tuvimos que regresar porque las viejas cadenas que tenía no encajaban en las nuevas ruedas de la camioneta. Una vez que lo solucionamos y regresamos al bosque, nos encontramos con un auto atascado en una zanja. Sacamos el auto, perdiendo un valioso tiempo y rompiendo muchos eslabones en las cadenas. Finalmente, ya en su lugar para cortar la madera, la nueva sierra no funcionó. Yo sabía en mi corazón que aquellas no eran simples coincidencias. El Señor frustró mis esfuerzos porque yo debía haber aceptado la ayuda de aquellos dos hombres. La lección era lo importante. La falta de madera era un precio barato para pagarlo. Yo fui humillado delante de mi vecino porque no me había humillado a mí mismo.

Pero, por toda esa humildad, Jesús no le pidió educadamente a la mujer samaritana. Él ordenó con valentía: "Dame de beber" (Juan 4:7). Elías mandó a la viuda de Sarepta que le diera pan (1 Reyes 17:8–16); pero ella estaba haciendo un pan para su hijo y ella misma, el último que tenían. Ella le explicó con tristeza que se estaban preparando para morir de hambre. Sin embargo, Elías insistió:

> Elías le dijo: No tengas temor; ve, haz como has dicho; pero *hazme* a mí *primero* de ello una pequeña torta cocida debajo de la ceniza, y tráemela; y *después* harás para ti y para tu hijo.
>
> —1 Reyes 17:13 (énfasis añadido)

El mundo esperaría más cortesía bajo tales circunstancias. Pero debemos obedecer a Dios sin importar lo que nos espere. Debemos despreciar nuestra propia sabiduría a fin de escoger la de Él. Eso es verdadera humildad. La humildad humana es inevitablemente externa. Decimos: "Qué hombre tan humilde es". El profeta debe rendir esa clase de humildad; su recompensa no proviene de la gente sino de Dios.

Así, Jesús no considera el cansancio de la mujer samaritana, el calor del día, el esfuerzo necesario para sacar el agua, y el hecho de que ella fuera una extraña y una odiada samaritana. Él le *ordena* que le dé de beber. Eso solamente debiera haber comenzado a avisarla de que ella estaba en presencia de un profeta. Probablemente así sucediera. A propósito, si ella hubiera sido una mala mujer, lo más probable es que no se le hubiera permitido acudir a ese pozo. Era sagrado, y sus pecados lo habrían contaminado.

Normalmente, si un hombre hablaba a una mujer en público en ese país, la mujer se hubiera considerado a sí misma avergonzada, y, o bien no hubiera dicho nada, o hubiera corrido a los hombres en su familia, con quienes se podía contar para demandar disculpas del ofensor. Solamente dos tipos de mujeres habrían respondido a Jesús: una prostituta o una profetisa. Su respuesta muestra que ella es lo segundo: "¿Cómo tú, siendo judío, *me pides* a mí de beber, que soy mujer samaritana? Porque judíos y samaritanos no se tratan entre sí" (v. 9, énfasis añadido). Por el momento ella no ha tenido en consideración que Él no le ha pedido sino que le ha mandado. Ella aún no está preparada para reconocerlo como un profeta.

Ella está delante del Señor de gloria, en la confianza de su propia carne, y cambiando su orden por una petición, al igual que nosotros tantas veces hacemos. Ella se ha encontrado con un profeta sin saberlo. Su pregunta, sin embargo, muestra que ella es una profetisa entre su pueblo. Y Jesús inmediatamente pasó a llamarla a que le viera a Él como su Mesías. "Si conocieras el don de Dios, y quién es el que te dice: Dame de beber; tú le pedirías, y él te daría agua viva" (v. 10).

Un profeta no quita el derecho a descubrir

Generalmente, nos deleitamos al decirles a otros cosas directamente porque eso exalta al yo. Y el aprendiz no ha sido invitado al proceso de descubrimiento. Sin embargo, una persona que está muerta al yo enseña siempre que sea posible por medio de parábolas y analogías, a fin de que otros puedan aprender mediante el descubrimiento. Aunque Jesús podría haber anunciado: "Yo soy el Hijo de Dios", Él no tomó ese atajo. Debemos pasar por etapas profundas de aprendizaje, voluntariamente, por nosotros mismos. Más de lo que la cabeza de la mujer samaritana debió retener lo que aprendía. Por tanto, Él se movió indirectamente.

La mujer seguía sin entenderlo: "La mujer le dijo: Señor, no tienes con qué sacarla, y el pozo es hondo. ¿De dónde, pues, tienes el agua viva? ¿Acaso eres tú mayor que nuestro padre Jacob, que nos dio este pozo, del cual bebieron él, sus hijos y sus ganados?" (v. 11–12). Otra valiosa lección está encerrada en que ella no viera. ¿Por qué no veía ella? Su mente era aguda; ella conocía el camino de los profetas, el cual Jesús estaba utilizando con ella. Pero Jesús ha ofrecido un don: "Si conocieras el don de Dios…". Él mismo es el don de Dios. Ahora ella comienza a entender que Él puede ciertamente ser el Mesías. Eso significaría una bendición indescriptible para ella, ¡haber encontrado al Mesías! Pero eso era increíblemente demasiado bueno para creerlo con facilidad y rapidez. ¡La gente puede creer con mucha más facilidad las malas noticias que las buenas! En la raíz de la mayoría de los problemas en los cristianos está la incapacidad de creer: "Jesús me ama, yo lo sé, pues la Biblia dice así".[1]

Esta mujer ha pasado por la tragedia en repetidas ocasiones; ha perdido a cinco esposos. (Casi no había divorcio en aquellos tiempos; lo más probable es que sus esposos murieran). Ella ha aprendido a esperar problemas, y no bendición. Encontrar al Mesías tumbaría montañas enteras a un mar de bendición.

Jesús espera mientras el corazón de ella se convulsiona con sorpresa y alterna gozo y terror. Quienes llevan buenas nuevas deben aprender a no violar este proceso de descubrimiento en otra persona. Si alguien ayuda a un pollo a romper su huevo, morirá, porque necesitaba el ejercicio para hallar su fuerza. Eso no es menos cierto de nosotros.

Jesús lo intentó de nuevo con la analogía del agua; pero la mujer estaba demasiado asustada para afirmar la buena nueva que su mente ya había sentido. Ella huyó a "lo práctico". "Señor, dame esa agua, para que no tenga yo sed, ni venga aquí a sacarla (v. 15). No es que nosotros no tengamos esa mentalidad de lo práctico, pero hemos huido al significado superficial con el fin de ocultarnos. Esta mujer, sin creer aún de gozo (Lucas 24:41), está huyendo; su corazón, sin embargo, sí que cree.

Por tanto, Jesús le respondió con una señal. El mensajero en el Señor aprende a sentir cuándo el corazón de la otra persona se ha abierto para creer y cuándo se ha cerrado. Zacarías y María recibieron ambos la visitación del ángel Gabriel. Ambos hicieron a Gabriel una pregunta "práctica" (Lucas 1:18, 34); pero Gabriel sabía que

Zacarías no creía y que María creía. Por tanto, Zacarías fue disciplinado, y María recibió señales para confirmar su camino.

Si un individuo cree, Dios le dará señales para que pueda saber que ha oído correctamente, y así estará seguro de que no ha seguido su propia imaginación. Pero si una persona no cree, Dios no le dará una señal. Si tuviera que darle una señal al incrédulo, Él le estaría demostrando que podría creer en Dios. Dios estaría actuando conforme al ritmo de él o ella. ¿Quién entonces sería Dios? Dios no dará una señal a un incrédulo a fin de convencerlo para que crea. Él debe creer primero; luego Dios confirmará.

Los siervos del Señor a menudo son tentados a pensar: *Oh, si el Señor hiciera este o aquel estupendo milagro, entonces esas personas tendrían que creer.* Pero una señal sólo le mostrará a su siervo que no puede obligar a las personas a creer. Una de las cosas más trágicamente divertida en la Escritura sucedió cuando los fariseos y saduceos fueron a Jesús, inmediatamente *después* de que Él hubiera sanado a grandes multitudes —cojos, ciegos, sordos, endemoniados— y luego hubiera alimentado a las multitudes con solo siete panes y dos peces. Todas ellas eran las señales mismas dadas en la profecía mediante las cuales reconocer al Mesías. En aquel momento ellos le pidieron que hiciera una señal para poder creer (Mateo 16:1). Solamente el Espíritu Santo da la gracia de creer; de otro modo nada, ni persuasión ni milagros, causará una verdadera creencia.

Ya que Jesús procedió a darle una señal a la mujer samaritana, sabemos que en su corazón ella ya había creído. En primer lugar, sabiendo que ella no tiene marido, le dice: "Ve, llama a tu marido, y ven acá" (Juan 4:16). En efecto, ella le ha estado mintiendo, actuando como si no creyera cuando en realidad cree. Una muchacha de diecisiete años vino a vivir con nuestra familia. Cuando hablábamos, ella repetidamente decía, y estaba convencida en parte de su mente, que no entendía lo que se le decía. Al final aprendimos a detectar cuándo ella se engañaba a sí misma y de verdad sí entendía. La mujer samaritana ha estado huyendo de Jesús; por tanto, Él le da una oportunidad de irse, actuando como si Él no fuera un profeta y, así, no supiera que ella no está casada. Él no la obligará a creer. Si ella quiere irse, Él la invitará a hacerlo.

Un profeta no obliga

Paula y yo con frecuencia hemos escuchado a predicadores desviarse y gritar: "Quien no venga a este altar niega a Dios"; o: "si alguien sale de este edificio sin dejar su pecado en el altar, ¡Dios lo disciplinará!". Pero el siervo de Dios nunca debería amenazar (1 Pedro 2:23). Un verdadero profeta debe quedarse mudo y ser humilde delante de la voluntad de otra persona; nunca debe obligar a otro a hacer su propia voluntad. Con sensibilidad, Jesús le estaba diciendo: "Muy bien, no te obligaré. Ve a llamar a tu marido y ven acá, sabiendo que o bien no regresarás o que yo ya no estaré aquí entonces. Te dejo en libertad".

Si la mujer samaritana hubiera querido irse, habría aprovechado la oportunidad de huir de su presencia. En cambio, respondió que no tenía marido. *Lo que* ella respondió tiene poca importancia; lo que importa es que *se quedó*. Se dice que ella había decidido no honrar su temor.

La verdadera fe es cuestión de lo que hacemos, y no de lo que pensamos o decimos (Santiago 2:18). Las dudas y las reservas no molestan a Dios cuando una persona, a pesar de eso, está viviendo su fe. La mujer no hizo una confesión oral de creencia, pero se quedó cuando se le dio la oportunidad de huir.

> Jesús le dijo: Bien has dicho: No tengo marido; porque cinco maridos has tenido, y el que ahora tienes no es tu marido; esto has dicho con verdad.
>
> —Juan 4:17–18

Por esta señal, mediante la cual Él le muestra que ve su vida por el poder de Dios, ella sabe que Él es un verdadero profeta. Muchas personas han malinterpretado lo que Él dijo y han pensado que ella era una mala mujer; pero una explicación totalmente distinta es posible. La ley del Antiguo Testamento, en Deuteronomio 25:5, requería que el cuñado de una viuda sucediera a su esposo si ella no tenía hijos a fin de garantizar un heredero. Así, Booz no pudo casarse con Rut hasta que el familiar más cercano se negase a adoptar ese papel para ella (Rut 4). La mujer en el pozo ha tenido cinco maridos porque cada uno de ellos ha muerto. El sexto familiar la ha tomado en su casa (guardada de la inmoralidad por docenas de familiares) pero aún no se ha casado con ella.

Si una mujer no estaba casada, o si había perdido a su esposo, se pensaba de ella que Dios la maldecía (Isaías 4:1). Si ella perdía a un segundo esposo, sería considerada doblemente afrentada; pero si perdía a un tercero, luego a un cuarto y también a un quinto, la gente comenzaba a considerarla como siendo preparada para un elevado servicio como profetisa. Las profetisas podían hablar a los hombres en público. Hombres y mujeres igualmente buscarían su consejo. Ana no estaba ni avergonzada ni fuera de lugar cuando dio gracias por el niño Jesús y "hablaba del niño a todos los que esperaban la redención en Jerusalén" (Lucas 2:38).

Lo que Jesús le dijo a la mujer no era reprensión para ella. Debido a que se quedó a pesar de su temor, Él la recompensó con la señal de que Él conocía su vida privada y dijo: "Te honro como a una profetisa. Conozco tus sufrimientos y lo que han obrado en tu corazón". Ella se sintió bienvenida y recibida por Él.

Ella ahora ha tenido dos señales: sus bruscos modales y sus tiernas palabras. Ella sabe sin duda alguna que Él es un profeta. Jesús, sin embargo, quiera que ella vea más; pero ella sigue estando medio temerosa de creer. Al igual que muchos de nosotros, ella de inmediato planteó una pregunta molesta pero impertinente para que el profeta la resolviera: "Nuestros padres adoraron en este monte, y vosotros decís que en Jerusalén es el lugar donde se debe adorar" (Juan 4:20).

El profeta llega con una palabra de revelación

Aprendemos en la respuesta de Jesús otra técnica o atributo del profeta del Señor. El profeta llega con una palabra de revelación de Dios. Su problema es siempre cómo hacer que recibamos esa palabra; nosotros no estamos preparados y con frecuencia no queremos recibir las firmes palabras de Dios. Debido a eso, Amós, por ejemplo, utilizó un truco muy astuto. Él comenzó su tremendo discurso vilipendiando al enemigo tradicional de Israel: Damasco (aún actualmente enemigo de Israel). Luego riñó a otro enemigo: Gaza, una ciudad filistea. Después todas las principales ciudades de Filistea pasaron a estar bajo su nube tormentosa; Tiro, una ciudad fenicia, y luego Edom. El pueblo se deleitaba al escuchar al profeta regañar a sus enemigos. Luego atacó a Amón, después a Moab y seguidamente a Judá, su rival más amargo y su vecino más cercano. La trampa ya estaba puesta. Ellos escuchaban embelesados. Ahora él podía apuntar sus pistolas hacia Israel y ellos no podían hacer otra cosa sino oír. De igual manera, cuando David pecó con Betsabé, Natán le dijo a David que juzgara un caso, y David se encontró a sí mismo juzgado por sus propias palabras.

El profeta entra en cualquier terreno que se le dé a fin de encontrarse con la persona; luego desarrolla o cambia el tema para hacer que su hermano abra su corazón a la nueva revelación que él lleva. "Por lo cual, siendo libre de todos, me he hecho siervo de todos para ganar a mayor número... a todos me he hecho de todo, para que de todos modos salve a algunos" (1 Corintios 9:19, 22). Entramos en los terrenos donde las personas están a fin de poder salir de allí con algunos.

El Cuerpo de Cristo debe aprender a estar al lado de sus profetas, porque Él puede enviar a sus profetas a coexistir con personas extrañas. El Señor puede hacer surgir una amistad entre su profeta y un sikh, un hindú, un musulmán, una prostituta o un camarero. Los hombres se quejaban de Jesús porque comía con pecadores y publicanos (Marcos 2:16).

Más importante, el cuerpo necesita aprender a estar al lado del profeta mientras él entra en la mentalidad de su amigo. Un líder de un grupo carismático cercano conoció a una muchacha que estaba metida en meditaciones y filosofías orientales. El líder estaba ganando a la muchacha para el Señor; en el proceso, Dios le trajo nuevas verdades al líder al estar con esa muchacha. El líder ciertamente estaba entrando donde estaba la muchacha a fin de salir de allí con ella. El Señor estaba utilizando la ocasión para llevar al líder verdades bíblicas, ocultas en basura oriental, que habían estado obstaculizadas para el líder durante algún tiempo. A su debido momento, el Señor habría movido y examinado cuidadosamente esos pensamientos (Filipenses 3:15), y cualquier cosa que no fuera perfectamente congruente con la Escritura, habría caído. Sin embargo, el resto del grupo no entendió el proceso; tampoco comprendieron la fe que se requería para permitir que su líder fuera expuesto a nuevas corrientes, confiando en que el Señor revelara a tiempo lo que era verdad y lo que no lo era. Ellos estaban temerosos e impacientes.

Jesús no se molestó por las preguntas de la mujer acerca de dónde deberían adorar los hombres. Fue su oportunidad para ampliar el pensamiento de ella con nueva revelación. "Pero la hora viene…" (Juan 4:23). *Lo que* Él le enseña es importante en sí mismo, pero más importante para ella es que, al usar esas palabras de nueva revelación, Él ha comunicado que es más que un profeta. Mientras tanto, su gloriosa presencia está inundando el espíritu de ella. Ahora no tiene deseos de huir; sospecha que Él es el Mesías. En la educada e indirecta manera de hablar de oriente, ella dice: "Sé que ha de venir el Mesías, llamado el Cristo; cuando él venga nos declarará todas las cosas" (v. 25). Pero Él ha venido como algo más que la expectativa judía del Mesías; Él es el Hijo de Dios, lo cual nadie había entendido aún aunque los profetas lo habían profetizado. Por tanto, Él utiliza una frase que no podía ser otra cosa sino una importante señal para ella: "Yo soy, el que habla contigo" (v. 26). (En griego es *Ego eimi, ho lalon soi*).

En el huerto de Getsemaní, Él utilizaría esas mismas palabras: "Yo soy", y al oírlas los soldados, los sacerdotes y todos los demás cayeron a tierra (Juan 18:6). Debido a que Dios se reveló a sí mismo a Moisés como *Yo soy*, los judíos piadosos ponían mucha atención para evitar utilizar esa frase o la palabra relacionada: *Yahvé*. Había surgido la superstición de que cualquiera que pronunciara su nombre caería muerto; por tanto, nadie decía: "Yo soy", y se idearon varios rodeos para evitarlo. Dios haría caer muerta a la persona que dijera Yo soy. Y así cayeron todos ante Jesús, creyendo que un rayo de Dios lo golpearía. Aunque aquello era solo una superstición, y no parte de la Palabra de Dios. Cuando nada sucedió, se convencieron de que a quien llevaban delante de Ananías y luego de Pilato era el Hijo de Dios.

Aun así, Jesús utilizó esas mismas palabras: "Yo soy", para decirle a la mujer que Él era más que el Mesías. Ella captó el mensaje; ahora ve no sólo que Él es *un* Cristo, sino que Él es *el* Cristo. Y el Espíritu Santo enseguida le confirmó esa revelación con señales certeras. Los discípulos regresan, y ella ve la sorpresa en sus rostros al ver que Él está hablando con una mujer extraña en público (v. 27). Sin embargo, ninguno de los discípulos le dijo: "¿Qué buscas?" (a ella), o: "¿por qué hablas con ella?" (a Él). Los discípulos mostraron una perfecta cortesía y deferencia a la autoridad de Él. Esas cosas eran señales para ella, y sigue siendo así; en nuestra conducta, somos las señales que concederán o destruirán fe en otros. Gandhi dijo: "Yo aceptaría a su Cristo si no fuera por ustedes los cristianos". Esos discípulos fueron las señales.

Por tanto, la mujer dio una señal de que creía: *dejó su vasija*. El occidental, que está acostumbrado a ir enseguida a la tienda para cambiar o sustituir cualquier cubo perdido o roto, dice: "Muy bien, ella dejó su vasija; ¿y qué?". Para el oriental, eso era una clara señal de fe.

El agua es sagrada. Los recipientes para agua en tiempos bíblicos llegaron a relacionarse con la santidad de la vida. Así, nunca debían perderse, dejarse atrás o tirarse. Si una vasija se caía y se rompía, eso era una vergüenza y una tragedia. Ni siquiera se tiraban los pedazos. Los pedazos grandes se utilizaban como platos para mezclar o para cortar. Los pedazos más pequeños se utilizaban para rascar heridas porque se habían llegado a asociar mucho con virtudes de sanidad. Job 2:8 dice: "Tomaba Job un tiesto para rascarse con él, y estaba sentado en medio de ceniza".

La mujer llegó al pozo buscando agua terrenal. En Jesús encontró agua celestial. Por tanto, dejó su vasija de agua como señal de que la verdadera santidad y religiosidad no se encuentran en las formas en que samaritanos o judíos adoran, sino en la persona que acaba de conocer. Si ella hubiera encontrado sólo a un mesías, habría guardado las formas de adoración; habría guardado su vasija de agua. Pero ha encontrado algo más y no ya no necesita más las formas.

Un profeta deja atrás su vida anterior

Cuando una persona recibe un llamado de Dios, debe dejar atrás cualquier cosa que haya sido su forma de vida hasta ese momento. Cuando Jesús llamó a Santiago y a Juan, "ellos, *dejando al instante la barca y a su padre*, le siguieron" (Mateo 4:22, énfasis añadido).

Eliseo tomó sus bueyes, los mató y cortó y quemó su arado y sus arreos para la barbacoa que hizo luego para sus amigos y familiares. Por medio de ello él dio tres señales irrevocables. Sus bueyes estaban muertos; él no podía regresar a su trabajo de agricultura; sus instrumentos estaban quemados. Toda su familia había comido sal con él para ser testigos de su abandono de la agricultura para pasar al servicio de Dios. No hay manera en que él pueda regresar a eso.

Cualquiera que reciba un llamado de Dios a un elevado servicio—evangelismo, profecía, ministerio, sacerdocio, o cualquiera que pueda ser—debería renunciar a lo que le haya formado. Eso no es como un insulto hacia su herencia; es para cortar las cuerdas del delantal. Es para negar cualquier otra formación adicional mediante la vieja vida carnal. Ahora esa persona será formada por Dios y servirá solo al Dios que le ha llamado.

Muchos siervos, al no saber esto, han huido a sus hogares desde el servicio o el seminario, pensando obedecer el llamado de la obligación de ayudar a los suyos. Pensando que aún deben obedecer el quinto mandamiento, el de honrar a sus padres, no comprenden que se les ha dado un llamado que trasciende a eso. Por ejemplo, los fariseos y escribas querían etiquetar a Jesús como un falso profeta. Le dijeron: "Tu madre y tus hermanos están fuera y quieren verte" (Lucas 8:20). Si Jesús hubiera dejado la obra del Señor para honrar a su madre o a sus hermanos, ellos habrían clamado: "Ya ven, Él no es un verdadero profeta; no ha renunciado a su madre. Vean, deja de seguir a Dios". Jesús utilizó la ocasión para enseñar una lección más profunda al decir: "Mi madre y mis hermanos son los que oyen la palabra de Dios, y la hacen" (v. 21).

Puede que se necesite aquí una palabra de aclaración. Los fariseos y escribas comenzaron a hacer un falso uso de este principio. Ellos decían: "Si alguien le dice a su padre o a su madre: 'lo que has ganado de mí es dado a Dios', no tiene que honrar a su padre (Mateo 15:5). Jesús les dijo que por causa de su propia tradición, ellos habían anulado la Palabra de Dios. Cada cristiano debería estar atento a esta trampa. Debemos renunciar a la continua influencia carnal de los padres sobre nosotros cuando nos volvemos cristianos adultos a fin de poder ser libres en Cristo, pero esa libertad no es licencia para rechazar la obligación hacia con los padres.

Una vez más es cuestión de verdaderamente oír y obedecer a Dios. Cuando Él nos llama aparte, tenemos que darle la espalda a muchas cosas, si no es que a todo lo que ha sido importante para nosotros.

Eso puede incluir a nuestros padres. Ciertamente el Espíritu Santo buscará destruir las relaciones idólatras con cualquier familiar a fin de poder instaurar un verdadero amor y honor. Ningún ser humano, por sus propias fuerzas, puede posiblemente discernir la diferencia entre idolatrar y honrar a los padres. Como siempre, dependemos de Jesús, quien solamente puede guiarnos por este camino estrecho.

Lázaro era un amigo a quien Jesús amaba.

> Y amaba Jesús a Marta, a su hermana y a Lázaro. Cuando oyó, *pues*, que estaba enfermo, *se quedó dos días más en el lugar donde estaba*. Luego, *después de esto*, dijo a los discípulos: Vamos a Judea otra vez.
>
> —Juan 11:5–7 (énfasis añadido)

Para la mente carnal, ¿cómo puede ser eso amor? Al oír de la enfermedad de un amigo, ¿quedarse donde estaba? Marta lo dijo: "Señor, si hubieses estado aquí, mi hermano no habría muerto" (v. 21). María dijo lo mismo (v. 32). Él tuvo que sufrir el reproche de sus queridas amigas.

Si Jesús se hubiera apresurado a estar al lado de su amigo, habría sido desobediencia e idolatría. Eso habría puesto en peligro a su amigo. El verdadero amor no haría eso. Lázaro no había hecho ninguna llamada, pero sus hermanas no estaban por encima "utilizando" la amistad: "Señor, he aquí el que amas está enfermo" (v. 3). Lo que ellas hicieron estaba mal. Informarle de que Lázaro estaba enfermo era una verdadera obligación; recordarle a Jesús que "el que amas está enfermo" era poner una carga de amistad sobre el llamado pidiendo ayuda; era un intento de controlarlo y manipularlo. Las palabras eran insultantes, como si tuvieran que recordarle su amor. El temor había vencido el caminar en el Espíritu de María y Marta.

Cosas similares a esas suceden hoy día en la iglesia. Mary Jones está enferma. El pastor es informado pero no acude. La familia de Mary se indigna. Qué avergonzados deberíamos estar de nuestras demandas cuando, de corazón, son idólatras. La amistad es maravillosa, pero puede ser una cubierta para la idolatría y, como tal, tratará de suplantar el mandato de Dios.

Eso ha sucedido incontables veces en la iglesia. Nuestra amistad y nuestras labores no deben poner ninguna demanda especial sobre un siervo de Dios. No hemos comprado nada con nuestras labores. Los siervos de Dios no nos deben nada. Si es leal a su llamado, el siervo debe ir o venir solamente como el Espíritu Santo le dirija. Si responde a una necesidad distinta a la nuestra, eso no significa que no se interese por nosotros. Nuestras supuestas demandas justas de su tiempo significan que solamente tenemos hambre de atención, y no de la gloria de Dios.

En una ocasión, cuando yo estaba en California en una misión de enseñanza, uno de mis más apreciados feligreses murió de repente y de modo trágico. La pregunta estaba en mi corazón: ¿Debía yo, como pastor, ir enseguida a Idaho para consolar a la familia? ¿O debía quedarme donde estaba? ¿Acaso no había sabido el Señor cuándo moriría ese hombre? Yo estaba en California como profeta y como maestro. Yo creía que la Biblia enseñaba que *ese* llamado debería tener la preferencia (1 Corintios 12:28). Sin embargo, acudí al Señor en oración para descubrir enseguida si la ley prevalecía o el Espíritu Santo tenía alguna palabra nueva para mí. La palabra fue que me quedara en California. Eso podría significar una iglesia alborotada y amigos muy heridos. Gloria al Señor porque los pocos que intentaron pelear simplemente fueron oídos sin respuesta. El Señor me protegió cuando yo obedecía, y me apoyó por medio de su amoroso Cuerpo. Hablé por teléfono con los amigos, un hermano pastor los ministró, y ellos lo entendieron. Dios es fiel, y también lo fue su iglesia.

La iglesia a veces piensa erróneamente que paga a los pastores o los evangelistas y, por tanto, tiene "un derecho al valor de su dinero". ¡Qué fuera de orden está ese modo de pensar! Ningún siervo del Señor puede comprarse y seguir siendo un hombre o una mujer de Dios. Debe ser responsable de sus tareas, sí, pero no de modo que la gente pueda tener *su* valor en dinero. Él o ella viven del dinero dado a Dios. La iglesia debería aprender no solo cómo apoyar a sus siervos, sino también cómo supervisarlos, para que la libertad de ellos no se convierta en licencia. La Palabra nos da pautas. El Espíritu debe gobernar de manera nueva en cada situación.

La mujer en nuestra historia ha aprendido bien las lecciones de profecía. Ella no solo deja su vasija, sino que también deja al Señor. Pedro, Santiago y Juan querían quedarse en la cumbre del monte con Jesús (Mateo 17:4). La iglesia a menudo cae presa de la idea de que es primordialmente en los servicios de adoración y en las reuniones de oración donde la presencia real de Jesús debe encontrarse. El *sentimiento* de su presencia puede verdaderamente ser más fuerte en reuniones de grupo; quizá es así como debiera ser, pero la iglesia no debe vivir por sentimientos, porque los sentimientos de los cuales habla la gente en este contexto son siempre buenos sentimientos. Pero Jesús está donde está el sufrimiento (Mateo 25:40). Donde la gente sufre y tiene necesidad, ahí está Él, y es ahí donde la iglesia es llamada a estar. Los servicios de adoración son refrigerios y formación entre las verdaderas labores de amor. El servicio de adoración ni es la primera labor ni tampoco el lugar primordial de la presencia de Él. Esta mujer samaritana no cae en el error de hacer un ídolo de su eufórica presencia personal; ella inmediatamente piensa en otras personas, deja su presencia, y acude a amigos que aún no lo conocen a Él.

Podemos perdonarle por la hipérbole; parece improbable que Él le dijera *todas* las cosas que ella había hecho (Juan 4:29). ¿Acaso no fuimos bastante entusiastas cuando Él entró por primera vez en nuestros corazones?

Observemos una lección profética final en la conducta de ella. Podríamos esperar que gritara: "¡Este es el Cristo mismo!". Pero la supervisión del Espíritu está en sus labios y, por tanto, ella lo dice de este modo: "¿No será este el Cristo?" (v. 29). Su certeza no le ha dado derecho a abrogar la búsqueda de sus paisanos; y su freno dio fruto. Ellos regresaron para decirle: "Ya no creemos solamente por tu dicho, porque nosotros mismos hemos oído, y sabemos que verdaderamente éste es el Salvador del mundo, el Cristo" (v. 42).

Muchos brillantes profetas, predicadores, maestros y evangelistas han bosquejado la verdad de modo magnífico una y otra vez, y se sintieron perplejos cuando sus oyentes parecían entenderlo en ese momento pero luego regresaban a la incredulidad y el olvido. ¿Ha llegado el diablo y ha arrebatado la palabra? ¿Necesitamos orar más por protección? Quizá no; quizá nunca hemos aprendido la lección de la transparencia. Hemos hecho demasiado, no demasiado poco. Les quitamos su derecho a descubrir. Nuestros oyentes caen porque la búsqueda no ha sido la suya propia. Sabio es el siervo de Dios que ha aprendido a invitar a otros a la búsqueda en lugar de darles demasiadas respuestas.

Un profeta es un testigo

Tras la historia de la mujer en el pozo está una lección final. El neófito se preocupa por hacer marchar las cosas, sean las que sean: sanidad, predicación, enseñanza, entre otras. Realmente no cree que Dios lo esté haciendo. Él se esfuerza.

El profeta maduro es, como dijimos anteriormente, mudo y humilde delante de la voluntad de otra persona, y es un observador silencioso de lo que Dios hace; es Dios quien actúa. Ser un vigía o un testigo es ver lo que Dios está haciendo. Usamos la palabra *testigo* con demasiada frecuencia solo para describir nuestro modo de hablar a otros; en cambio, significa uno que observa a Dios operando entre hombres. Estar "en el Espíritu" es, por consiguiente, ser uno que no está actuando con sus propias energías o su propia carne, sino acorde con el viento del Espíritu, girando como una veleta para señalar dónde se mueve Él.

Tal observación implica todas nuestras energías, porque el amor de Dios está fluyendo por medio de nosotros a los demás mientras los pecados, la enfermedad y la muerte están fluyendo más allá de nosotros hasta la cruz. Desgraciadamente, lo que debiera fluir *más allá* de nosotros a menudo fluye *por medio* de nosotros. De este modo los que llevan la carga se sobrecargan. Qué grande es el peso de llevar demasiado para el Señor.

> He aquí se cumplieron las cosas primeras, y yo anuncio cosas nuevas; antes que salgan a luz, yo os las haré notorias.
>
> —Isaías 42:9

> Por tanto, queda un reposo para el pueblo de Dios. Porque el que ha entrado en su reposo, también ha reposado de sus obras, como Dios de las suyas.
>
> —Hebreos 4:9–10

Cuando yo vi por primera vez mi responsabilidad de interceder por otros, no podía quitármela de mi cabeza; se volvió insoportable. Si caminaba por la ciudad, veía y sentía tan profundamente la necesidad de cada persona que me agotaba por completo. La gente pensaba que yo era distante porque pasaba muy deprisa, y parecía que no veía a las personas. Es cierto que durante un tiempo no las veía, pues era demasiado doloroso. Fue un alivio aprender que el siervo del Señor es ciego; el siervo del Señor no ve nada oculto. No finge ninguna sensibilidad psicológica; no ve visiones o percepciones a menos que el Espíritu Santo las revele.

Este hecho distingue al profeta del vidente. Un vidente, como Jeanne Dixon, no es un profeta. El vidente ve por un esfuerzo excesivo de sus propios y considerables poderes psíquicos, y posiblemente mediante la ayuda de espíritus demoníacos de adivinación. Un profeta ve solamente cuando el Señor abre sus ojos para ver. Él no echará una ojeada. Un vidente comete el primer pecado de conocimiento prohibido; mira donde puede y con frecuencia publica lo que debiera mantener en secreto. No así el profeta de Dios.

El siervo del Señor no tiene labores. Solamente el Espíritu labora, y lo que Él hace es hecho "sin sudor". La primera ayuda de la redención es restaurar a los individuos a ese caminar libre con el Señor por el que no hacen nada mientras el Espíritu de Dios trabaja en ellos. S. Pablo testificó: "para lo cual también trabajo, luchando *según la potencia de él*, la cual actúa poderosamente en mí" (Colosenses 1:29, énfasis añadido).

A lo largo de toda la conversación que Jesús mantuvo con la mujer en el pozo, le vemos tranquilamente siguiendo el viento del Espíritu que soplaba sobre ella. Su astucia y su perspectiva son solamente las del Padre por medio de Él. Aprendemos esas cosas conscientemente con nuestras mentes, no para quedarnos atascados en pensar: "Ahora tengo que recordar todas esas cosas", "simplemente soy demasiado tonto para servirle de ese modo" o "¿Cómo podría ser yo tan inteligente?". Todos hemos visto a las personas más tontas ministrar poderosamente con gran sabiduría y aprendizaje. El conocimiento es importante, pero no es por lo que nos esforzamos, ni tampoco es en nuestro poder.

CAPÍTULO SIETE

El cumplimiento adecuado de la obligación del profeta

Solamente Jesús es verdad. Él ha personificado la verdad, la ha vivido, la ha expresado, y la contenía en su propio carácter y personalidad misericordiosa. En Él, la verdad se ha convertido en un camino, el camino, y la vida. Eso significa que, para el cristiano, la verdad ha dejado de estar limitado solamente al hecho lógico. La verdad, o bien se realiza con el carácter y la personalidad de Jesús, o bien no se ha cumplido como verdad, sin importar lo objetivamente precisa que sea. *Una persona puede presentar la verdad de modo tan arrogante que otros no escuchen. La verdad de esa persona no ha hallado expresión de la manera de nuestro Señor; por tanto, a pesar de lo objetivamente verdad que pueda ser, no se ha convertido en verdad para sus congéneres.* El hombre puede tercamente resistir la verdad, a pesar de lo bien presentada que esté, pero nuestro interés aquí es la manera en la cual el mensajero presenta esa verdad. "El mal mensajero acarrea desgracia; mas el mensajero fiel acarrea salud" (Proverbios 13:17).

Por ejemplo, supongamos que el Espíritu Santo le dice a un profeta que el granjero Jones está poniendo manzanas podridas en el fondo de sus cajas. El Señor ordena al profeta que advierta al granjero Jones. ¿Cómo llevará a cabo el profeta su obligación? Si con arrogancia riñe al granjero, el granjero es probable que no se arrepienta en su corazón, aun si quita las manzanas podridas. Los hechos verdaderos entonces habrán sido hechos falsos para el propósito de Dios. Supongamos, sin embargo, que el profeta visita al granjero y actúa como si no supiera nada. Cuando casualmente le relata la historia de un hombre que había puesto melones podridos en la carga que mandaba al mercado y cómo la disciplina de Dios lamentablemente había caído sobre el hombre, el mensaje se ha comunicado bastante bien. Debemos ser "prudentes como serpientes, y sencillos como palomas" (Mateo 10:16).

Entre los años 1956 y 1961 servimos a una pequeña iglesia en Streator, Illinois, mientras terminaba el seminario en Chicago. También estábamos acumulando fuertes deudas, algunas de las cuales eran innecesarias, pero nos habíamos acostumbrado tanto a las estrecheces que pasábamos por alto el hecho. Algunos de los feligreses, al oír de ello, informaron al ministro de la conferencia, el reverendo Frank Edwards. Él nos llamó a Chicago para que lo visitáramos y nos invitó a comer a un restaurante. Allí hablamos sobre cuántos ministros estudiantes habían caído en la trampa de pasar por alto sus fuertes deudas. No pudimos sino oír y sentir su amor por los jóvenes clérigos que estaban a su cargo. No hubo enojo o condenación en su tono; su espíritu lloraba por nosotros. No pudimos encontrar ninguna excusa en su conducta para salir en nuestra propia defensa; en cambio, él nos ayudó a ver nuestro pecado y decidir cambiar. Y el impacto de esa ayuda fue tan grande que mantuvimos nuestro rango de crédito A-1 desde ese momento en adelante. Y no pudimos sino amar a Mr. Edwards, y a otros ministros como él.

Por tanto, un profeta necesita saber algo más que *lo que* decir; también necesita descubrir *cómo* quiere Dios que lo diga. La cortesía y la bondad pueden, sin embargo, convertirse en ídolos, como pensar que si uno fuera siempre amable, eso cumpliría siempre el propósito de Dios. Elías no fue tierno con la viuda de Sarepta (1 Reyes 17:11–13), ni tampoco lo fue Jesús con la mujer samaritana (Juan 4:7). Moisés, por otro lado, fue disciplinado porque golpeó la roca dos veces (Números 20:11–12). Los métodos y las reglas (como ser siempre amable) inevitablemente nos causarán problemas. Debemos depender solamente del Espíritu Santo.

El profeta debe reprender. No tiene otra elección.

> Hijo de hombre, habla a los hijos de tu pueblo, y diles: Cuando trajere yo espada sobre la tierra, y el pueblo de la tierra tomare un hombre de su territorio y lo pusiere por atalaya, y él viere venir la espada sobre la tierra, y tocare trompeta y avisare al pueblo, cualquiera que oyere el sonido de la trompeta y no se apercibiere, y viniendo la espada lo hiriere, su sangre será sobre su cabeza. El sonido de la

> trompeta oyó, y no se apercibió; su sangre será sobre él; mas el que se apercibiere librará su vida. Pero si el atalaya viere venir la espada y no tocare la trompeta, y el pueblo no se apercibiere, y viniendo la espada, hiriere de él a alguno, éste fue tomado por causa de su pecado, pero demandaré su sangre de mano del atalaya. A ti, pues, hijo de hombre, te he puesto por atalaya a la casa de Israel, y oirás la palabra de mi boca, y los amonestarás de mi parte. Cuando yo dijere al impío: Impío, de cierto morirás; si tú no hablares para que se guarde el impío de su camino, el impío morirá por su pecado, pero su sangre yo la demandaré de tu mano. Y si tú avisares al impío de su camino para que se aparte de él, y él no se apartare de su camino, él morirá por su pecado, pero tú libraste tu vida.
>
> —Ezequiel 33:2–9

No solo reprende, sino que también debe rendir cuentas por el modo en que lo hace. Por ejemplo:

> Después subió de allí a Bet-el; y subiendo por el camino, salieron unos muchachos de la ciudad, y se burlaban de él, diciendo: ¡Calvo, sube! ¡calvo, sube! Y mirando él atrás, los vio, y los maldijo en el nombre de Jehová. Y salieron dos osos del monte, y despedazaron de ellos a cuarenta y dos muchachos.
>
> —2 Reyes 2:23–24

Bet-el era un lugar favorito de oración para los profetas. Los muchachos gritaron: "Sube, sube". El lugar de oración estaba en la cumbre del monte. Los tiempos eran difíciles; la gente se había apartado de la oración. Ya que los niños con frecuencia expresan lo que hay en el corazón de sus padres (sin importar lo que los padres digan con sus labios), esos muchachos se burlaban de Eliseo en cuanto a la oración. Ellos expresaban la duda de sus padres.

Puede que Eliseo no fuera calvo en absoluto, y lo más probable es que no lo fuera. Cualquier hombre de edad y sabiduría, cuyo cabello se hubiera vuelto canoso, era honrado y se le denominaba "almendro", porque su cabello blanco era similar a la flor de ese árbol (Eclesiastés 12:5). La calvicie se tomaba como una señal de deshonra y vergüenza (Levítico 14:8; Números 6:9; Deuteronomio 21:12). Sansón perdió su fuerza cuando le afeitaron el cabello (Jueces 16:19).

El término "calvo" era una doble burla. Se refería a alguien que es tonto, deshonroso y marginado porque cree en la oración, y también a alguien que se ha vuelto nazareo, apartado para Dios (Números 6:18). Los muchachos en realidad se estaban burlando del Señor a través de su siervo. Quizá su intención era la que todos los niños tienen al burlarse, pero ese tipo de conducta el Señor no puede tolerarla, si no es por otro motivo que por causa de las almas de los muchachos. El profeta debe reprender, pues si no la disciplina de Dios vendrá sobre él.

Eliseo no fue quien disciplinó; él solamente se volvió y los maldijo en el nombre del Señor (2 Reyes 2:24). En el capítulo siguiente estudiaremos la operación de la ley, y entonces la maldición se entenderá más plenamente. Por ahora basta con decir que él le pidió al Señor que dispusiera las cosas para que aquellos muchachos cosecharan lo que habían sembrado con sus actos; pero él lo hizo en el nombre del Señor. Al saber que deberíamos orar en el nombre del Señor, ponemos atención para poner su nombre al final de nuestras oraciones, pero eso en realidad no logra nada. El nombre de una persona significa su destino, propósito y carecer. El nombre de Jesús significa "Dios salva"; su destino es salvación, su propósito es amarnos hasta llegar al cielo, y su carácter es amabilidad, bondad y amor. Por tanto, Eliseo clamó por disciplina no solo en la autoridad del Señor sino también dentro de su amante naturaleza, su propósito y su voluntad.

Luego Eliseo se fue. Les tomaría algún tiempo a los dos osos salir de los bosques y llegar a las murallas de la ciudad. Le correspondía a Dios disciplinar a sus hijos a su propio modo. Lo más probable es que Eliseo no tuviera idea de cómo o cuándo disciplinaría el Padre, solamente sabría que Él lo haría. Al igual que el Padre más adelante mandó al pez que tenía en su boca la moneda y también a los 153 peces por causa de Pedro (Mateo 17:27; Juan 21:11), Él también mandó a los dos osos.

Disciplina profética en el Nuevo Testamento

Vemos una disciplina aún más severa en el Nuevo Testamento. Pedro vio la mano de la muerte caer sobre Ananías y Safira (Hechos 5:1–11). Si Pedro hubiera actuado en su propia ira, la ira de Dios habría caído sobre él. Pedro hizo sus preguntas para dar tanto a Ananías como a Safira amplia gracia y toda oportunidad posible para que se arrepintieran. Pedro tampoco clamó muerte sobre Ananías. Ananías simplemente murió. Pedro sabía que lo mismo le sucedería a Safira si no se arrepentía. Por tanto, trató de darle oportunidades para confesar la verdad y arrepentirse.

Quien vea solamente dureza y firme juicio en Pedro o en Dios es probable que haya imputado la situación solo a su propio juicio y temor. Peor aún, ha pasado por alto la naturaleza amorosa de Dios. No creemos que Ananías y Safira fueran al infierno, pues ellos eran cristianos. Cristo había muerto por ellos. Dios sabía que, ya que habían fijado en su corazón el hacer el mal, finalmente llegarían a ser tan corruptos de corazón que rechazarían su salvación; por tanto, fue misericordioso llevárselos a casa fuera del cuerpo antes de que se perdieran por completo. Lo mismo vemos en el mandato de S. Pablo: "el tal sea entregado a Satanás *para destrucción de la carne*, a fin de que *el espíritu sea salvo* en el día del Señor Jesús" (1 Corintios 5:5, énfasis añadido). Para Dios, la muerte del cuerpo no es lo peor; Él llora por la muerte del alma y el espíritu. Por tanto, a veces Él debe quitar la vida para salvarla.

La naturaleza de Dios tiene tanto ira como misericordia, tanto firmeza como ternura. Por tanto, no nos corresponde a nosotros juzgar la obra del profeta desde el punto de vista de la carne. Lo que a nosotros nos parece injusto y duro, puede que sea un acto del Espíritu Santo, y no de la carne. Somos llamados solamente a obedecer a Dios, no a juzgar la conducta del profeta. Dios juzgará al profeta.

En 1960, Paula y yo asistimos a nuestra primera Escuela de cuidado pastoral dirigida por Agnes Sanford. Un incidente sobresale en mi memoria. Durante la sesión de preguntas y respuestas una tarde, un caballero de porte imponente se puso en pie para hacer una pregunta. Agnes respondió con amabilidad y ampliamente, pero él no quedó satisfecho. Hizo otra pregunta, sobre un detalle innecesario de la anterior, y Agnes volvió a responderle con amabilidad, pero con cierto tono en su voz, y le dio una tierna advertencia en cuanto a que su pregunta ya había sido respondida y que había más personas que tenían otras preguntas. El hombre no le prestó atención y, al estar en desacuerdo, adoptó la tarea de reconvenirla. Él podría haber hablado con ella más adelante, en privado. Nunca hemos visto a un hombre tan humillado y puesto en su lugar como lo fue él por la agudeza de la respuesta de Agnes. No volvió a decir palabra alguna durante todo el resto de la escuela.

Algunos no lo entendieron, y pensaron que Agnes había sido injusta; pero el Espíritu de inmediato me habló y abrió mi mente a los pasajes de la Escritura que hablan de la reprensión. Una rápida comprobación en la concordancia mostrará que está firmemente dentro de la esfera de las posibilidades para los cristianos que andan en el Espíritu.

El profeta debería tener cuidado de andar en el Espíritu todo el tiempo. Debe orar continuamente, lo cual a veces significa oración en silencio en lenguas. San Pablo dijo: "Doy gracias a Dios que hablo en lenguas más que todos vosotros" (1 Corintios 14:18). Orar de ese modo edifica a quien habla (v. 14); le da descanso cuando está cansado (Isaías 28:12) y mantiene su espíritu en sintonía con el Espíritu de Dios. Por tanto, el Espíritu Santo puede darle indicaciones rápidamente cuando sea necesario. En segundo lugar, él debe tener la Biblia tan leída, releída y devorada que el Espíritu pueda traer a su mente esas partes de la Palabra más apropiadas para el fuego del momento. El profeta del Señor es una persona de la Palabra. Si no conoce la Escritura, está en grave peligro de ser engañado.

Por otro lado, aunque hay ocasiones en las que el profeta debe reprender firmemente, con frecuencia somos culpables de dispararles con balas a los canarios. ¿Cuán frecuentemente hemos lanzado un cañonazo a algún pobre cristiano cuando una piedra habría logrado el objetivo? Por tanto, el hecho de que ocasionalmente tenga el derecho de expresar la ira de Dios, no le da licencia al profeta; más bien le da una gran responsabilidad de sentir la guía del Espíritu y seguirla y negarse a sí mismo.

La edificación y la unidad de la Iglesia

Las tareas conjuntas de edificar y unificar la iglesia nunca son expresadas como la comisión de ningún profeta del Antiguo

Testamento. Sin embargo, se ha convertido en la base de la tarea de todo profeta del Nuevo Testamento, cualquiera que sea la comisión concreta que tenga. Si lo que se le ha dicho que haga o que diga pusiera en peligro o atacara la edificación o la unidad, el profeta cristiano debería pedir señales de confirmación antes de emprender acción alguna.

Gran parte de esta edificación se realizará en secreto. El mandato de Jesús en Mateo 6:5–6 de orar en secreto es para todos los hijos de Dios. Para el profeta, el mandato tiene una aplicación distinta. Mucho de lo que le es revelado podría crear una pelea innecesaria si se dijera a todos. Un día yo tuve una visión de uno de mis amigos enredado y hundido en un remolino de agua. Yo no tenía idea de si el agua podría ser literal, o un conjunto de circunstancias, o ambas cosas. No sentí que debiera decirle nada en absoluto a mi amigo. Aquello era, sin duda, un llamado a la oración intercesora. El Señor, al ver lo que había por delante, no quería que él se ahogara en los problemas o fuera tragado por ellos. Yo oré por su protección y no dije nada.

Al día siguiente, mi amigo salió a pescar con su hijo. Era demasiado pronto en la estación para vadear las corrientes del río; la fuerte corriente podía tragarse a un hombre. Mi amigo estaba de pie en una roca al lado de un profundo pozo del río, viendo que se formaba un gran remolino delante de él y pensando: *Vaya, si alguien se enredara en eso, nunca podría salir.* Precisamente entonces, ¡vio a su hijo flotar! No había otra cosa que hacer sino dejar a un lado la caña y saltar al pozo para salvarlo. El hijo fue llevado fácilmente por la corriente hasta un lugar seguro, pero mi amigo quedó enredado en el remolino. Hasta el día de hoy él no se explica cómo se las arregló para salir vivo de allí. ¿Se habría ahogado si Dios no hubiera advertido? ¿Habría salido de todos modos? Nadie, incluyéndome a mí, puede responder esas preguntas. Yo meramente alabé a Dios por salvar a mi amigo.

En otra ocasión, en un sueño, vi a un minero quedar bajo las rocas y ser aplastado en un túnel en la mina. Una vez más, no se lo dije a nadie; era un llamado a la oración. A la semana siguiente, el diácono principal, un hombre fiel, apenas se libró de que cantos rodados cayeran sobre él, causándole solo una muesca en su pulgar.

Un miembro que rara vez asistía a la iglesia también se libró por poco en otra caída de rocas, y solo se hizo un tajo en la pierna. Un tercer miembro, que nunca asistía, fue lanzado por un auto contra un muro, rompiéndose varias costillas. Yo alabé a Dios porque ninguno de ellos resultó muerto. Hasta el día de hoy la especulación no ha sido respondida: ¿hubo menos posibilidad de proteger a los hombres que eran menos obedientes al Señor? ¿Estaban aquellos hombres más alejados del cuidado del pastor? ¿Tuvo la oración algo que ver con la protección? *Creemos* que sí, pero no lo *sabemos*.

Puede que se le hable al profeta sobre alguna gran bendición que llega a la iglesia. A menos que el Señor le diga que haga pública la buena noticia o le ordene convocar a la iglesia para que crea lo que está por venir y ore por ello, el profeta probablemente no tenga mandato de hablar. Un viejo proverbio dice: "No alejes con las palabras tu buena fortuna". Dios normalmente mantiene ocultas las bendiciones hasta que Él las derrama sobre nosotros, para que no hagamos algo para bloquearlas o apropiarnos el mérito para nosotros mismos.

> Lo que pasó, ya antes lo dije, y de mi boca salió; lo publiqué, lo hice pronto, y fue realidad. Por cuanto conozco que eres duro, y barra de hierro tu cerviz, y tu frente de bronce.
>
> —Isaías 48:3-4

Con frecuencia, si Dios dice de antemano algo a toda la comunidad, es tan críptico que no podemos verlo con claridad. ¿Acaso no ha recibido casi cada iglesia carismática profecías de bendición? ¿Y no las malinterpretamos, normalmente, y no entendimos por completo lo bueno que iba a llegarnos? Dios lo planeó de ese modo, porque todos nosotros tenemos algo de Herodes, algo que mataría al niño Cristo que nos saliera al encuentro si pudiéramos descubrir los suficientes detalles.

El profeta puede ser tentado a coagular la revelación de Dios en términos demasiado concretos. A lo que Dios haya dicho, puede que él añada lo que solo él *cree* que significa su palabra y no se dé cuenta que ha confundido los esfuerzos de su mente con la palabra de Dios. Jesús dijo: "Mirad, pues, cómo oís" (Lucas 8:18).

Un grupo entero de oración estaba en pie ante la tumba de un miembro querido que se había ido, seguros de que el Señor había profetizado que él recobraría la vida. Probablemente el Señor hubiera hablado, pero con intenciones bastante diferentes. Marta excluyó precisamente tales malas interpretaciones cuando dijo: "Yo sé que resucitará en la resurrección, en el día postrero" (Juan 11:24). Jesús le dijo que Él tenía en mente mucho más que eso. Un hombre al que conocemos anunció que cierta bendición le iba a llegar, pero no llegó; en cambio, cayó sobre él una gran reprensión en otra área. La reprensión le hizo cambiar y se convirtió en la mayor bendición en su vida. Esa era la bendición que el Señor había querido decir.

Oído afectado

Los profetas no sólo deberían tener cuidado en cuanto a cómo oyen al Señor, sino que también necesitan aprender que los deseos de la gente pueden afectar a su oído. Una amiga me telefoneó con una gran consternación: "Mi hijo acababa de despegar en una avioneta con algunos amigos. Hubo una tempestad, y no han oído de ellos. Van a salir aviones a buscarlos. ¿Puedes darnos alguna palabra de Dios?". Necesitamos tener cuidado de que no nos pongan en posición de ser videntes o magos. Saúl pensó que Samuel era un vidente que podría decirle dónde encontrar sus asnas perdidas. Esa no es la función principal de un profeta (1 Samuel 9:9).

Aún así, mi amiga quería saber dónde estaba su hijo, así que yo, de todos modos, le pregunté al Señor. La respuesta fue inmediata. Ellos habían volado hacia el norte, y no hacia el sur como habían indicado, y estaban perdidos. No había esperanza. Yo traté, con tanta ternura como pude, decirle eso por el teléfono. Sin saberlo yo, mi amiga tenía tan confianza en mí que convenció al equipo de búsqueda para que cambiaran la operación y cubrieran el área del norte indicada. Luego me llamaba una y otra vez. Su importunidad hizo mella en mí y en mi claridad con Dios. Yo comencé a pensar que el Señor me estaba dando buenas noticias mediante varias visiones, las cuales le transmitía a mi amiga. Yo no era lo bastante consciente del modo en que nuestras relaciones con otros en nuestro espíritu pueden afectar a nuestro canal con Dios. Al verano siguiente, cuando la nieve se derritió, se encontró la avioneta siniestrada, en el área donde yo había indicado primeramente. La nieve que caía la había ocultado inmediatamente. Todos ellos habían muerto en el acto.

Los profetas deben aprender a adherirse a la primera palabra que Dios les da. Durante el reinado de Jeroboam en Israel (el reino del norte), un profeta fue de Judá a Betel para hacer una señal para Jeroboam. Se le mandó que regresara a su casa sin volverse y sin comer pan allí, pero un profeta local en Betel oyó de su obra ese día, acudió a él, y le convenció para que comiera. El profeta de Judá luego fue muerto por un león. Aquel profeta no solo perdió su vida, sino que también se produjeron todas las nefastas cosas que él había profetizado. La conclusión de la historia es que si él hubiera obedecido, Dios podría haber salvado a la casa de Jeroboam (ver 1 Reyes 13).

Un delicado equilibrio

Hay un delicado equilibro entre dos mandatos del Señor aparentemente contrarios. En primer lugar, el profeta no debe escuchar la voz de otros hombres; debe oír solamente a Dios. En segundo lugar, debe comprobar todas las cosas con sus hermanos y no permanecer aparte como si fuera un renegado. ¿Cómo puede el profeta observar estos dos principios?

David Wilkerson hizo pública una visión de cinco advertencias que el Señor le dio.[1] Una era que los católicos carismáticos verían que la jerarquía de la iglesia les quitaba su alfombra de bienvenida. Algunos de los líderes en el movimiento carismático han dicho que quizá Wilkerson no lo comprobara con el Cuerpo antes de presentar esa palabra de división, y otros han dicho que quizá la visión revelara algunos prejuicios inconscientes de Wilkerson.

Veamos si podemos aclararlo. En primer lugar, las advertencias llaman al arrepentimiento o la preparación; no tienen que suceder tal como han sido profetizadas. Dios nos advierte para protegernos de nefastas consecuencias o para fortalecer nuestra resolución. Por ejemplo, un siervo del Señor a quien conocemos bien fue advertido por una profetisa de que había visto su avión chocarse y arder cuando él volaba para hablar en Australia. Desgraciadamente, nuestro amigo vio eso solo bajo una perspectiva, y decidió no ir. No se le ocurrió que podría haber usado la advertencia para orar para que el accidente no se produjera.

Moisés y Elías aparecieron en el monte con Jesús "y hablaban de su partida, que iba Jesús a cumplir en Jerusalén" (Lucas 9:31). Eso no evitó que Jesús fuera; le preparó para lo que tendría que soportar. Agabo, un profeta de Judea, ató las manos y los pies de Pablo con su cinturón y le advirtió que sería atado por los gentiles de esa manera si iba a Jerusalén. La compañía de Pablo y la gente en Jerusalén rogaron a Pablo que no fuera a Jerusalén (Hechos 21:8–14); Pablo, sin embargo, estaba "dispuesto no sólo a ser atado, mas aun a morir en Jerusalén por el nombre del Señor Jesús" (v. 13).

Tanto Jesús como Pablo habían recibido órdenes anteriores en cuanto a dónde debían ir. Ellos no cambiarían su curso original, sin importar lo que les dijeran la compañía del Señor. Las advertencias dadas a Pablo no eran para detenerlo; eran una preparación y un llamado a la oración. Gloria a Dios porque ni Jesús ni Pablo cambiaron su rumbo asignado. Nuestra fe no existiría si Jesús hubiera permitido a los discípulos que lo detuvieran. El libro de Romanos nunca se habría escrito si Pablo no hubiera decidido ir a Jerusalén.

Aun antes de la transfiguración, Pedro había tratado de evitar que Jesús fuera a Jerusalén (Marcos 8:31–33), pero Jesús le reprendió. El Cuerpo de Cristo nunca debe evitar la orden original del profeta. Recordemos también lo que dijimos anteriormente sobre las sorpresas. La profecía era que los *gentiles* atarían las manos y los pies de Pablo; sin embargo, fueron los *judíos* quienes causaron el problema. La apelación de Pablo a Roma dio como resultado que fuera atado por los gentiles (legionarios romanos), quienes le escoltaron con seguridad para salir de Jerusalén y más tarde lo llevaron, como él esperaba, a Roma.

Tanto Jesús como Pablo habían recibido sus propias órdenes privadas de ir a Jerusalén. En ambos casos, la confirmación de la comunidad llegó en forma de hablar sobre los sufrimientos que había por delante. Ninguno de ellos pensó que sus órdenes siempre tuvieran que venir por medio del Cuerpo; ninguno de ellos pensó que el Cuerpo tuviera que estar de acuerdo con lo que Dios les había dicho en privado. La confirmación del Señor por medio del Cuerpo puede que no signifique acuerdo. El profeta, teniendo una tarea del Señor, debería confirmar con sus hermanos consejo en cuanto a cómo llevar a cabo su obligación, pero no debe permitir que ese consejo evite que la realice si su guía es clara y ha sido confirmada de otra manera.

> Porque con ingenio harás la guerra, y en la multitud de consejeros está la victoria.
>
> —Proverbios 24:6

David Wilkerson fue acusado de no consultar con los hermanos antes de presentar sus advertencias. Quizá. No lo sabemos. Suponemos que él consultó. Quizá David podría haber sido más sabio al presentar sus cinco advertencias. Quizá no. Pero la iglesia *no* es llamada a hacer objeciones sobre el modo en que un siervo del Señor lleva a cabo su obligación. Gloria a Dios porque David Wilkerson tuvo la valentía de arriesgar su propia popularidad personal para dar el mensaje de Dios. Wilkerson también fue acusado de presentar un mensaje de división. ¡Tonterías! Él no ordenó a nadie que se separara de nadie; advirtió que *podría* producirse una división. Eso es el Señor hablando a favor de la unidad. Que la iglesia responda con humildad, alerta y con rapidez sobre sus rodillas delante del Señor.

Lo que Wilkerson previó no tiene que suceder. Dios advierte a fin de que no se produzca. Nínive no fue destruida cuando Jonás finalmente obedeció y dio la advertencia. El azote de Pablo fue convertido en bendición. Si nada de lo que vio Dave Wilkerson sucede, eso de ninguna manera demostrará que él es un falso profeta, al igual que no lo era Jonás. Solamente significará que el pueblo del Señor oyó y respondió, y Dios se ha propuesto sanar su tierra (2 Crónicas 7:14). En el momento en que escribo este libro, varios de los desastres políticos y naturales que David predijo ya han sucedido.

Puede haber errores y fracasos

¿Significa eso que los profetas nunca cometen errores? Claro que no. Dios nos dice que los cometerán, y que Él mismo lo ocasionará (Deuteronomio 13:1–4). Demasiadas veces la iglesia quiere asegurarse que hay algunas cosas que Dios nunca permitirá que sucedan. Tal pensamiento es presuntuoso e inevitablemente peligroso.

Si cada profeta hablara solo la verdad absoluta, ¿a quién seguiría la gente? No al Señor, sino al profeta. Para evitar eso, Dios utiliza vasos rotos y necios; por tanto, cada individuo debe comprobar su propio espíritu, corazón y mente de acuerdo a la Palabra siempre que un profeta le hable en el nombre del Señor. Dios utiliza vasijas rotas precisamente por esa razón, para que debamos volvernos a Él para preguntar: "Señor, ¿qué significa eso? ¿Qué quieres que haga?".

Un profeta debe hacer todo lo que pueda para asegurarse de que sus palabras provengan verdaderamente del Señor. Jeremías y Ezequiel advirtieron de horrores para el profeta que no lo haga (Jeremías 23; Ezequiel 13). Y el profeta debería buscar consejo en sus hermanos y permitir que Dios le confirme su palabra. Una vez que se haga eso, el profeta no debe ser disuadido de su misión ni por amigo ni por enemigo.

Si él fuera un video o un teléfono, el profeta podría decir con una facilidad sospechosa: "Cualquier cosa que yo diga es del Señor. Yo no tengo responsabilidad. Hablen con Dios". Pero él es una persona y habla por el Señor como tal; debe aprender a regocijarse de que, a pesar de lo equivocado que él pueda estar, es Dios quien habla por medio de él. Pero también debe aprender a no utilizar a Dios como un truco y decir: "Sí, yo dije eso, y asumiré responsabilidad por ello. Traten conmigo, hermanos, para que yo pueda aprender". Bajo el nuevo pacto, los errores del profeta no son tratados como se trataban en tiempos antiguos. Deuteronomio 13:5 ordenaba que se diera muerte a los profetas que erraban. Bajo el nuevo pacto, la tierna misericordia de la cruz produce muerte y luego vida (Gálatas 6:1). No tengamos temor a hablar o a oír las palabras de un profeta. En ambos casos, Dios tratará con nosotros y nos consolará tras la aflicción (1 Pedro 5:6–11).

El profeta no se dirige al público en general. En la medida en que es un evangelista, puede también trabajar para convertir a los de fuera; pero él y sus obras son dadas *como señales* solo a los creyentes (1 Corintios 14:22). Contrariamente a Jeanne Dixon y otros como ella, los verdaderos profetas no anuncian lo que saben al público en general; hablan a la iglesia. Si el público oye, muy bien; pero el profeta se dirige al pueblo del Señor.

Jesús dijo: "No deis lo santo a los perros, ni echéis vuestras perlas delante de los cerdos, no sea que las pisoteen, y se vuelvan y os despedacen" (Mateo 7:6). "Perros" en países de la Biblia significaba cualquiera que no perteneciera al pueblo. Las perlas significaban sabiduría o revelación. Si una persona tenía una vena avariciosa, incrédula o rapaz, se le denominaba "un cerdo de mente". No deberíamos dar santa revelación a los extraños, ni echar perlas de sabiduría delante de personas que sean tan cerdos de mente que se vuelvan ante quien habla, rasgando los pensamientos del Señor por su incredulidad.

En 1970 el Señor nos advirtió a Paula y a mí de que a menos que la totalidad de Silver Valley (Shoshone County, Ohio) se arrepintiera de sus pecados, vendría sobre él juicio en forma de fuego y humo, y causaría muchas muertes. Se produciría mucha confusión y dolor. La iglesia Wallace United Church of Christ debía permanecer como una roca en un mar de confusión. Ninguno de los nuestros sería herido de ninguna manera. El Señor me dijo que advirtiera al Cuerpo de Cristo de que prestara atención, se arrepintiera y orara.

Sin embargo, yo era demasiado joven en el llamado profético. Debería haber ido quietamente a los varios grupos de oración de todas las iglesias y haber llamado a los elegidos del Señor a permanecer en oración. En cambio, no juzgué bien la madurez espiritual de mi propia iglesia. Demasiados de mis feligreses no estaban preparados para entender tal visión o para saber qué hacer al respecto. Yo advertí de que una gran tragedia llegaría al valle si no se arrepentía de sus caminos. La gente en la iglesia y fuera de ella se levantó con gran enojo contra mí. "Si no le gusta el valle, ¿por qué no se va?". "Este es un buen lugar para vivir". (Sin tener en cuenta que entonces existían en aquella ciudad de tres mil personas cinco casas de prostitución). "Este valle no es más pecador que cualquier otro lugar; ¿dónde duerme él?".

El desastre de la mina Sunshine sucedió el 2 de mayo, unos dos años después. El fuego y el humo fueron agentes de destrucción, tal como se profetizó. El monóxido de carbono venenoso se llevó las vidas de noventa y un hombres, y una gran confusión y dolor eran patentes en el valle. La iglesia sí permaneció como una roca en un mar de confusión, operando desde una escuela para los visitantes y las esposas y familiares de los mineros. También servía como centro de la Cruz Roja, haciendo bocadillos en su cocina para darles a las personas en la mina, envió a muchos de sus hombres a la mina para realizar tareas de rescate, y finalmente sirvió como lugar para muchos funerales, que eran demasiado grandes para poder realizarlos en otras iglesias. Ninguno de los miembros de nuestra congregación resultó herido o perdido de ninguna manera. Nuestro anciano principal, que era capataz de los electricistas, había estado en la mina aquella mañana y había salido. A un joven le habían cambiado su turno y le habían dado el de noche la semana anterior. Otro se había roto el tobillo la semana anterior; y así fue sucediendo. La profecía se cumplió con todo detalle. Algunos miembros recordaron las advertencias y comentaron lo concretamente que se habían cumplido.

Un profeta debe dar su advertencia a las personas correctas. Si yo hubiera acudido a los otros pastores y a sus grupos de oración, ellos podrían haberse unido en oración. De ese modo, cada pastor habría tenido la oportunidad de proteger a su rebaño del peligro inminente. La advertencia era para todo el valle; por tanto, debería haberse presentado a las personas correctas por todo el valle. Yo confundí los puestos de pastor y profeta. Di la advertencia a mi propio rebaño, y por medio de ellos salió la palabra—de cualquier modo y frenéticamente—al resto del valle. Así, ellos oyeron y fueron responsables, a pesar de mi inmadurez.

Los desastres no necesariamente impugnan los caracteres de sus víctimas (Lucas 13:2–5). Nuestros mineros no eran ni más ni menos pecadores que los que estaban en cualquier otra mina. Los pecados de los hombres se apilan como rocas en una cornisa; finalmente, ese montón romperá la cornisa y causará un desprendimiento de tierra. El hombre que esté caminando por ahí en ese momento y sea aplastado no es ni más ni menos pecador que quienes no estaban allí. Así, la relación del pecado con la tragedia es más bien colectiva que personal. Eso puede parecer injusto, pero realmente funciona para ventaja nuestra en cuanto a que ya que solo relativamente pocos mueren en cualquier desastre, así también solo se necesitan relativamente pocos para arrepentirse e interceder a fin de evitar el desastre.

Tampoco el valle, aunque abundantemente pecador, era quizá más pecador que otros lugares. El llamado era a que el valle se arrepintiera *de sus propios* pecados, pero el daño que se produjo en el valle pudo haberse debido a los pecados de la humanidad en general tanto más o menos que a sus propios pecados.

Muchos puede que no estén preparados para ver ninguna relación en absoluto entre tales desastres y los pecados de los seres humanos. Puede que quieran atribuir tales cosas totalmente a la casualidad y se burlen de cualquier otra explicación. La relación entre el pecado y la enfermedad, o entre el pecado y la tragedia, se ha ido de las mentes de muchos de nosotros; pero necesitamos recuperarla. Por esa razón consideramos que los siguientes capítulos—La buena, la aceptable y la perfecta voluntad de Dios, El lugar de parada y El poder creativo de la Palabra en oración—son fundamentales. Si no se acepta este entendimiento, entonces todo el propósito y la función de los profetas no pueden entenderse en absoluto, y mucho menos cumplirse. Por tanto, si su mente está llena de preguntas, indignación o temor, siga leyendo.

Unos días antes del desastre, yo estaba jugando al baloncesto con el superintendente de la mina Sunshine en su patio. Cuando me iba en mi auto, el Espíritu Santo me dijo: "Hay un incendio en la mina Sunshine. Aún puede hacerse algo. Regresa y advierte a Marvin". Yo pensé: *¡Eso es una locura! ¿Cómo puede haber un incendio en una mina de dura roca? Marvin pensaría que estoy chalado. ¿Y si no encuentran nada? ¡Caramba!* Así que oré: "Señor, no puedo creer que haya oído correctamente. Pero por si acaso sucede algo, por favor protege a los hombres, y ayúdalos a encontrar ese incendio". Pero no podemos pedirle a Dios que haga lo que Él nos ha dicho que hagamos nosotros. Podemos orar por buenas cosechas, pero Él no plantará nuestro maíz en nuestros campos. Más adelante supe que Marvin me habría creído y lo habría comprobado si yo le hubiera advertido.

La primera voluntad del Padre no siempre se hace entre la gente, o Jesús no nos habría enseñado a orar: "Venga tu reino. Hágase tu voluntad como en el cielo, así también en la tierra" (Mateo 6:10). Mi corazón quedó destrozado cuando se produjo el incendio y comenzaron a morir hombres. Durante días me tambaleé bajo el impacto de mi responsabilidad. Finalmente aprendí que la misericordia de Dios es siempre mayor que mi capacidad de errar. Dios no quiere que un profeta se doblegue porque haya fallado, sino que quiere que permita que la lección se grabe profundamente en su corazón.

Grabada profundamente en el corazón...Una profetisa me dijo en una ocasión. "John, no dejes que nada realmente te estorbe. Tú bloqueas todo. Si comienzas a sentir una emoción real, enseguida la abordas con esa mente rápida y analítica que tienes, saltas sobre ella, la partes en pedazos, la pones en compartimentos y la cierras por completo. ¿Por qué no simplemente vives algo plenamente por una vez?". En veinte años yo nunca le había levantado la voz o la mano a Paula. En unos días, perdí los estribos con ella. Paula se rió y exclamó. "¡Aleluya, te has vuelto auténtico".

El siervo del Señor no debe racionalizar con demasiada rapidez. Debería vivir plenamente todo lo que le suceda, y luego dejar que la misericordia de la cruz libere su corazón. Si va a la cruz con demasiada rapidez, eso se convierte en una evasión de responsabilidad. Debe arreglarlo al instante con Dios, desde luego, pero el Señor a veces no le dejará ir al Gólgota sin pasar por Getsemaní. Ir enseguida a la cruz y clamar por la victoria de la resurrección prematuramente puede ser engañoso para uno mismos, porque el corazón necesita tiempo para la tristeza.

La gracia todo suficiente de Dios

Dios conoce nuestros fracasos antes de que sucedan, y Él tiene su gracia siempre preparada para ayudarnos a sobreponernos a ellos. Entender eso me ayudó, un día, a renunciar a la administración general del universo. ¡Qué alivio! Juntos Paula y yo entonces aprendimos que gran parte de nuestra frenética oración y cuidado de otros realmente no había nacido del amor de Él, tal como suponíamos, sino de la incredulidad. No creíamos plenamente que Dios verdaderamente tiene todo en sus manos y, por tanto, al igual que Hamlet, nosotros nos habíamos convertido en melancólicos Danes.

> El tiempo está fuera de sus casillas: ¡Oh, maldito rencor, de haber nacido para corregirlo![2]

Derramamos el aceite del consuelo sobre la tragedia que la mano de Dios estaba usando para llevar a su hijo a la desesperación que es el preludio de la salvación. Como dice Bob Mumford: "Si arreglamos el arreglo que Dios ha fijado para arreglarnos, ¡Dios solamente tendrá que arreglar otro arreglo para arreglarnos!".

Por tanto, comenzamos a aprender a no tomarnos demasiado en serio a nosotros mismos. Una de las señales más seguras de sanidad interior es que la persona puede mirar atrás y reírse a carcajadas de sí mismo. Por el contrario, una de las señales más seguras de confusión e incomodidad interior es la incapacidad de reírse. La mayoría de los errores de un nuevo profeta provienen de hacer demasiado en lugar de demasiado poco. Aunque nuestra libertad para fallar no debe usarse como una licencia para escapar de la responsabilidad, una parte de la armadura que mantendrá cuerdo al profeta es el feliz conocimiento de que si falla, Dios es lo bastante grande para ocuparse de ello. ¡Qué maravilloso alivio es saber que nuestro pecado no es omnipotente!

Dios sabía todo el tiempo precisamente hasta qué profundidades nos llevaría nuestro pecado; y Él sabía lo mucho y lo poco que le dejaríamos entrar para consolar y prevenir. Por tanto, no caemos más lejos que el momento en que necesitamos "volver en sí" (ver Lucas 15:17). Ahí, en mitad del desastre, es donde el Señor tiene a su profeta. Él aprende a relajarse en el desastre; su libertad no es salir enseguida de cualquiera que sea el desastre; su libertad es de la tensión del desastre.

> No lo digo porque tenga escasez, pues he aprendido a contentarme, cualquiera que sea mi situación. Sé vivir humildemente, y sé tener abundancia; en todo y por todo estoy enseñado, así para estar saciado como para tener hambre, así para tener abundancia como para padecer necesidad. Todo lo puedo en Cristo que me fortalece.
>
> —Filipenses 4:11–13

CAPÍTULO OCHO

La buena, la aceptable y la perfecta voluntad de Dios

Un padre quiere educar a sus hijos en amor y bondad, dentro de la felicidad del entendimiento y la cooperación. Los hijos, sin embargo, tienen una manera de apartarse. Están llenos de malicia, y son antojadizos y perezosos; y llega el día en la vida de todo padre en que tiene que afrontar este rudo hecho y decidir qué hacer al respecto. Puede que intente controlarlos o manipularlos, pero normalmente con resultados decepcionantes. Con lo que se conforman finalmente muchos padres es con una combinación de aceptación y disciplina. Él les permite que fallen, pero no que escapen a la disciplina. Los castiga, instruye, exhorta y riñe a fin de que sus hijos puedan crecer fuertes en la justicia.

Sin embargo, si sus hijos no prestan atención a su instrucción y disciplina, si se van de su casa como hizo el hijo pródigo, entonces su mano correctora ya no puede protegerlos. Ellos, por tanto, deben cosechar desprotegidos cualquier cosa que siembren. Un hijo finalmente puede caer en tal desgracia que, para la protección del resto de la familia, un padre debe actuar en contra de todos los demás niveles de su voluntad, desposeyendo y desheredando a su propio hijo.

Considere el problema de Dios. Él tenía hijos. Contrariamente a los padres terrenales, Él podía hacerlos en un instante y perfectos por completo; ¿pero qué tendría entonces? ¡Robots! Los hijos, sin embargo, son compañeros. Los hijos nos aman porque escogen hacerlo. El deleite de corazón a corazón y de mente a mente sólo puede suceder cuando uno escoge libremente querer a otro. Así, Dios se limita a sí mismo. Él no debe romper las reglas del juego, pues si lo hace no tendrá hijos; hasta Dios debe pagar el precio. Ese precio es el precio y el aguijón del libre albedrío de los hombres, que se clava como una aguja de diamante en toda la red de los planes de Dios, necesitando que toda la creación y la historia entretejan el tejido de la vida a su alrededor.

Las lágrimas de Dios se vierten por este desgarrador hecho: que el Padre amoroso retiene su omnipotente mano salvadora. El corazón del Padre llora por sus hijos aun cuando los arroja a la tierra (Mateo 13:37–38), mientras que la sabiduría de Dios, viendo la larga mañana de gozo, se regocija al ver la celebración después de la tristeza de la noche (Salmo 126:6).

Desde antes de la creación fue ordenado que el Hijo viniera, sufriera y muriera (Juan 17:24; Efesios 1:4–7). El mal era inevitable debido al libre albedrío. La reparación y la restauración, la sanidad y el perdón fueron, por tanto, también incluidos en la creación desde el principio. Pero aun así, las personas tenían que escoger; nada era automático. Por eso el Padre tuvo que darme tiempo para descubrir los efectos de la ley de la siembra y la cosecha. Aunque al Padre le encantaría arreglar el desastre de cada hijo al instante, no debe hacerlo, pues si lo hace sus hijos nunca aprenderán. Así, quemarse los dedos el precio inevitable del aprendizaje.

El perdón, por tanto, no podía ser automático. El corazón de nuestro Padre tierno, amoroso y perfecto no podía sino perdonar; pero al igual que a veces un padre terrenal da la bienvenida a un hijo con un corazón perdonador, y sin embargo sabe que debe refrenarse y halar a fin de que el hijo pueda crecer al ver su error y confesarlo, así hasta Aquel cuyo corazón está lleno de ternura debe airarse por el bien de su hijo.

Mientras que el perdón espera convicción, confesión y clamor por misericordia, el hombre tropieza con el universo ordenado de Dios, poniendo en movimiento fuerzas que no pueden hacer otra cosa sino conducir a la destrucción. Los hombres se convierten en muchachos que están libres con una bola y un bate en una tienda de porcelanas o, peor aún, en niños que pulsan botones en los automatismos de una fábrica de cemento. Ellos, en su mayor parte, son dichosamente inconscientes de lo que han puesto en movimiento mientras las máquinas formaban pesadas masas para derramarlas sobre sus propias cabezas. Así, desde el principio Cristo pagó por el pecado en cada una de sus demandas definitivas de todas las fuerzas del universo, ¡vistas y no vistas! La escuela infantil del hombre tenía que estar diseñada de tal modo que los hombres pudieran tener el suficiente horror para aprender pero la suficiente seguridad para continuar.

Tres niveles de la voluntad de Dios

Hay tres niveles diferenciados de la voluntad de Dios: "...para que comprobéis cuál sea la buena voluntad de Dios, agradable y perfecta" (Romanos 12:2).

La perfecta voluntad de Dios

El primer nivel es su perfecta voluntad, la cual aún no ha llegado a la tierra. Oramos por eso: "Venga tu reino. Hágase tu voluntad, como en el cielo, así también en la tierra" (Mateo 6:10). El cielo algún día descenderá a la tierra "como una novia ataviada para su marido" (Apocalipsis 21:2). Esa oración para que venga su reino, la cual ha ascendido desde las gargantas de incontables millones de personas, será respondida algún día.

La perfecta voluntad del Padre no puede llegar en plenitud a ningún individuo. Una persona puede llegar a ser tan obediente al Espíritu que con frecuencia se mueva como un dedo de Dios inseparable de la mano y la muñeca. ¿Pero puede un violín solista ser un concierto? ¿Puede un aria incluir una ópera? Sin nuestro hermano, ninguno de nosotros estará completo. "Porque ¿cuál es nuestra esperanza, o gozo, o corona de que me gloríe? ¿No lo sois vosotros, delante de nuestro Señor Jesucristo, en su venida? Vosotros sois nuestra gloria y gozo" (1 Tesalonicenses 2:19–20). Ningún individuo puede llegar a ser todo lo que debería sin los demás hermanos que Dios ha diseñado que sean parte de él.

Pero podemos estar en esa perfecta voluntad que es su plan para nuestras vidas. "Porque somos hechura suya, creados en Cristo Jesús para buenas obras, las cuales Dios preparó de antemano para que anduviésemos en ellas" (Efesios 2:10). Eso no significa que lleguemos a ser perfectos. Seguimos siendo corruptos mientras el reino no haya descendido plenamente; y estamos en peligro en el instante en que olvidemos eso. Más bien, estar en su perfecta voluntad significa que por el momento Él ha vencido nuestras tendencias rebeldes, y caminamos mano a mano con Él solamente por gracia.

Él va delante de nosotros para desposeer a naciones más grandes y poderosas que nosotros mismos. Él abre las puertas delante de nosotros, y continuamente nos deleitamos en esas pequeñas coincidencias que traen orden y fruto a nuestras vidas.

Nos encontramos poniendo nuestro pie en el freno solo para descubrir el auto que nunca vimos y que nos hubiera chocado si no nos hubiéramos detenido. Nos encontramos accidentalmente con la persona en quien habíamos pensado ese mismo día. Fluyen pensamientos desde el corazón hasta la mente y el habla sin interrupción. El corazón salta de gozo o llora según sea apropiado, porque andamos en el Espíritu. Continuamente nos sorprendemos de lo que hemos dicho o percibido, porque no sabemos cómo podríamos haber tenido tal sabiduría. Milagros y señales siguen a lo que hemos dicho y orado. Otros nos buscan y hallan paz en nuestra presencia. El Señor mismo mora con nosotros y nos bendice.

La aceptable voluntad de Dios

La mayor parte del tiempo, sin embargo, vivimos dentro de su voluntad aceptable o permisiva. Somos salvos; somos aceptados como hijos, adoptados en su familia. Pero somos como un aborigen en el banquete de la reina. Entendemos poco la gracia del reino y, peor aún, tenemos poco poder para vivir lo que no sabemos; por tanto, estamos también bajo la mano de la disciplina, y al desanimarnos, con frecuencia malinterpretamos los movimientos de Dios que causarían sanidad.

El Padre puede disciplinarnos a fin de despertarnos de ese estado de sopor. Puede que Él emprenda una acción directa, para que si decimos una palabra brusca, de repente sintamos la onda de fuego y quedemos envueltos en una vergüenza instantánea. O puede que el Padre hable por medio de un amigo o familiar palabras con las que sabemos que el Padre nos ha reñido. Cientos de veces el Padre tiene que disciplinarnos: nuestro auto no arranca, o nos quedamos atascados en el barro. Cualquiera que sea la manera, llega enseguida pisándole los talones a nuestra ofensa, y nos enseña a odiar nuestro pecado. Pero puede que Dios nos reprenda de modo distinto y con más severidad ausentándose de nosotros. En otras ocasiones, lo que agarraba nuestra conciencia fue la intervención activa de Dios, mientras que ahora somos agarrados por las leyes impersonales, frías y eficaces de la causa y el efecto. Sembramos vientos y cosechamos tempestades.

La buena voluntad de Dios

Esto nos lleva al tercer nivel de la voluntad del Padre: la buena voluntad de Dios, la ley. Es buena, muy buena, pero inexorable. El Salmo 119 es un himno a la bondad y la perfección de la ley. San Pablo dice: "De manera que la ley a la verdad es santa, y el mandamiento santo, justo y bueno" (Romanos 7:12).

La ley no es meramente los Diez Mandamientos, ni tampoco son todas las ordenanzas dadas por medio de la Torá. Esas no son sino leyes dadas a los hombres. La ley tiene su fuente en la naturaleza de Dios; es principio y orden, la estructura y disciplina mismas de todo el universo. Nada opera fuera de ella, porque el caos es apartarse de principios sanos a principios operados en revoltijo. Los Diez Mandamientos (ciertamente, todas las leyes morales dadas a la humanidad) son lo que Dios ha escogido para revelar su plan global de orden, el cual está muy por encima de nuestra capacidad para comprenderlo.

Esta ley es impersonal para nosotros; pero nunca puede ser impersonal para Él porque Él es amor y personal en todo. Pero nosotros no podemos comprender ese misterio de amor; por tanto, hablamos de la operación de la ley como impersonal, porque lo es para nosotros.

La ley es incesante, porque nada la cambia. Hasta Dios mismo no quebranta sus propios principios. Si lo hiciera, su nombre sería caos en lugar de Padre. Lo que nos parece un milagro y un misterio es en verdad la operación de principios que están por encima de los principios que conocemos.

> Todo lo que el hombre sembrare, eso también segará.
>
> —Gálatas 6:7

Esa es la buena voluntad de Dios. Él ha construido el universo para que opere según principios de equilibrio y retribución: "Por cada acción hay una reacción igual y opuesta". Toda nuestra ciencia y tecnología están basadas en la certeza de los principios de Dios. Si sus leyes no fueran inmutables, ningún arquitecto se atrevería a construir un rascacielos, ningún astronauta se aventuraría a salir de la tierra, y ningún electricista haría la instalación eléctrica en una casa.

De alguna manera hemos perdido el dominio de los principios básicos de la vida, la buena voluntad de Dios revelada en la Biblia. Los individuos que tienen mejor sentido que el de violar principios de negocios o de ingeniería, de algún modo piensan que pueden meterse en la cama con cualquier hombre y mujer con impunidad. Son como un delincuente que, no habiendo sido agarrado una semana después de su delito, cree que ha evadido la ley. Las leyes de Dios se cumplen más perfectamente que cualquier código criminal en el mundo. No hay nada relativo en ellas. *Ellas describen el modo en que funciona la realidad.*

Nuestra fe descansa en la revelación. Los cristianos creen que la Biblia contiene la ley moral de Dios. Los profetas deben permanecer firmemente en esa creencia, porque todo nuestro poder de intercesión, nuestra autoridad para perdonar, y nuestra capacidad para entender la voluntad de Dios entre los hombres, están arraigados ahí, y en ningún otro lugar.

Hemos hecho hincapié en este punto porque el profeta debe saber que hay vigas seguras para la torre de la imaginación. Cuando un individuo edifica de su imaginación, Babel es el resultado. Cuando Dios edifica, será dentro de lo absoluto de los principios de su Palabra. Quien no esté dispuesto a abandonar los orgullos de su propia imaginación (para admitir que algunas cosas están fijadas para siempre), no solo no está calificado para salir al frente como un profeta, sino que ni siquiera ha entrado en el campo de juego. Jesús dijo: “El cielo y la tierra pasarán, pero mis palabras no pasarán” (Lucas 21:33). Demasiados hombres, que observan las leyes físicas para acomodar y proteger sus vidas, piensan que debieran ser “libres” (sin ley) para probar cualquier cosa espiritualmente hablando. El profeta del Señor debe haber llevado cautivo todo pensamiento a la obediencia a Cristo (2 Corintios 10:5); no se le da licencia para obligar a nadie a estar de acuerdo con él. Dios convencerá a quien Él quiera. Al hombre le corresponde mantener cualquier opinión que quiera, pero el profeta del Señor que insiste en que es libre para experimentar según sus propios deseos cosechará lo que siembre.

Por tanto, si un hombre le roba a su hermano, Dios y el hermano pueden seguir amándolo; la vida puede seguir normalmente. Sin embargo, el bumerang que él lance gira hacia su inevitable regreso.

No tiene nada que ver con lo que Dios siente por el hombre, pero en esa área concreta Dios ve, tiene compasión, y quiere advertirlo a fin de que pueda arrepentirse y ser salvo. Cuando Dios habla con tanta frecuencia como lo hace en el Antiguo Testamento del modo en que Él castigará tan drásticamente, no está hablando de su propia voluntad primera, la cual es siempre perdonar y sanar, sino de la manera en la cual su buena voluntad, su inflexible ley, traerá retribución.

Él dice: "Yo haré esto" porque su ley es su ley, y todas las cosas son personales para Él. Pero desde nuestro punto de vista, veámoslo como cosechar lo que hayamos sembrado, y no como la caprichosa vendetta de Dios.

Quien echa un pedazo de pan sobre las aguas recibe un pan de bendición. Dios edificó todo el universo sobre el principio del aumento bendito. Su primer mandamiento a la humanidad fue: "fructificad y multiplicaos" (Génesis 1:28). Cualquier cosa que hagamos pone en movimiento fuerzas que no solo regresan, sino que también aumentan antes de volver.

> Y cualquiera que dé a uno de estos pequeñitos un vaso de agua fría solamente, por cuanto es discípulo, de cierto os digo que no perderá su recompensa.
>
> —Mateo 10:42

No hay manera en que cualquiera que haga algo así pierda su recompensa. Pero muchos de nosotros tenemos la idea de que si damos con motivos incorrectos, eso de algún modo hace que la ley no funcione. ¡Tonterías! La ley es inmutable. No es distinto a decir: "Si realmente amo a esta muchacha, aunque no estamos casados, el sexo no podría ser pecado, ¿no es cierto?". Aclaremos nuestras cabezas de una vez por todas. El pecado es el pecado. La ley es la ley. Cosechamos lo que sembramos sin importar lo que sintamos o cómo estemos motivados.

Veamos la bondad de la ley de Dios: continuamente cosechamos bendiciones de lo que otros han sembrado. Cosechamos los buenos resultados de las invenciones de otros: ruedas, bombillas, baterías, motores, objetos de seguridad, casas, electrodomésticos, ropa, televisión y radio, la cirugía y la medicina; ¿qué hemos disfrutado que no sea una cosecha de lo bueno que otros han sembrado? Madame Curie hizo un descubrimiento, y toda la humanidad se benefició. La ley es tanto impersonal como general. Cosechamos lo que haya sido sembrado por individuos cuyos nombres y rostros nos serán desconocidos para siempre. Y ellos cosecharán lo que nosotros sembremos. Sembramos personalmente lo bueno que nosotros mismos hayamos sembrado, y cada individuo cosecha lo bueno que otra persona haya sembrado. Así compartimos las bendiciones de la vida.

Sin embargo, por esa misma imparcialidad, la persona buena y la malvada utilizan el teléfono y ven la televisión. Todos cosechan lo que todos han sembrado. Dios envía lluvia sobre el justo y el injusto (Mateo 5:45). Los niños de diez años demandan una justicia que de algún modo es "injusta". Yo le dijo a mi hijo Timmy: "Te vas a la cama cuando yo te lo diga, sin importar lo que haga Johnny. Yo soy el papá, y tú haces lo que yo diga". Nuestras demandas a Dios son similares. De hecho, nuestros clamores por justicia con frecuencia no son sino disfraces para nuestra codicia. Eso es lo que Jesús quiso decir cuando preguntó: "¿O tienes tú envidia, porque yo soy bueno?" (Mateo 20:15).

El profeta debería recordar cuidadosamente atesorar la fidelidad de Dios, sin importar las cosas horribles que vea. Porque si ahora anda en una fe ciega, algún día se graduará para oír a su Señor decir:

> Ya no os llamaré siervos, porque el siervo no sabe lo que hace su señor; pero os he llamado amigos, porque todas las cosas que oí de mi Padre, os las he dado a conocer.
>
> —Juan 15:15

La fe debe llegar antes del entendimiento. Dios no se explicará a sí mismo a nadie para que pueda creer. Pero si una persona cree, Dios le otorgará su sabiduría y entendimiento sin medida.

La buena ley de Dios funciona no solo para traer bendición; funciona igualmente de manera firme e inmutable para traer mal.

Principios del universo

Dios no ha hecho los principios del universo ni vacíos ni inválidos para el cristiano. Siguen operando las mismas leyes. Pero los cristianos han sido culpables de sentimientos elitistas acerca de sí mismos desde los primeros tiempos de la iglesia. Y en diferentes momentos, grupos llamados antinomianos en realidad se han formado para proponer la doctrina de que la ley es un asunto de indiferencia para los creyentes. Con qué sutileza podemos usar nuestra libertad en Cristo como un pretexto para pecar. Explicaré esto ampliamente más adelante; ahora baste con decir que cuando un individuo se arrepiente del mal que ha sembrado, nuestro Señor para el precio cosechando su deuda. Así somos liberados. Sin el derramamiento de la sangre de Cristo, no hay escape de la ley.

Cualquier cosa que hagamos puede asemejarse a una persona que lanza una pelota de goma contra una pared. Los físicos, si saben el peso y la composición de la pelota y la fuerza del lanzamiento, pueden calcular con qué fuerza regresará la pelota. Esa es la ley. No importa lo que el lanzador piense o sienta; la pelota regresará de acuerdo al modo en que él la lanzó.

Añadamos a esta imagen la ley del aumento. Imaginemos que esa pelota va creciendo en tamaño y en peso cuanto más lejos avanza. Si comienza siendo del tamaño de una pelota de ping-pong va creciendo de modo regular, a menos que se detenga hasta llegar a enormes proporciones, de modo que la pelota de ping-pong se convierte en un globo de aeronauta. Así, cuando un granjero siembra un sólo grano de trigo, puede producir cien más como él mismo.

Por tanto, Jesús nos dijo que no buscáramos recompensa de los hombres, sino que amontonáramos tesoros en los cielos (Mateo 6:19–21). Cuanto más tiempo estemos dispuestos a esperar nuestra recompensa, más tiempo tiene la ley del aumento para funcionar y mayor será nuestra recompensa. Esto nos llama a una rápida confesión del pecado pero a un gran secretismo y paciencia con respecto a nuestras buenas obras. Cristo advirtió que los hipócritas "ya tienen su recompensa" (Mateo 6:5). Ya que ellos oraron o dieron ofrendas, debían recibir recompensa; nada podía detener eso. Pero ellos buscaron y recibieron su recompensa demasiado pronto, según sus términos infieles, y de parte de los hombres. Por tanto, fue como si hubieran liquidado sus bonos antes de que pudieran apreciarse en valor.

De vez en cuando se enseña una idea necia como si fuese sabiduría: "No hagas nada por la recompensa. Eso es egoísta y está mal".

Esa es una fantasía piadosa que exalta la naturaleza humana en lugar de exaltar a Dios. Jesús nos *ordenó* que amontonáramos tesoros en el cielo, pero nosotros pensamos de nosotros mismos con tan alta estima que nos sentimos degradados por la idea de la recompensa. Quizá nos recuerde a un animal que aprende a hacer trucos para recibir un regalo. Puede que la diferencia no sea tan grande como nos gustaría pensar. Necesitamos la motivación de la recompensa para animarnos a vivir una vida recta (Romanos 2:4–11).

La salvación y la vida eterna son dones gratuitos; pero lo demás que recibamos está determinado por lo que hayamos sembrado. "Dios no hace acepción de personas" (Romanos 2:11). La ley de la recompensa es un principio impersonal e inmutable. Algunos encontrarán pocas recompensas esperándolos en el cielo, mientras que otros encontrarán muchas. Esto es parte de la justicia de Dios, que el pecador convertido a los ochenta años de edad y el siervo que ha sido fiel toda una vida no obtengan las mismas recompensas. La bondad de Dios es que Él se las arregla para impulsarnos a hacer algo bueno, y luego amontona recompensa sobre nosotros como algo hecho enteramente por nosotros mismos.

Debido a que nos volvimos malvados, podemos hacer funcionar la ley para nuestra propia muerte. Cada pecado del que no nos hemos arrepentido y ha crecido es igual que la persona que lanza una pelota de ping-pong, cosechando a su tiempo enormes consecuencias. Desgraciadamente, no solo esa persona, sino muchas otras, cosechan el mal que él o ella hayan sembrado. ¿Diremos que fue justo que nosotros cosecháramos el bien, enormemente multiplicado, que cada persona haya sembrado y que fue injusto si cosechamos el mal? Es la misma ley imparcial.

> Entonces la concupiscencia, después que ha concebido, da a luz el pecado; y el pecado, siendo consumado, da a luz la muerte.
>
> —Santiago 1:15

Cuanto más tiempo haya un pecado sin arrepentimiento, mayor es el peligro. Para la bendición de la recompensa, cuanto más esperemos, mucho mejor. Por tanto, la bondad de Dios tiene como propósito llevarnos al arrepentimiento (Romanos 2:4). Dios quiere que nos arrepintamos rápidamente, para que lo que hayamos sembrado no nos destruya.

La eficacia de la cruz

Ahora quizá estemos preparados para entender la eficacia de la cruz. En incontables himnos hemos cantado que Él pagó el precio por nosotros. ¿Entendimos el peso de lo que cantamos? Cada vez que cualquier individuo en todo el universo ha pecado, ha puesto en movimiento fuerzas que deben llegar a una resolución. Esta es la ley imparcial e ineludible. Tenía que haber un pago completo y exacto para todo. Dios, sabiendo todas las cosas horribles que los hombres han puesto en movimiento inconscientemente, sin hablar de lo requerido por el pecado consciente, dio, y continuamente sigue dando, una liberación inmerecida. En Jesús, en la cruz, la ley no fue abolida; fue cumplida (Mateo 5:17).

Esa cruz es efectiva a lo largo de todo el tiempo. El tiempo es una dimensión del espacio. Esa cruz es como una luz que brilla por los pasillos del tiempo pasado hasta el presente. Hay poca diferencia si alguien está lejos de la cruz un metro o un millón de años-luz; esa cruz es una realidad presente, que atrae el pecado hacia sí misma. En la cruz se paga una resolución plena para todo pecado. Lo que sucedió el Viernes Santo es parte de la Historia, y sin embargo trasciende a toda Historia. Por esa razón nuestro Señor dice: "Porque yo Jehová no cambio; por esto, hijos de Jacob, no habéis sido consumidos" (Malaquías 3:6). Si Dios no hubiera atraído todo lo que es antes de Cristo en el tiempo hacia la cruz, y todo lo que es después de Cristo, todos habríamos sido consumidos por la ferocidad de lo que hemos sembrado.

A pesar de eso, la misericordia no es automática; espera la confesión. Si vivimos fuera de la cruz, debemos cosechar de acuerdo a eso. En el momento en que nos arrepentimos y confesamos, el Señor lleva a la cruz los resultados debidos de nuestro pecado.

Quien entienda esto y ame al Señor nunca quiere volver a pecar, porque ve que esa gracia, aunque gratuita, no es barata. El precio por cada pecado es atroz en el cuerpo y en el alma eterna de Cristo. Cualquiera que cometa apostasía (o cualquier otro pecado a sabiendas) estará "crucificando de nuevo para sí mismos al Hijo de Dios y exponiéndole a vituperio" (Hebreos 6:6). El misterio del tiempo es tal que nuestros pecados presentes le vuelven a crucificar a Él.

Si todos nosotros tuviéramos que salir a la calle, agarrar un puñado de piedras y lanzarlas al aire, cada piedra tendría que descender. Algunas caerían sobre la tierra; otras caerían sobre personas. Alguien podría ser golpeado por seis piedras, y otro por ninguna, otro por cuatro, y así sucesivamente. Así, las personas continuamente pecan, consciente o inconscientemente, y cosechan en consecuencia. Sin embargo, esa cosecha opera según principios que no conocemos. No podemos decir por qué una persona es golpeada y otra no. Con frecuencia nos parece que hay poca o ninguna relación con el estado espiritual del receptor. Un creyente puede estar tan protegido que todas las promesas del Salmo 91 se hacen realidad para él o ella; pero si un individuo cosecha mal, no significa que él o ella mismos merecieran el mal más o menos que cualquier otro hombre (ver Lucas 13:1–5). Hay cosas que están por encima de nuestro entendimiento.

Dios siempre sabe cuándo cae hasta el pajarillo más pequeño (Mateo 10:29). Él no quiere que sus hijos sufran innecesariamente. Él puede, en su voluntad aceptable o permisiva, permitir que un hombre coseche parte del daño que él mismo u otros puedan haber sembrado a fin de que los hombres puedan aprender; pero Él no quiere la tragedia y, por tanto, se mueve para prevenir. Es entonces cuando Él necesita alguien que escuche, porque los seres humanos tienen libre albedrío. Si los vecinos de al lado están teniendo una fuerte pelea, no tenemos derecho a interferir; pero es distinto si ellos descuelgan el teléfono y nos invitan a ayudarlos. Dios Padre observa la misma cortesía, y es ahí donde entra el profeta. Los pecados de los hombres sin permiso para ir a la cruz se están amontonando en crescendos de tragedia en esta época. Dios no quiere que la tribulación se convierta en tragedia. Cuando eso sucede, la Biblia lo denomina justamente "la ira de Dios", porque es la buena ley que funciona en su ira para purgar, corregir y equilibrar su creación. Pero Él prefiere tener misericordia.

A medida que los tiempos empeoren, el Padre llamará a quienes hayan madurado a entender sus caminos para que intercedan para que Él pueda tener misericordia en lugar de ira.

De buena a aceptable

Cuando clamamos a Dios por misericordia, pasamos del feroz escenario de la ley impersonal—la buena voluntad de Dios—a la voluntad aceptable. Por medio de su Hijo hemos sido hechos aceptos, nuestro caso puede ser oído, y el Padre puede tratarnos de acuerdo a lo que es mejor para nosotros y para otros en la situación. Pero si no le pedimos ayuda, Él debe permitir que el inexorable ciclo de eventos haga caer sobre nosotros la disciplina de la ley. Cuando clamamos, Él de inmediato lleva toda la culpa de nuestro pecado a la cruz, y somos limpiados. Puede que entonces Él permita que parte o nada de lo que merecemos caiga sobre nosotros, determinado solamente por el misterio de su perfecto conocimiento de lo que es mejor para nosotros. De esta manera Él escribe sus leyes en nuestros *corazones*, no meramente en nuestras mentes.

No es nuestra intención dar a entender que cada pecado debe ser conscientemente recordado y confesado o el peso de cada pecado particular caerá sobre nosotros. Nadie sabe por qué en algunos casos la liberación no puede llegar hasta que sean recordados pecados particulares, mientras que en otros el arrepentimiento general parece ser suficiente. A pesar de ello, cuando el Padre no puede actuar hasta que pecados concretos sean vistos y confesados, Él con frecuencia llamará a un profeta para que hable a sus hijos sufrientes. Si todos los hombres pudieran oír, y oyeran, los profetas podrían ser innecesarios. Pero no todos los hombres oyen.

Cuando David pecó, el profeta Natán sabía lo que sucedía sin la ayuda de los comentarios de palacio (2 Samuel 12). Elías sabía de parte del Señor lo que Acab había hecho a Nabot; nadie tuvo que decírselo a Elías (1 Reyes 21). Lo mismo sucede hoy día. En el momento en que un feligrés muy apreciado cayó en adulterio, Paula y yo no solo lo supimos (estando a más de 60 kilómetros de distancia), sino que también la tristeza hizo mella en mi salud en ese momento. Exactamente lo mismo sucedió en Paula cuando otro feligrés muy querido cayó en el mismo pecado. Cuando los feligreses murmuran y calumnian, los dos lo sabemos, y a veces se nos informa exactamente de quién lo hace.

Un día yo estaba trabajando en mi oficina, rellenando mis hojas de impuestos y preocupándome por dónde obtendría el dinero para pagar el impuesto anual de seguridad social en un solo plazo. Sonó el teléfono. Una profetisa de Texas casi no dijo ni hola, y abruptamente dijo: "John, ¡no debes preocuparte por el dinero!". Efectivamente, todo el dinero que yo necesitaba lo tuve pronto a mano. Incontables cristianos podrían compartir historias similares. Dios puede informar a sus hijos y puede llamarlos a que se ayuden unos a otros.

Cuando las personas reciben a Cristo, entran en una nueva dimensión de protección. Cuanto más reciben de Él, más puede Él llevarles a ellos la bendición del Salmo 91. No es que Dios tenga favoritos. Supongamos que un hombre tuviera diez hijos y todos ellos quisieran jugar en un área muy peligrosa. Él advirtió a los diez; algunos oyeron y obedecieron y algunos se negaron a oír. Él habló a quienes oyeron y les dijo que advirtieran a los que se habían negado a oír. Ellos lo hicieron, y aun así algunos se negaron a oír y obedecer. Por tanto, ¿es culpa del padre que algunos de los hijos se quedaran seguros y otros fueran heridos? Dios, por su poder, podría invalidar nuestro libre albedrío para protegernos, pero no lo hará.

La voluntad más profunda de corazón y espíritu

A veces, las cosas no son tan sencillas. Nuestra voluntad no es siempre tan clara y precisa. Algunas veces, parte de nuestra voluntad quiere una cosa y otra parte quiere otra. Si caminamos lo bastante cerca de Dios que estemos completamente entregados a Él, con frecuencia Él puede violar, y lo hará, una parte de nuestra voluntad para responder a otra parte.

Agnes Sanford un día se sintió de repente muy consternada por su hija, y oró por su protección. Más tarde se enteró de que en ese momento su hija había agarrado de la mano a una amiga y se había apresurado a bajarse del tren en que iban en la parada equivocada, a propósito, sin saber por qué. El tren se estrelló antes de llegar a la siguiente parada. El Padre necesariamente violó la voluntad de la hija de Agnes de estar en su destino planeado a fin de protegerla.

Si una persona camina con Dios lo bastante cerca, Dios es libre para violar la voluntad consciente de esa persona como respuesta a la voluntad más profunda del corazón y el espíritu de esa persona. Las personas con voluntades no rendidas le darán a Él poca o ninguna oportunidad de salvarlas de la tragedia; pero cuando una persona se entrega profundamente (y eso requiere tiempo y sufrimiento), habrá un bendito matrimonio de voluntad vida, tal que la bondad y la misericordia seguirán al individuo toda su vida. Es entonces cuando uno comienza a experimentar diariamente que "el corazón del hombre piensa su camino; mas Jehová endereza sus pasos" (Proverbios 16:9).

Los de fuera a veces sienten lástima del profeta porque éste no es libre para hacer lo que quiere; pero el profeta se regocija en una libertad de la cual el incrédulo no conoce nada. Amigos nuestros, estando en casa visitándonos cuando profetas han llamado con un detallado conocimiento de lo que estábamos haciendo, o viéndome a mí mismo o a Paula sabiendo algo que sucede en la distancia, han dicho con ojos abiertos como platos: "¡Yo no podría soportar vivir en tal pecera!". Pero eso no es una invasión de privacidad; es el amor de Dios protegiendo a sus hijos. A menos que un hijo de Dios haya entrado en una confianza lo bastante profunda con el Padre, su rebelde sentimiento de privacidad evitará que el Señor lo proteja.

Cuando un siervo aprende la bendición de caminar en revelación, la confianza aumenta, las tareas de intercesión aumentan, y se mueve cada vez más hacia caminar en la perfecta voluntad de su Padre. Presenta su cuerpo como sacrificio vivo para poder probar, descubrir o demostrar la voluntad de Dios buena, la aceptable y luego la perfecta.

Hemos dormido durante demasiado tiempo. El poder de la cruz demasiadas veces languidece por falta de confesión. Tragedias que podrían haberse prevenido se multiplican. Hay trabajo por hacer. Levantémonos y hagámoslo. El mundo necesitado clama por intercesión.

CAPÍTULO NUEVE

El lugar de parada

La intercesión invita a Dios a ponerse entre la humanidad y su pecado con el lugar de parada de la cruz. La cruz es el lugar de parada definitivo de todo en el universo. Si los intercesores pierden este arraigo en la cruz, se vuelven como Caín y Coré, ofreciendo ofrendas incorrectas, "árboles otoñales, sin fruto, dos veces muertos y desarraigados; fieras ondas del mar, que espuman su propia vergüenza" (Judas 12–13).

La intercesión no debe ser la obra del hombre. Pablo dijo: "¿qué os aprovechará, si no os hablare con revelación, o con ciencia, o con profecía, o con doctrina?" (1 Corintios 14:6). Oramos para que Dios nos dé "el pan *de cada día*" (Mateo 6:11, énfasis añadido). No intercederemos adecuadamente con la tarea de ayer o con la idea del hombre. El pan fresco debe provenir del horno del amor de Dios.

La intercesión se logra con más que palabras. Cuando Dios toca a un individuo mediante el apretón de manos de otro, la cruz toca de espíritu a espíritu. Por ejemplo, cuando un esposo y una esposa se besan, ya que están sometidos el uno al otro en el temor del Señor (Efesios 5:21), su cruz puede detener el rencor en ese beso. Cuando las parejas han experimentado eso una vez, pueden engañarse pensando que el afecto sexual fue la fuente de la sanidad. Lo que no vieron es que la confesión mutua había preparado el terreno para que el poder de la cruz entrara de beso a beso. Por esa razón los hombres se han apresurado a acudir a hombres en la carne, solo para fracasar; no comprendieron que en esos momentos en que la sanidad se produjo en un encuentro, no fue el encuentro lo que trajo sanidad, sino que de algún modo sus espíritus habían estado abiertos a Dios de modo que la intercesión de Él pudiera fluir por sus corazones del uno al otro. La mejor intercesión puede que sea el camino de la oración, pero con frecuencia lo que sigue es la obra de la cruz activa en el humilde pan diario de vivir.

La intercesión debe hacerse *por medio de* hombres, pero solamente el Señor la cumple (Hebreos 4:15; 7:25).

El llamado a la intercesión no es licencia para manejar y dirigir a Dios. Compare estas dos oraciones:

- "Oh Dios, por favor salva a mi hermano de la tragedia."
- "Te alabo, Señor, porque estás actuando para salvar a mi hermano de la tragedia."

La primera deja la pregunta: "¿Lo hará Él?". Y si Él lo hace, el que pide tendrá que luchar contra el orgullo porque puede que piense que él ha prevalecido para que Dios se mueva por causa de él, como si Dios no quisiera actuar o hubiera que sacudirlo para que actúe por la oración. Con demasiada frecuencia los predicadores les dicen a sus congregaciones cómo "hacer que Dios se mueva por ustedes". Eso es blasfemia. La segunda oración es el camino de la fe. No debe usarse como un truco. Para decirla, uno antes debe determinar la carne, presentar la voluntad del Padre en la situación, y luego describir lo que Dios está haciendo, afirmando que Él es quien ama, y no nosotros. La verdadera intercesión hace solo una pregunta: "¿Qué pecados míos o del otro puede que aún estén bloqueando la acción salvadora de Dios?".

Otros tipos de oración pueden comenzar con el hombre, como la de acción de gracias, la petición o la alabanza, pero la intercesión tiene esta marca distintiva: que siempre comienza con Dios, no con el hombre. Si comienza con el hombre, como si hubiera que despertar a Dios de la barca para que calme nuestras tormentas, causa lo mismo: "Hombres de poca fe" (Mateo 8:26). La intercesión cuando Dios no ha llamado nace del temor y la incredulidad, no de la fe. La intercesión nacida de la fe es el Espíritu moviéndose mediante la cruz para detener cada boca, para calmar todo viento rudo y rebelde, para maldecir toda higuera falsamente florecida, y para detener toda enfermedad desbocada, toda marcha de muerte, toda avaricia y codicia, toda lengua murmuradora encendida por el infierno (Santiago 3:6), todo corazón lleno de odio, todo espíritu que desfallece.

Intercesión y arrepentimiento

La intercesión se mueve primero por la ruta del arrepentimiento. La bondad de Dios quiere llevarnos al arrepentimiento (Romanos

2:4). El arrepentimiento tampoco es una obra del hombre, sino un regalo de Dios. Lo que pasa entre los hombres para que se arrepientan es con frecuencia solamente remordimiento. Sentimos remordimiento cuando no practicamos lo que pensamos que Dios nos ha pedido. El remordimiento es egoísta y nace de la autocompasión; y muestra lo profundamente que adoramos en el altar falso del ídolo del yo. Nos sentimos heridos al no poder ser los dioses que imaginamos que seríamos. El esfuerzo es la marca del remordimiento; nace y muere solamente en la carne. No conduce a la libertad, porque nunca llega a la cruz (Juan 6:37; 14:6).

El verdadero arrepentimiento es exactamente lo contrario. Es un regalo de Dios en el cual Él nos permite vernos a nosotros mismos tal como somos, y no como nos gustaría pensar de nosotros mismos. Es una decisión capacitada por el Espíritu Santo, quien nos convence para que veamos cómo hemos hecho daño a la tierra, a los hombres o a Dios y lo sintamos verdaderamente por ellos, y no por nosotros. Ni siquiera es primordialmente importante que podamos ser nosotros quienes hayamos dañado al otro. Lo únicamente importante es el estado del otro, por causa de Él. El arrepentimiento nace del amor; el remordimiento nace de la idolatría. El arrepentimiento produce un cambio por medio de la muerte al yo en la cruz con Jesús. El remordimiento nunca va más allá de las paredes del yo. La depresión es el resultado del remordimiento. La vida es el resultado del arrepentimiento.

El arrepentimiento nace de una indignación dada por Dios (Amós 5:15; Lucas 14:26; Romanos 12:9). Hace algún tiempo yo trataba de vencer un pecado en particular. Oraba y oraba acerca de ello, solo para volver a hacerlo una y otra vez. Finalmente, en desesperación y algo de enojo contra Dios, clamé: "Dios, ¿por qué no me ayudas con esto?". La respuesta llegó con rapidez y facilidad: "Aún no estás lo bastante indignado". Dios *estaba* ayudando; me estaba ayudando a estar cada vez más indignado. Es verdaderamente un regalo de gracia aprender a odiar el mal. Sin ese regalo, o bien continuaremos disfrutando neciamente del pecado, o bien sentiremos remordimiento. Esa indignación, o tristeza piadosa (2 Corintios 7:10), debería producir una desesperación cuando sentimos el daño de aquel contra quien hemos pecado. Eso, y no nuestro fracaso, debe ser el enfoque de nuestra atención. Ese odio nacido del amor por el otro es, sin duda, un regalo distintivo, porque los seres humanos no tienen dentro de ellos el amar. Solamente Dios da la gracia para amar.

El arrepentimiento nos lleva a la cruz, y Getsemaní siempre precede a la cruz. Getsemaní no es nuestro trabajo. La carne con frecuencia puede hacer, y hace, un estupendo trabajo al llorar y lamentarse delante de Dios en su altar en lágrimas; pero ya que es la carne, podemos estar seguros de que no se producirá un verdadero cambio. Cuando el Espíritu trabaja, el gozo permite que broten las profundidades de la tristeza, y nos quebrantamos y lloramos. Nosotros no dimos comienzo a nuestras lágrimas; fue del Espíritu.

¿Cuántas veces hemos oído a predicadores de antaño clamar por trabajo, y obedientemente nos arrodillamos y tratamos de gemir delante de Dios? A veces eso produjo gloria, y a veces nada sino cansancio. Esos predicadores tenían la idea correcta. Getsemaní precede a la liberación; pero es el Getsemaní del Señor, no el nuestro. Nosotros no podemos promoverlo o empujarlo y, si lo hacemos, solo será falso. Cuando el llamado fue del Espíritu por medio del predicador, el Espíritu se movió. Cuando la idea fue de la carne, Él no se movió. Si somos sumisos al Espíritu, Él nos moverá a llorar delante de la tumba para que el poder de Cristo pueda llamar a Lázaro a que vuelva a la vida (Juan 11:35). La *muerte* del Señor estará obrando en nosotros y su *vida* en aquel por quien intercedemos (2 Corintios 4:11–12).

No podemos falsificar ese morir del Señor en nosotros por otros, aunque la carne puede intentarlo. No podemos llorar y gemir verdaderamente, aunque la carne puede hacer un drama para que todos lo vean. Solamente Jesús va a Getsemaní en nosotros por los demás.

La ley de Cristo

Cuando intercedemos, entonces, pronunciamos las palabras pero el Señor es quien hace el verdadero trabajo. Tenemos el gozo de la participación, pero el Espíritu Santo lleva la carga y cumple la ley de Cristo (Gálatas 6:2).

¿Cuál es la ley de Cristo? Es el amor. "Nadie tiene mayor amor que este, que uno ponga su vida por sus amigos" (Juan 15:13). Nosotros a veces mentalmente lo interpretamos mal: "Nadie tiene mayor amor que uno ponga su egoísmo por su hermano", o sus ambiciones, o sus propios deseos. Nada de esas cosas son vida; son muerte. No tenemos vida que poner hasta que recibimos la vida de Cristo. Esa es la vida que somos llamados a poner.

Cuando alguien viene a nosotros a injuriar a otra persona con chismes, o a hablar con lujuria o con prejuicio, tenemos un temor legítimo de poder unirnos a ellos: "considerándote a ti mismo, no sea que tú también seas tentado" (Gálatas 6:1). Nos estremecemos en espíritu y alma y decimos en nuestro interior: "No quiero formar parte de esto", lo cual está bien, pero para protegernos a nosotros mismos nos apartamos de nuestro hermano. Así llegamos a ser como el fariseo que se felicita a sí mismo porque no es "como los otros hombres...ni aun como este publicano" (Lucas 18:11). Sin embargo, si andamos en el Espíritu, Cristo mantendrá abierto nuestro corazón a nuestro hermano; nos identificaremos con él; reconoceremos que nosotros y él estamos atrapados en la misma corrupción. No protegemos nuestra justicia.

Si guardamos para nosotros mismos nuestra justicia y tenemos temor de arriesgar la pureza de nuestro ser interior, moriremos (Lucas 17:33). Nos convertimos en fariseos. Sin embargo, si diariamente y continuamente estamos dispuestos a llegar a cargarnos de la corrupción de otros, a "velar" con Jesús en Getsemaní, entonces la muerte de la cruz estará obrando en nosotros por causa de otros a fin de que la vida de Él pueda estar obrando en otros. Así salvamos nuestras vidas al estar donde está la vida. Jesús es esa vida, y Él va continuamente a Getsemaní por otros a través de nosotros. Si tenemos temor a la contaminación y abrazamos la pureza, terminamos con una bolsa vacía, y la vida es un malvado yugo sobre nosotros. Ese tipo de contaminación no es a la que fuimos llamados a dejar y separarnos de ella.

La ley de Cristo es la intercesión. Para realizarla debemos entregar nuestras vidas por nuestros hermanos. Llevar la carga es una obra fundamental de la oración, la obra del Espíritu en nosotros (Gálatas 6:2). Un poco más adelante, sin embargo, Pablo da la palabra de equilibrio: "Porque cada uno llevará su propia carga" (v. 5). Cuando Paula y yo agarramos la idea de llevar la carga, característicamente nos pusimos a trabajar en ello: apartados del Espíritu.

Algunas semanas después, casi incapaces de dar un paso más, decidimos que quizá esa no fuera tan buena idea.

En consejo repetidamente hemos descubierto a los cargadores naturales del Señor tambaleándose doblados por el peso de los siglos. Con frecuencia, sucede que nos apresuramos a llevar a cabo nuestra misión en la vida, sin ser guardados por la sabiduría de la Palabra. Necesitamos cambiar nuestra perspectiva: quitarla de nosotros mismos y ponerla en Dios, quien es nuestra suficiencia. Él no necesita nuestra ayuda, pero nos otorga el privilegio y el gozo de ser parte de su gloriosa sanidad de la tierra. No debemos cerrar nuestros corazones contra nuestro hermano que peque o hiera.

> El que dice que permanece en él,
> debe andar como él anduvo.
>
> —1 Juan 2:6

"Como él anduvo" significa en el gozo de oír la dulce y solemne música de la humanidad. Jesús entregó su propia rectitud al permitir que una mujer de mala reputación lavara sus pies con sus lágrimas, mientras que los fariseos, por tanto, pensaban de Él que no era un hombre santo en absoluto (Lucas 7:36–39). Él comía con publicanos y pecadores, haciéndose, a la manera de Oriente, uno con ellos al compartir su sal. Nuestro llamado es hacernos uno con cada ser humano, especialmente con quienes nos maldicen (Romanos 12; 1 Pedro 3).

Esta unidad con los pecadores es un asunto del corazón y del alma, pero no de la mente. No estamos de acuerdo con los pensamientos de los pecadores. Estamos en el mundo pero no somos del mundo (Juan 17). Si permitimos que nuestra identificación con los demás corrompa tanto nuestros pensamientos que pensemos como ellos, nos habremos vuelto como Josafat, cuyos barcos se hundieron porque él se unió a un rey pagano (1 Reyes 22:48–49). Nuestro corazón es amar al pecador y nuestro espíritu llevar su carga, mientras que nuestra mente odia el pecado que destruye a nuestro hermano. Entonces se permite al Señor que lleve el pecado de nuestro hermano a la cruz para liberarlo.

Seguir los principios de la intercesión

Esta obra de llevar la carga y de la oración intercesora ha sido oscurecida por demasiado tiempo por pensamientos sentimentales. Y alguien que lleve la carga caerá en una gran presión emocional si no conoce los firmes e invariables principios que hay detrás de la intercesión.

Si entrenamos a una rata para que responda al estímulo de una luz recompensándola con comida, finalmente aprenderá a salivar cuando aparezca la luz. Después de aproximadamente diecisiete generaciones, las ratas nacerán ya sabiendo responder a la luz para obtener comida. Si a un perro se le entrena para que ladre, lo hará ante un estímulo, o no ladrará si se le entrena para eso. Eso se denomina reflejo condicionado.

Sin embargo, los animales con cerebros más elaborados pueden vencer este patrón de estímulos y respuesta, detener su respuesta y originar su propia decisión personal. Así, se ha sabido que los seres humanos han mostrado conductas heroicas y de autosacrificio.

Sin embargo, siempre que un individuo escoge suprimir su respuesta ordinaria a un estímulo dado a favor de una respuesta diferente, tendrá que pagar un precio. Por ejemplo, una madre le grita a su hijo. El niño, estimulado, le gritará a su vez a ella. Pero debido a que él es intimidado por el tamaño y el enojo de su mamá, el niño controla su respuesta; se comporta con humildad y respeto, pero en su interior arde de ira. El estímulo que recibió demanda una respuesta, y más adelante él encontrará maneras, quizá inconscientemente, de castigar a su mamá, como orinándose en su cama. Esto, a su vez, puede enojar a su mamá, quien también oculta su enojo tras una máscara de preocupación ya que eso parece más aceptable. Así, el ciclo de estímulo y respuesta se convierte en un monstruoso conflicto que arde con un resentimiento enterrado que continua aflorando en los momentos más inoportunos. Tal es la "red que tejemos cuando por primera vez practicamos el engaño".[1] ¿Y quién no ha rodeado una y otra vez ese monte?

Los psicólogos sociales han descubierto que si se introducen en una rata entrenada demasiados reflejos condicionados contrapesados, finalmente tendrá un colapso nervioso. Lo mismo nos sucede regularmente a nosotros, cuanto más elaborado sea nuestro sistema de ética. Si nuestra ética obra en nosotros sin el lugar de parada de la cruz, nos dirigimos a los colapsos nerviosos. No es extraño que Jesús dijera:

> Venid a mí todos los que estáis trabajados y cargados, y yo os haré descansar. Llevad mi yugo sobre vosotros, y aprended de mí, que soy manso y humilde de corazón; y hallaréis descanso para vuestras almas.
>
> —Mateo 11:28–29

Los cristianos a menudo adoptan elaborados códigos éticos en un esfuerzo por controlar su conducta; sin embargo, ya que los fuertes impulsos interiores son meramente suprimidos, esto es solo una forma de fariseísmo. Pero no somos salvos hasta que veamos esos impulsos como humanamente incontrolables, los confesemos y le pidamos a Jesús que tenga misericordia de nosotros. No hay lugar de parada que no sea la cruz. El pecado engendra pecado. El estímulo engendra respuesta. Si un hombre detiene la ira y se muerde la lengua, esa ira va a algún otro lugar; puede convertirse en autocompasión o depresión, o puede acumularse en un lugar más "aceptable", como en el hogar con la esposa y los hijos. Así, la ira no puede ser verdaderamente reprimida. Inevitablemente pondrá en movimiento cada vez más conflictos, a menos que sea detenida por la cruz, la cual no significa represión sino limpieza. Si un hombre puede reprimir una respuesta más a fondo, ésta rebota en su interior hasta que tiene úlceras, alta presión arterial o cualquier otra cosa.

> Mientras callé, se envejecieron mis huesos en mi gemir todo el día. Porque de día y de noche se agravó sobre mí tu mano; se volvió mi verdor en sequedades de verano. *Selah.* Mi pecado te declaré, y no encubrí mi iniquidad. Dije: Confesaré mis transgresiones a Jehová; y tú perdonaste la maldad de mi pecado. *Selah.*
>
> —Salmo 32:3–5

No hay escape de la operación de la ley aparte de la cruz.

Esto significa que nadie nunca se sale con la suya en nada, nunca, en ningún lugar. Pero no todos creen eso. De hecho, muchas personas son totalmente inconscientes a la ineludible operación de la ley, sin ver que deben pagar por cada mala obra. La mayoría de los espectadores de televisión realmente piensan que si un delincuente escapa a la justicia, ha escapado totalmente, mientras que lo cierto es lo contrario: si él no paga rápidamente, pagará más abundantemente más adelante. Esto no significa que Dios esté en el cielo con un pesado matamoscas solamente esperando a que nos salgamos del límite. En cambio, significa que algo engendra eso mismo, y así el pecado y la injusticia traen ciclos de maldad que van en aumento. Dios, sabiendo ese hecho, quiere traer misericordia. De otro modo, dados los principios de la siembra y la cosecha, la humanidad y el universo de autodestruirían.

La reacción en cadena de la muerte

Lo más peligroso que hemos hecho en el mundo es enseñar a los seres humanos la ley moral sin Cristo. Ninguna persona que haya aprendido alguna vez la ley la ha guardado. En un sentido, la intención de la ley no era la de ser guardada; Dios sabía al darla que la humanidad no podría guardarla. Adán y Eva en efecto habían dicho: "No vamos a permitir que nos eduques. Vamos a educarnos a nosotros mismos". Dios dijo: "Muy bien, inténtenlo. Cuanto antes y más lo intenten, antes y mejor aprenderán que no pueden hacerlo". Por eso San Pablo escribió:

> ¿Qué diremos, pues? ¿La ley es pecado? En ninguna manera. Pero yo no conocí el pecado sino por la ley; porque tampoco conociera la codicia, si la ley no dijera: No codiciarás. Mas el pecado, tomando ocasión por el mandamiento, produjo en mí toda codicia; porque sin la ley el pecado está muerto. Y yo sin la ley vivía en un tiempo; pero venido el mandamiento, el pecado revivió y yo morí. Y hallé que el mismo mandamiento que era para vida, a mí me resultó para muerte; porque el pecado, tomando ocasión por el mandamiento, me engañó, y por él me mató.
>
> —Romanos 7:7–11

Las personas que tratan de ser perfectas según la ley son llevadas al fracaso en proporción directa con la determinación y la fuerza de su intento. Ellos ponen en movimiento fuerzas de rebote de leyes contrarrestantes hasta que no hay ayuda. Dios ha diseñado la ley para que nos lleve a la muerte.

> Pero sabemos que todo lo que la ley dice, lo dice a los que están bajo la ley, para que toda boca se cierre y todo el mundo quede bajo el juicio de Dios; ya que por las obras de la ley ningún ser humano será justificado delante de él; porque por medio de la ley es el conocimiento del pecado.
>
> —Romanos 3:19–20

Los cristianos necesitan entender que sus pecados rebotan no solo de hombre a hombre sino también por toda la naturaleza. La tierra está maldita por causa de nosotros (Génesis 3:17), y "tiemblan todos los cimientos de la tierra" (Salmo 82:5). Las profecías de los últimos tiempos hablan de terremotos, tornados, la furia de los mares, hambres y pestilencias. Hemos puesto en movimiento fuerzas que deben aumentar hasta la destrucción total de la humanidad y de la tierra. La Biblia llama a tales tribulaciones de los últimos tiempos la ira de Dios, y verdaderamente lo son, porque su ley es personal para Él, pero no es su preferencia.

Nosotros no vemos lo que hemos puesto en movimiento; por tanto, no odiamos el pecado como deberíamos.

> ¿Se han avergonzado de haber hecho abominación? Ciertamente no se han avergonzado, ni aun saben tener vergüenza; por tanto, caerán entre los que caigan; cuando los castigue caerán, dice Jehová.
>
> —Jeremías 6:15

Como repetición, sólo la cruz puede detener esta reacción en cadena de muerte, de otro modo interminable. Sin embargo, esa cruz no funciona automáticamente. Debemos pedir ayuda y así comunicar su efecto a cada ciclo de emociones, cada ciclo de pensamiento, cada grado de pasión, cada consecuencia del pecado humano, cada aspecto de la naturaleza. Solamente cuando respondemos a la urgencia de Dios actuando en el Espíritu Santo y por medio de Él para llevar la suciedad de toda la humanidad y de la tierra a la cruz de su Hijo, alguna cosa llegará alguna vez a una plena resolución y así a detenerse del todo. Este es un principio inexorable, y ninguna cantidad de sentimentalismo puede hacer que sea de otro modo.

La intercesión y el lugar de parada de la cruz

La misión de Elías es principalmente el ofrecimiento de nuestros cuerpos sobre el altar de Dios en intercesión a fin de que el lugar de parada de la cruz pueda tener efecto en la vida humana y la natural. Eso significará muerte al yo a fin de que lo que se haya hecho sea cumplido por la pureza de la sangre de Cristo en lugar de por el esfuerzo de los hombres.

A principios del siglo XIX, el pueblo francés de Ars recibió a un nuevo sacerdote de la parroquia. Su nombre era Jean Baptiste Marie Vianney, y ni era muy inteligente ni muy agraciado físicamente; pero tenía un gran corazón. Enseguida comenzó a romperse como respuesta a la maldad que prevalecía en Ars. Desde luego, él decía las misas, oía confesiones y visitaba a las personas, pero sobre todo, comenzó a interceder por su rebaño.

Tan intensos eran sus sentimientos que hasta se flagelaba a sí mismo por los pecados de ellos. Los protestantes pueden debatir en cuanto a lo apropiado de la flagelación; pero Dios no está tan interesado en cuánta razón tengamos como lo está en cuán obedientes somos en nuestros corazones. Ciertamente el Espíritu Santo honró la intercesión de él. Con el tiempo toda la región de los alrededores, incluyendo Ars, se había visto profundamente afectada por el evangelio de Cristo. De hecho, tan notable fue lo que sucedió allí que el pueblo se convirtió en lugar de peregrinación, aun durante la vida de el Cur é d´Ars (como llegó a ser conocido Vianney). Fue canonizado por el papa Pío XI en 1925.

Lo que sucedió en S. John Vianney, tal como lo entendemos, es que él permitió que el Espíritu Santo en él se identificara con sus feligreses. Permitió que la pecaminosidad de ellos se hiciera parte de él; se arrepintió en el espíritu por ellos. Si fue demasiado lejos en esto, eso importaba poco. Lo que sí importaba era que permitió que el Espíritu Santo llevara ese arrepentimiento por el pecado a completarse en la cruz de nuestro Señor.

Al creer que podría encontrar esa liberación en el poder de la sangre y el cuerpo de Cristo en la Santa Cena, San John Vianney iba cada día a la Eucaristía con la carga de los pecados de su gente en su corazón. Dios honró al cura de la fe y comenzó a derramar su gracia sobre las personas de Ars. Dios honra la fe, y no la justicia en las cosas externas. Por tanto, del modo en que esperemos que el Señor se encuentre con nosotros, Él lo hará. Conocemos a una señora que imaginó las cargas de la gente metidas en globos de helio que flotaban hacia el cielo. Para ella, funcionó.

Un amigo nuestro fue a orar por un extraño. En el proceso de la visita, se encontró a sí mismo bastante confuso, pero cuando comenzó a orar, su espíritu de repente se quebrantó de tristeza. No pudo pronunciar ni una sola palabra. Lloraba y lloraba. El Señor entonces llevó esa tristeza a la cruz, y el extraño fue llevado a su propio arrepentimiento y salvación. Aunque el Espíritu Santo hará la obra de arrepentimiento y de llevar la carga, e irá a Getsemaní en nosotros por nuestro hermano, Él por medio de ello no le robará a nuestro hermano el que él mismo vaya a la cruz. Cada persona verdaderamente tendrá que llevar su propia carga (Gálatas 6:5).

Una vez yo llegué a casa cargado con los problemas de la gente, y no encontraba ayuda en la comunión, en el grupo de oración o al hablar con Paula y con otros; nada parecía ayudar. Finalmente sentí que ese peso se quitaba mientras veía una comedia de Disney con los niños. El Espíritu Santo toma los momentos y los lugares, y Él los varía con frecuencia para evitar que hagamos un rito religioso de ver comedias de Disney.

Es incorrecto, en el sentido más amplio, decir que un intercesor se arrepiente por el pecado de otro individuo, pues no lo hace. Pero ya que el arrepentimiento es un don de Dios, el intercesor con frecuencia es llamado a hacer de sí mismo un canal para la gracia del arrepentimiento poniendo en práctica ese arrepentimiento antes de que llegue a la persona o personas por las cuales ora. Además, los intercesores-profetas son frecuentemente conscientes de que el pecado es un asunto colectivo y de que ellos tienen parte en la culpa de la persona por la que oran. De otro modo, ellos ofrecen sus oraciones desde una posición alta en lugar de hacerlo desde una baja, lo cual nunca funciona porque Dios se acerca al humilde y contrito (Isaías 57:15).

El Espíritu Santo intercede por nosotros con gemidos indecibles (Romanos 8:26), y ya que el Espíritu Santo en general obra por medio de las personas, no debería ser sorprendente ver a un profeta intercediendo con gemidos y lágrimas.

Desgraciadamente, algunos cristianos quieren usar la cruz para huir de *la obra* de la cruz. No quieren afrontar su propio pecado o llegar a mancharse por el de su hermano. Esas personas hacen una celebración egoísta y divisoria del misterio de la salvación. No quieren obedecer el mandamiento: "Niéguese a sí mismo, tome *su* cruz cada día, y sígame" (Lucas 9:23, énfasis añadido). Muchos en la iglesia en la época de S. Pablo continuamente volvían atrás a las viejas leyes y tradiciones. La "fiesta de circuncisión" sigue hallando adeptos entre nosotros hoy día cuando tenemos temor a la vida plena y escogemos en su lugar las formas.

El Espíritu Santo es quien lleva a la humanidad a la cruz. Cuando los seres humanos quedan inmóviles en punto muerto, el Espíritu Santo puede ayudarlos a ponerse en marcha mediante la intercesión que alienta en otros. Cuando intercedemos, Él nos enseña en nuestros corazones lo que nuestro Señor sintió y sufrió entre nosotros. La obra de la intercesión así aumenta nuestro amor por Jesús.

Cuando aceptamos a Jesucristo como Señor y Salvador, Él viene a morar en nosotros; por tanto, la Trinidad está implícitamente en nuestro interior. Sin embargo, cada miembro de la Trinidad debe experimentarse por separado y de manera única. Es Jesús quien nos bautiza en el Espíritu Santo y quien, de igual manera, nos presenta a su Padre (Juan 14:6; 21, 23). Su mandamiento fue "que os améis unos a otros *como* yo os he amado" (Juan 13:34, énfasis añadido). Hemos visto que esto significa que debemos poner nuestras vidas continuamente, llevando diariamente nuestras cruces por nuestros hermanos. Así somos "juntamente edificados para morada de Dios en el Espíritu" (Efesios 2:22). Por tanto, por la obediencia en la oración intercesora estamos preparados para la vida del Padre en nosotros.

Una noche cuando conducía de regreso a casa desde Spokane por la autopista, el Señor llegó y me dio un golpecito en el hombro: un golpecito muy real. Me dijo:

—¿John?

—Sí, Señor.

—Tengo a alguien que quiero que conozcas.

—¿Ah? Sí, Señor.

—Quiero que conozcas a mi Padre.

Al instante siguiente llegó sobre mí la presencia más amorosa, tierna, dulce y misericordiosa que haya encontrado nunca en ningún lugar. Supe al instante en el espíritu que no podía haber ninguna presencia más maravillosa. La marca más sobresaliente de la presencia del Padre fue el sentimiento de profunda y bendita seguridad. Aun las palabras "paz que sobrepasa todo entendimiento" no pueden comunicar el sentimiento de la misericordiosamente dulce sanidad y seguridad que sentí. Gloria a Dios porque Él llegó cuando la autopista estaba vacía. Yo me agarré al volante y susurré: "Oh, Padre" durante todo el camino de regreso y días después. Supe por qué San Pablo había clamado: "Abba, Padre" (Romanos 8:15).

El temor de Dios puede ser el principio de la sabiduría (Salmo 111:10), pero es sólo el principio. El amor—dulce, perfecto, pleno y tierno amor—es el final. El respeto continúa, pero no el pavor. El temor que es respeto, sí, ante lo completamente, maravillosamente y abrumadoramente bueno y amable, dulce y tierno que es nuestro Padre.

Hay más que experimentar. La experiencia no es Dios, pero siempre queremos conocerlo más. Cuando contamos todas las cosas como pérdida (Filipenses 3:8) y presentamos nuestros cuerpos como sacrificios vivos (Romanos 12:1), intercediendo diariamente por cada persona que conocemos y dejando que el Espíritu Santo lleve su carga en nosotros, somos hechos habitación para Dios; allí llega a nosotros en la morada de su plenitud. Debemos recibir más que a Jesús y al Espíritu Santo, más que al Espíritu Santo y fuego. El lugar de parada de la cruz se convierte, por la vida de la intercesión, en el lugar de parada final de toda la vida en los tiernos y amantes brazos del Padre más perfecto que hubo jamás ni hay.

CAPÍTULO DIEZ

El poder creativo de la Palabra en la oración

Dios creó todo por su Palabra, Jesús (Juan 1:1; 14; Colosenses 1:16). Tampoco ha dejado de crear por Él. Hoy día Dios planea y habla, y la vida comienza, siempre por medio de Cristo. Así, la cruz no fue algo que le sucedió *a* Jesús. Satanás no ganó una victoria que Dios luego tuvo que vencer resucitando a su Hijo. El Padre desde el principio planeó *tanto* la cruz como la resurrección.

> Mi palabra que sale de mi boca; no volverá a mí vacía.
>
> —Isaías 55:11

La oración creativa comienza con Dios, quien se mueve mediante su Palabra y su Espíritu para lograr todo lo que es. Quien piense que comienza con el hombre no está preparado para esta dimensión de la oración. Dios habla su recreación del nuevo cielo y la tierra por medio de sus hijos que oran. Nada existe fuera de Dios. Hay un mar del Espíritu de Dios Padre en el cual el Padre, el Hijo, el Espíritu Santo y toda la creación, la humanidad y los ángeles existen. La energía del ser de Dios es un Espíritu, en el cual todo vive, se mueve y es. Esta energía no es la luz que late tras toda la materia y por medio de ella; Dios es el Espíritu dentro del cual esa luz se manifiesta. Es crucial para nuestro entendimiento de la oración que comprendamos que este Espíritu o energía fluye en *todas* las cosas y por medio de ellas.

Sabemos que la materia no es sólida, que está compuesta de electrones, protones y neutrones en los cuales hay una buena cantidad de espacio vacío. Esa energía esquiva tras el electrón es el mismo Espíritu de Dios. El Espíritu de Dios es dominante en todo lo que es. La materia no es algo aparte del espíritu; no hay tal dualismo en la fe judeocristiana como en la filosofía griega. Espíritu y materia son uno, aunque el Espíritu es mucho más que la materia. La materia podría compararse al hielo que flota en el agua del Espíritu:

diferente solo en grado. La materia es alguna forma de expresión del espíritu. *No se volvió algo fuera del Espíritu al convertirse en la forma de materia.*

El pensamiento judeocristiano es dual en cuanto a que habla tanto de espíritu como de materia; pero esas dos cosas no están apartadas una de la otra y opuestas, como en el dualismo griego. Más bien, la materia está en el espíritu, es parte de él y es una con él. Algún día entenderemos científicamente al igual que por fe que ni el espacio, en el cual existe lo que percibimos como materia, ni la materia misma están vacíos de espíritu. Tanto materia como espacio están dentro del mar del Espíritu de Dios, y nada está sin él. Si no afirmamos en nuestras mentes esta distinción entre espíritu (como trascendente e impersonal) y el Espíritu Santo (como inmanente y personal) y el hecho de que el Espíritu de Dios domina y es la energía de todo lo que es, no estamos capacitados para entender ni la creación ni el poder sanador de recreación en la oración intercesora. Por tanto, necesitamos un adecuado entendimiento bíblico de la relación existente entre materia y espíritu.

Creencias históricas

A lo largo de la Historia la humanidad ha mantenido, durante la mayor parte, una perspectiva dualista de la vida. El espíritu era algo aparte de la materia. La materia era mala; el espíritu era bueno. Estar en un cuerpo era contaminación. El hinduismo afirma que el hombre ha caído en el cuerpo; mediante muchas y sucesivas encarnaciones una persona mata el cuerpo con todos sus deseos a fin de escapar al Nirvana (la nada) de la absorción de nuevo en el espíritu. Uno se gana este Nirvana mediante muchos trabajos de vida en vida. Los cristianos, por otro lado, no buscan escapar al cuerpo sino ser realizados dentro de él. El cielo es la plenitud de la vida humana dentro de un cuerpo nuevo y glorificado. Creemos en la resurrección del cuerpo, no meramente en la inmortalidad del alma.

La fe hebrea contenía una explosiva y única revelación de que la tierra y el cuerpo fueron creados por un Dios santo y amoroso cuyo Espíritu domina todo lo que es. Ninguna otra historia de creación expresaba tal fe.

La historia babilonia de la creación era que el dios Marduk luchó con la diosa Tiamat. Marduk metió en la boca de ella los cuatro vientos del cielo, con lo cual su vientre se ensanchó y ella murió. Marduk entonces abrió su vientre y levantó la parte de arriba. La parte de arriba se convirtió en las estrellas y los cielos. La sangre y los intestinos que quedaron en la parte de abajo se convirtieron en la tierra. Esa fue la creación.[1] ¿Qué tipo de respeto por la vida crearía eso?

La historia egipcia de la creación era que hubo un diluvio de barro viscoso, y en esa viscosidad surgió un montículo. Sobre ese montículo surgió un hombre y escupió. Ese escupitajo fue la creación.[2] ¿Cómo podrían los hombres respetar a la tierra o a sus propios cuerpos con esa historia fundamental para su pensamiento? Tales elementos míticos de conflicto están ausentes de la historia bíblica. Un Padre santo, tierno, perfecto y amoroso dijo: "Sea la luz, y fue la luz". Y: "Dios vio que era *bueno*". Él trajo orden mediante su Palabra en lugar de mediante el conflicto primordial. Nuestro misericordioso Señor creó con tierno y amoroso interés, observando cada día que "*era bueno*". El sexto día Él tomó aquella tierra buena y limpia y formó al hombre, sopló en él su propio aliento y el hombre se convirtió en un alma viviente, y "Dios vio que era *muy bueno*" (Génesis 1:31, énfasis añadido).

La vida no es una batalla entre la luz y las fuerzas de la oscuridad. Esa es la creencia zoroastriana, la cual fue expresada entre los antiguos cristianos en la herejía maniquea. Muchos cristianos hoy día, elevando demasiado a Satanás, han caído en esa herejía. Por el contrario, la vida está gobernada por un Dios bueno que cría a sus hijos en un mundo en el cual se le ha permitido la entrada al mal para que los hijos puedan ser disciplinados, probados y fortalecidos.

La fe hebrea cristiana tampoco incorpora espíritu y materia como si no hubiera distinción de ninguna clase. La fe hebrea mantiene simplemente que espíritu y materia, aunque diferentes, son uno en esencia.

La vida no está dividida. El Espíritu de Dios fluye según sus principios dentro del Espíritu en todo lo que es y por medio de ello, como la electricidad dentro de sus leyes. El pecado humano ha corrompido todo, y también la naturaleza; pero desde que Jesús derramó su sangre, toda la tierra y el cuerpo físico son limpios y santos. "Lo que Dios limpió, no lo llames tú común" (Hechos 10:15).

Sin embargo, la fe cristiana nació dentro del clima de la dominante influencia griega. El Nuevo Testamento se escribió en griego *koiné* debido a esa influencia. La mentalidad griega seguía a Platón, quien veía la realidad en términos extremadamente dualistas. Para él, el conocimiento genuino no podía ser determinado por medio de los sentidos físicos porque la realidad no existe en forma física sino en la idea o esencia que está tras la forma que, hasta mayor o menor grado, que muestra cada forma. Así, lo que es importante no es el perro sino la idea del perro, no la mesa sino la esencia de la mesa. Las ideas y las esencias no pueden entenderse mediante la vista, el tacto, el oído o el olfato, sino por la mente que Platón consideraba como inmortal.

Esto puede sonar un poco extraño, pero cualquiera puede ver que tales ideas claramente elevan lo no material por encima de separadamente de lo material. Por tanto, el amor platónico significa una relación entre dos personas sin expresión física, ya que lo importante es la idea no física del amor. El hombre de la calle ha hecho bromas acerca de esto durante siglos, pero él y la mayoría de la cristiandad —en especial la cristiandad occidental— han sido afectados por ello más profundamente de lo que pudieran sospechar. La broma es sobre nosotros.

Los pensadores cristianos, más notablemente Agustín y Aquino, han adoptado el marco platónico casi sin cambios como un vehículo para la teología, y los resultados han sido amplios y dominantes. Los hemos visto en épocas recientes en el remilgo victoriano y el hiper puritanismo. Pero el resultado más dominante y siniestro siempre ha sido una incapacidad para ver que toda la vida es un caminar en el Espíritu, junto con una inclinación a dividir la vida en lo "natural" contrariamente a lo "espiritual". Las personas establecen una gran meta inalcanzable para sí mismas (que no es más que mera fantasía), mientras que la realidad de sus vidas sirve solamente para deprimirlas y desanimarlas.

San Pablo escribió 1 Corintios 15 porque la iglesia corintia cayó en un odio al cuerpo y, por tanto, se escandalizaba de que Jesús hubiera regresado en el cuerpo después de su muerte. Para ellos, esa era la única razón para morir: escapar de las corrupciones del cuerpo y regresar a la pureza de ser un espíritu. Aún en la actualidad los cristianos tropiezan cuando piensan de la resurrección de Jesús, un poco inseguros de si quieren decir "en el cuerpo". Por tanto dicen: "En su cuerpo *glorificado*". Sabemos que el espíritu batalla contra la carne, y tenemos temor de que la carne signifique el cuerpo; pero eso no es así. La carne habla de la persona completa —alma y cuerpo— en su rebelión contra Dios. Jesús y Jeremías no hablaron contra el cuerpo del hombre sino contra su corazón. Los deseos corporales deben ser rendidos al Espíritu, pero el cuerpo es santo, limpio y bueno. Jesús fue resucitado en el cuerpo.

Debido a que esta mentira platónica que menosprecia el cuerpo era creída tan extensamente, era impensable para muchos que Dios naciera en la sangre de un vientre, mamara a los pechos de una mujer y hubiera que cambiarle los pañales. Huyendo de eso, argumentaban que Dios, en cambio, encontró un hombre adulto y lo adoptó como su Hijo. Probablemente sea significativo que Lucas dirigiera su Evangelio a un hombre griego, Teófilo, y pusiera tanta atención a la hora de documentar la natividad. Quizá la herejía adopcionista de Cerintus ya hubiera comenzado a levantar la cabeza en aquel momento.

De modo similar, los hombres afirmaban que Dios no vino en el cuerpo, sino que solo parecía tener un cuerpo. (Debido a que el verbo griego para "aparecer" era *dokein*, a esto se le denominó la herejía docética). Los documentos docetistas decían que el Cristo (Espíritu) abandonó el cuerpo de Jesús poco antes de la crucifixión y que Él y la resurrección eran ilusiones. Debido a esta dividida manera de pensar, el apóstol Juan escribió:

> Amados, no creáis a todo espíritu, sino probad los espíritus si son de Dios; porque muchos falsos profetas han salido por el mundo. En esto conoced el Espíritu de Dios: Todo espíritu que confiesa que Jesucristo ha venido en carne, es de Dios; y todo espíritu que no confiesa que Jesucristo ha venido en carne, no es de Dios; y este es el espíritu del anticristo, el cual vosotros habéis oído que viene, y que ahora ya está en el mundo.
>
> —1 Juan 4:1–3

Muchos cristianos modernos no han prestado atención a esa advertencia y han creído al espíritu del anticristo. Piensan que sus suposiciones dualistas son el camino cristiano; consideran contrarios conceptos hebreos como superstición o animismo. Ese hecho es muy destructivo no sólo para el poder creativo de la oración, sino también para la totalidad de nuestra vida cristiana.

El pensamiento de Platón llegó a las manos de la iglesia en general a través de la mediación de Aristóteles cuando Aristóteles fue de nuevo introducido en Europa por los eruditos árabes y judíos a principios de la Edad Media. Aristóteles planteó sus reglas de la investigación en su tratado sobre lógica (título en latín: *Organum*). Él consideraba a Dios como el primer movimiento, el primero en una gran cadena de acciones y reacciones, que no estaba implicado orgánicamente en las obras de la tierra o del universo. Al llegar el siglo XVIII, esta idea alcanzó la imaginación popular en términos de Dios como el relojero que construyó el universo como un instrumento atentamente dirigido, puso en marcha la aguja principal y de ahí en adelante las cosas siguieron su curso sin interferencias.[3]

Francis Bacon publicó su *Novum Orgamum* en el año 1620, el cual marcó un importante avance en el enfoque deductivo de Aristóteles pero hizo poco para modificar el dualismo básico que nos ocupa. Ya que las ideas de Bacon abrieron camino para el avance de la ciencia, seguimos estancados en ese dualismo por parte de la mayoría de científicos y tecnólogos. Ellos consideran el espíritu apartado y diferente de la materia. La materia tiene una estructura atómica observable, peor no la vida o el espíritu porque eso es inobservable.

Esas suposiciones dualistas han exaltado sutilmente la física y la química mientras que al mismo tiempo han degradado la biología y la antropología. Solamente en los últimos cien años las investigaciones científicas han obligado a los investigadores a abandonar esas suposiciones porque están en conflicto con los datos. (Vemos esto, por ejemplo, en la cada vez mayor disposición entre los físicos para hablar de causas psicosomáticas de las enfermedades). Lo cierto es que espíritu y materia no pueden mantenerse apartados en compartimentos claramente diferenciados. Pero la mentira platónica—el espíritu del anticristo—sigue teniendo una fuerte influencia en el pensamiento de todos nosotros.

El Espíritu Santo domina, no habita

Así, falsamente pensamos que el Espíritu Santo habita en el hombre como el agua llena un vaso, mientras que lo cierto es que el Espíritu Santo domina en el hombre tanto como el hidrógeno lo hace en el agua (H_2O). La encarnación de Jesús no fue que Dios se derramó en un recipiente de carne sin cambiar. La encarnación fue un glorioso matrimonio de cuerpo y Espíritu como uno; una unión, no una visita. "El Verbo *se hizo carne*" (Juan 1:14, énfasis añadido). Así, el Espíritu Santo no chapotea en nosotros; Él habita en nosotros. El cuerpo no es una jarra de la cual, en la muerte, Dios quita el espíritu para usarlo en el cielo. El cuerpo es en sí una parte de la nueva creación, del nuevo orden de los hijos de Dios en el universo. No estamos destinados a morir y perder el cuerpo en descomposición y corrupción. Estamos destinados a ser resucitados corporalmente como Jesús lo fue.

Paula y yo hemos llorado en el espíritu al oír de miembros de iglesias, en especial en algunas iglesias pentecostales, que se esfuerzan mucho por ser espirituales, como si eso no fuera un derecho de nacimiento en el Espíritu Santo. Nos dolemos cuando oímos a personas cambiar sus voces, adoptar extrañas inflexiones religiosas, y de otras maneras incontables revelar que piensan que otra cosa distinta a lo que son es lo que Dios quiere. Sus mentes, enseñadas en el pensamiento dualista, fracturan la vida en el Espíritu "que obra" en la materia de sus cuerpos, en lugar de infundir, unir y actuar naturalmente en él y por medio de él. Juan el Bautista y Jesús fueron llenos del Espíritu Santo y, sin embargo, en cada ocasión y lugar actuaron como hombres normales, aun cuando Jesús caminaba sobre las aguas y reprendió a las olas. Orar de la manera más poderosa en el Espíritu Santo es tan natural como comer pan.

Ya hemos mencionado cómo el remilgo victoriano fue una consecuencia de este espíritu del anticristo. Día tras día en la consejería matrimonial, tratamos con parejas llenas de temores e inhibiciones con respecto al sexo. Aun si ellos han vencido sus temores y comprenden que Dios ha creado el sexo como algo santo, limpio y bueno, con demasiada frecuencia no encuentran en él la gloria. Piensan que el cuerpo es el cuerpo, y el espíritu sólo tiene que ver con la oración y nada que ver con el sexo. La posibilidad de que el sexo sea espiritual o glorioso parece no sólo horrible, sino blasfema para ellos.

Pero Dios quiso que nos encontráramos espíritu a espíritu en el toque de mano con mano...o mano con cuerpo...o labios con labios...u órgano con órgano. Debido a esta confusión, los hombres no comprenden por qué Dios dio las leyes para la conducta sexual. Dios quiere que la humanidad disfrute del sexo. Él nos creó para amar, y el sexo es una parte del amor. Pero Él nos diseñó de modo que sólo la mujer cuyo espíritu haya sido sintonizado con Él en el matrimonio tenga el derecho de conocer a su marido y satisfacerlo en el sexo.

> ¿O no sabéis que el que se une con una ramera, *es un cuerpo con ella*?
>
> —1 Corintios 6:16 (énfasis añadido)

La unión sexual es una unión espiritual, pero los seres humanos neciamente piensan que es sólo algo corporal. Esto no es cuestión de actitud; es si somos o no conscientes de ello. La inmoralidad, así, confunde y hace añicos el ser interior (Levítico 20:12). Si un cónyuge muere, Dios puede consagrar a otro; pero es Él quien debe compenetrar a los dos para ser uno, o no podrá haber gloria. Fuera de la ley de Dios en el sexo debe haber y habrá destrucción de identidad. ¡Qué estragos ha causado nuestra mentalidad dividida! Si todos los hombres supieran que solamente sus propias esposas podrían presentarles a ellos la verdadera gloria del sexo, ¿quién buscaría una imitación barata?

El hacer milagros

Debido a esas mismas suposiciones dualistas, algunos cristianos han pensado que los milagros son la imposición de la mente sobre la materia; pero eso es una contradicción. Para un cristiano, no puede haber tal cosa como una mente sobre la materia. La Biblia en ningún lugar usa ningún término ni remotamente parecido a eso. Los milagros suceden por cooperación, unión e interacción de espíritu y materia juntos.

Confundidos por el pensamiento dividido, los hombres han pensado que deben dejar a un lado el sentido común y la estabilidad de los principios, como si tuviera que haber una violación de principios para que sucedieran milagros; y, por tanto, si queremos crecer en espiritualidad, la razón debe ser desechada a favor de la superstición. ¡Qué podredumbre, bobada y confusión! Los milagros suceden por liberar poder dentro de la materia según los principios de Dios.

Los hombres creen que la materia no tiene voluntad; por tanto, buscan maneras de tirar y aflojar, poniendo estrés sobre estrés, sin pensar nunca que haya nada en la materia que tenga ninguna voluntad o intención por sí misma, temerosos de entretener tal pensamiento por temor a ser llamados supersticiosos o animistas. Así, nos hacemos a nosotros mismos incapaces de pensar de un milagro como algo que no sea la imposición de un poder desconocido sobre la materia, *obligándola* a hacer algo. Nunca. Esa es una de las consecuencias de la obra del espíritu del anticristo: fuerza y descortesía. La naturaleza, siendo llena del Espíritu de Dios, tiene un inmensurable poder contenido en sus diminutas células. Toda la naturaleza *quiere* darle al hombre; pero cuando el hombre cayó, la naturaleza ya no pudo *darle* su abundancia al hombres (Génesis 4:12). La comunión entre hombre y tierra fue fracturada por el pecado. Jesús, Señor del cielo y de la tierra, venció esa unión; la naturaleza *pudo* darle a Él su abundancia. Cinco panes y dos peces aumentaron hasta alimentar a cinco mil (Marcos 6:38), y siete panes alimentaron a cuatro mil (Marcos 8:5). Ahora sabemos que la separación de un átomo libera suficiente energía para destruir una ciudad. Los milagros se producen mediante la operación del Espíritu Santo dentro de los principios que están por encima de nuestra capacidad para comprender, pero que aún así son científicos y racionales en todos los aspectos.

Los cuentistas cristianos, al descubrir correctamente que hay principios santos dentro de los cuales el Espíritu Santo se mueve, fueron formados por el pensamiento dualista, y son los herederos modernos de la herejía docética. Debido a que a veces se me ha denominado cuentista cristiano cuando hablo sobre estos temas, debemos distinguir lo que decimos, lo que consideramos vital para la oración creativa, desde la ciencia cristiana. Sin saber que los milagros que resultaron de su práctica sucedieron porque ellos se tropezaron con la operación de algunos principios correctos, pensaron que los milagros reivindicaban toda su manera de pensar. No es así. Los milagros reivindican la verdad de Dios, y no nuestra perspectiva sobre ella. Un evangelista muy conocido hace varias décadas fue poderosamente usado por Dios para salvación y sanidad hasta la noche de su muerte como alcohólico. El malvado sacerdote, Elí, bendijo a Elcana y Ana, y ella concibió y dio a luz a Samuel (1 Samuel 1:17). Los milagros demostraron la justicia de Dios, y no la de un famoso evangelista o la de Elí.

La creación gime mientras espera

Jesús habló a las olas y a los vientos, y ellos le obedecieron (Lucas 8:24). Él habló a la higuera, y se secó (Mateo 21:18–22); reprendió a la fiebre (Mateo 8:14–15). Él dijo: "Si tuviereis fe como un grano de mostaza, *diréis a este monte*: Pásate de aquí allá, y se pasará; y nada os será imposible" (Mateo 17:20, énfasis añadido). La mentalidad occidental, cautiva del punto de vista aristoteliano, piensa, o bien que los escritores del Evangelio estaban siendo poéticos, o bien que eso era el necio animismo de una época no racional. Pero Jesús habló *a* los vientos. Nada de poesía. Toda la creación de Dios tiene el Espíritu en ella y por medio de ella. Nada se escapa a oír al Hijo del Hombre. La Biblia no habla poéticamente cuando dice:

> Los campos de los pastores se enlutarán.
>
> —Amós 1:2

> Los ríos batan las manos, los montes todos hagan regocijo.
>
> —Salmo 98:8

> La voz de la sangre de tu hermano clama a mí desde la tierra.
>
> —Génesis 4:10

Eso no es animismo o lenguaje figurado. Eso no es la necia imputación de personalidad a una creación "inanimada". No hay tal cosa como una creación inanimada. Jesús dijo: "Os digo que si éstos callaran, las piedras clamarían" (Lucas 19:40). San Pablo nos dijo: "Porque sabemos que toda la creación gime a una, y a una está con dolores de parto hasta ahora... Porque el anhelo ardiente de la creación es el aguardar la manifestación de los hijos de Dios" (Romanos 8:22, 19). Cada planta y pedazo de tierra, los mares y los vientos, cada animal y cosa tienen inteligencia, voluntad y deseo dentro de ellas. Por tanto, cada parte de la creación espera que el hombre sea liberado del pecado y se despierte de su obsesionado sueño para liberar a la creación de corrupción. Pero hemos aprendido a referirnos a las cosas solamente como "ello". Vivimos en una arrogancia de una profunda despreocupación por la vida interior de cualquier cosa menor al ser humano.

Quien quiera convertirse en un profeta del Señor debe reconocer y renunciar a la mentira del espíritu del anticristo. No somos filósofos griegos. "Porque... los griegos buscan sabiduría; pero nosotros predicamos a Cristo crucificado" (1 Corintios 1:22–23). Dios ha revelado lo que es verdad. Ahora estamos al borde de agotar la tierra, saqueando sus tesoros, porque pensamos en ningún otro término sino en el de lo ridículo de la filosofía humana que está detrás de nuestra ciencia.

Cleve Backster ha demostrado científicamente que las plantas reaccionan a las emociones humanas.[4] La Biblia nos ha dicho eso desde Génesis 3, pasando por Isaías 11 y hasta Apocalipsis 22. Pensábamos que los escritores de la Biblia, pobres hombres, sencillamente no estaban tan informados como lo estamos nosotros; ellos vivieron en una época "no científica". ¡En qué ciego orgullo hemos vivido! Nosotros somos los confundidos acerca de la naturaleza de la realidad, y no el Espíritu Santo de Dios. Los científicos han demostrado que las plantas reaccionan a oraciones y maldiciones, y han descubierto que los electrones se mueven dentro de una misteriosa voluntad propia. Ahora consideramos un misterio del espacio y la energía tras lo que solíamos pensar que era sólido e inerte. El éxito de la tecnología demuestra solamente la verdad de los principios particulares en operación, y no la filosofía básica de átomos duros y sin objetivo que provenían de Demócrito y fue incorporada al pensamiento aristoteliano. La filosofía está equivocada. La tecnología es demostrable. Pero la Biblia es verdad.

George Washington Carver fue el más grande científico agrícola que haya producido nunca este país. Él revolucionó la economía estadounidense con sus descubrimientos. Él habló *con* un cacahuete para descubrir trescientos usos para él; mantenía conversaciones con las flores.[5]

Recreación: el verdadero fin de la oración

No nos volvemos inhumanos al volvernos espirituales. Además, solamente al volvernos verdaderamente espirituales nos volvemos verdaderamente humanos. La obra de Satanás fue cortar y dividir. La obra del Espíritu Santo es unir. Somos uno con toda la naturaleza. Jesucristo ha quitado la maldición (Gálatas 3:13). Toda la naturaleza *producirá* su abundancia. Nos relacionamos y hablamos directamente al cuerpo y a toda la creación en el poder creativo de la oración. Cada cosa y ser vivo en la creación deben *conocerse*, no *usarse*. Dios quiere hablar su palabra de poder por medio de nosotros a su creación.

Dios no sólo quiere llevar a la cruz todo lo que no es santo, sino que también quiere resucitarlo. Él no sólo destruirá el odre viejo; proporcionará el nuevo. Estamos en el negocio de la resurrección.

Si nos detenemos en la cruz, estamos meramente muertos—limpios de pecado, sí, pero aún muertos—, y así lo está cualquier cosa por la que oremos. La recreación es el verdadero fin de la oración. Dios debe hablar la vida de resurrección de su Hijo a todo lo que respira y a toda *cosa* que no respira. Oremos vida en todo lo que es.

La oración creativa es el mandato de Vida a vida. La oración creativa imparte energía y forma a cualquier cosa que esté lista para transformarlas en nueva vida y forma. La oración que mueve el espíritu de la humanidad hacia Dios—como la acción de gracias, la alabanza o la petición—es la misión de cada creyente. Pero el Espíritu de Dios moviéndose por medio del hombre a su mundo es esa oración intercesora que es la misión peculiar del profeta.

Un profeta ve la visión de un orfanato, por ejemplo. Ve una cosa nueva, una carretera, un nuevo autobús para los viajes. Cuando él afirma esa cosa, cuando ve esa visión y la pronuncia en oración ante Dios, Dios derramará energía por medio de él y moverá a sus siervos hasta que esa visión se cumpla. No es que el profeta esté manipulando la vida e imponiendo su voluntad; más bien es que él presenta su cuerpo como un sacrificio vivo a Dios a fin de que Dios pueda gobernar por medio de él.

Dios da la visión y la cumple. La religión es el esfuerzo del hombre por hacer cosas para Dios. Pero en fe verdadera, no el hombre sino Dios es el iniciador. El hombre no es pasivo; se le llama a actuar creativamente. Pero todas sus energías están inclinadas a permitir que la vida de Dios se mueva por medio de él para establecer la voluntad del Padre. Cualquier cosa que el hombre edifique mal se derrumbará. Cualquier cosa que Dios edifique por medio del hombre permanecerá tanto tiempo como Dios quiera.

Puede que el profeta nunca vea el cumplimiento de muchas de sus visiones. Él ve solo la visión, la huella, y su poder puesto en movimiento. Dios hará que eso suceda a su propio tiempo y manera. Quizá el profeta sabrá cómo las cosas llegaron a completarse, y quizá no lo sepa. El profeta puede, con el tiempo, hasta olvidarse de aquello por lo que oró; ciertamente él renuncia a ello de modo que sea para la gloria del Padre. Ningún profeta del Antiguo Testamento vio en su propia vida el nacimiento, la vida, la muerte y la resurrección del Señor Jesucristo que había profetizado. El profeta meramente habló la palabra de autoridad. Solamente es Dios quien da vida a través de la palabra de poder del profeta.

¿Puede algún creyente sinceramente sostener que la historia irá por otro camino distinto al anunciado por San Juan el Divino en el libro de Apocalipsis? ¿Podría la historia haber ido por otro camino distinto al de la cruz que Isaías vio de antemano? Por medio de sus profetas, Dios establecerá el molde para el futuro.

Las naciones finalmente aprenderán a no guerrear más porque Dios así lo ha hablado por medio de Isaías. Así serán sanadas todas las naciones.

Dios levantará hombres y mujeres para restaurar los senderos antiguos en el desierto de la vida. A uno Él le dará visiones de advertencia con respecto a la política y visiones de su propósito recreativo. A otro Él le dará el estruendo de la reprimenda y visiones positivas de lo que las películas y la televisión pueden hacer para crear y educar en lugar de destruir. Otro profeta puede recibir advertencias y sueños positivos para la restauración de la economía. Aun ahora el Padre se está moviendo para restaurar la familia. Las iglesias deben aprender a agarrar tales visiones, arrepentirse de pecados que traen funestas predicciones, y afirmar las gloriosas promesas del Señor en la realidad física. Dios Padre se moverá para restaurar *cada* área—deportes, periódicos, libros, educación, comercio, justicia, trabajo policial, agricultura, recursos energéticos, minería—a la vida de su reino.

No estamos anunciando una fácil llegada de Utopía. Antes vendrá la destrucción. A pesar de eso, hasta el grado en que el hombre aprenda a arrepentirse y a edificar de nuevo, a ese grado se reducirá el holocausto. La iglesia no puede utilizar las funestas profecías de la Biblia para excusarse a sí misma de la oración y la labor para que el reino de Dios pueda venir a la tierra como está en el cielo. Quizá esa destrucción y la revelación del nuevo cielo y la nueva tierra puedan ser precisamente la misión de la iglesia para esta época. Dejemos de tratar de calcular cuándo y cómo regresará Él, o en qué punto en el proceso de destrucción y recreación regresará. La misión de Elías es restaurar hasta el momento en que el Señor diga: "Descansa; todo está hecho".

Un intercesor en oración creativa pronto aprende dónde se origina el verdadero poder.

> Les dijo, pues, Jesús: Cuando hayáis levantado al Hijo del Hombre, entonces conoceréis que yo soy, y que nada hago por mí mismo, sino que según me enseñó el Padre, así hablo. Porque el que me envió, conmigo está; no me ha dejado solo el Padre, porque yo hago siempre lo que le agrada.
>
> —Juan 8:28–29

El Señor Jesús conquista todo a fin de devolver todo al Padre (1 Corintios 15:28). Quien aprenda esto buscará la muerte y el consiguiente gozo de la obediencia, porque sabe que de cada caída así emerge la primavera de la creación. No estamos solos. Abramos nuestros ojos y nuestros oídos al canto de la creación y hablemos la vitalidad del orden sanador a un universo cansado.

Prefacio a la tercera sección

A lo largo de los capítulos restantes, escribo primordialmente para aquellos llamados a escuchar proféticamente. Todos los cristianos, es de esperar, deberían ser capaces de sacar algo de estas páginas, pero sería presunción y un camino espiritual sin salida que los cristianos *no* llamados a ser profetas intentaran comenzar a escuchar más allá de su llamado. David dijo:

> Jehová, no se ha envanecido mi corazón, ni mis ojos se enaltecieron; ni anduve en grandezas, ni en cosas demasiado sublimes para mí. En verdad que me he comportado y he acallado mi alma como un niño destetado de su madre; como un niño destetado está mi alma. Espera, oh Israel, en Jehová, desde ahora y para siempre.
>
> —Salmo 131

Un profeta puesto sobre un área puede oír por el área completa, tal como se me dieron advertencias a mí para el valle Silver. David Wilkerson, teniendo un ministerio internacional, recibió visiones para encajar en ese grado. Normalmente, ya que Dios es eminentemente práctico, las guías de un cristiano se referirán a su propia vida e iglesia. Todos necesitamos permanecer en contra de la presunción en nosotros mismos.

Esta sección, a excepción del último capítulo, es también un manual de trabajo para los profetas. Estos capítulos pueden, por tanto, parecer bastante prosaicos después de los tres anteriores. En ellos, busqué nueva revelación, con todas sus consiguientes emociones y peligros. Ahora debo abordar asuntos más prácticos.

Además, necesitamos guardarnos con cuidado de la súper espiritualidad, esa actitud excesivamente piadosa por la cual buscamos elevarnos a nosotros mismos por encima de otros y evitar ver quiénes somos realmente. Como con la mayoría de los pecados, esto no se vence diciéndose a uno mismo: "Nunca volveré a hacer eso", y tratando de no parecer súper espiritual nunca más. El problema está en nuestros corazones y necesita ser confesado como altivez e hipocresía. Además, cuando vemos que la súper espiritualidad no puede distinguirse de un misticismo genuino excepto por el discernimiento del Espíritu Santo, estamos en peligro de intentar ocultar nuestra súper espiritualidad. Si hacemos eso, nunca seremos libres para oír a Dios invitarnos a la aventura mística porque tendremos temor de que alguien pudiera acusarnos de ser súper espirituales.

Una persona no es ni más ni menos espiritual porque tenga experiencias místicas. La espiritualidad se mide en términos de fruto. El loco místico, racionalista o pragmático—cualquiera que sea nuestra disposición—; solamente somos espirituales hasta el grado en que el fruto del Espíritu se desarrolle en nuestras vidas. Llegar a esa vida en Cristo es el objetivo de todos nosotros, y requiere que cada uno llevemos nuestra cruz y seamos "tachados" por nuestros oponentes: el racionalista por lo místico, el litúrgico por el adorador libre, el que tiene sentido común por el erudito brillante, el diligente por el que va a saltos, el artístico por el prosaico, el complejo por el simple. Los místicos necesitan el consejo de los racionalistas; y los racionalistas necesitan el desafío y la emoción de las experiencias del místico. "Hierro con hierro se aguza; y así el hombre aguza el rostro de su amigo" (Proverbios 27:17).

Aunque enumero en esta sección muchas maneras de escuchar, no espero que cada profeta deba caminar en todas ellas. Algunos puede que tengan una sola manera; otros, algunas más. Una vez más, el grado de misticismo no es tan importante como que las muchas maneras en que un individuo puede oír a Dios sean probadas entre los hermanos. ¿Y se mantiene el individuo que escucha humilde siendo consciente de que, cualquiera que pudieran ser sus dones, nada menos que llevar fruto es de beneficio para su propia alma?

CAPÍTULO ONCE

Preludio a la escucha

Escuchar a Dios es divertido. Él no tiene una, sino miles de millones de maneras de hablarnos. Aun cuando le oímos incorrectamente, Él lo convierte en gloria, porque aprendemos de manera nueva su gracia. Si nuestra escucha no nos acerca a Él, cualquier otra cosa que se logre por medio de ella está lejos del objetivo.

Escuchar a Dios es difícil, porque la carne enseguida interfiere. Permanecer quietos para oírlo a Él implica una constante lucha con la carne. Escuchar no es algo pasivo; Dios no escribe sobre nosotros como la tiza sobre una pizarra. Escuchar es una tarea activa, aunque la clave para ello es descansar quietamente en confianza. Es especialmente difícil permanecer en su presencia cuando comenzamos a oír lo que no queremos oír.

Lo más difícil de escuchar son sus palabras de amor y afirmación para nosotros, porque nuestros corazones saltan de gozo pero nuestra mente dice: "Eres tú quien estás inventando todo esto". O simplemente huimos de su presencia. Tenemos temor de acercarnos a Dios, anticipando la falsa demanda de que "no podemos estar a la altura". Nada nos mata con tanta eficacia como ser amados por Dios.

Con frecuencia, lo que Él dice hará explotar nuestras ideas preconcebidas y nos enviará a la Biblia. La revelación nueva es especialmente estupenda, porque lo que Dios nos dice al principio puede parecer contrario a la Palabra. Nunca es verdaderamente así si Dios habla, pero puede parecerlo, porque lo que verdaderamente destruye no es la verdadera Palabra sino nuestras opiniones acerca de su significado.

Imaginemos la grave situación de los discípulos. Todas sus vidas se les había enseñado: "Oye Israel: Jehová nuestro Dios, Jehová uno es" (Deuteronomio 6:4); pero con la llegada de Jesús, ellos tuvieron que comenzar a ver que hay tres en ese Uno. La Escritura siempre había admitido a los tres, pero nadie había comprendido aún plenamente ese hecho. Imaginemos cómo temblaban las mentes de los discípulos. Ellos podían ver que Él hacía las obras del Mesías, y sin embargo continuamente hablaba palabras extrañas que hasta podían ser blasfemia. Lo que ellos pensaban que la Palabra decía estaba siendo hecho pedazos.

Hace algunos años estaba ante mí una muchacha, con los brazos en jarra, y me dijo: "¡Oh, cuánto me gustaría separar su alma y su espíritu!". Yo huí aterrorizado de esa "cosa de lo más antibíblica", sin conocer el pasaje de la Escritura al que ella aludía (Hebreos 4:12). La revelación llega una y otra vez en el aparente atuendo de herejía. Jesús dijo que uno podría conocer a un falso profeta por sus frutos (Mateo 7:20), pero los frutos no son siempre inmediatamente evidentes. Uno debe esperar a la madurez antes de agarrar y probar. Por tanto, escuchar demanda paciencia y confianza. El temor debe ser echado fuera por el amor de Dios en la seguridad de la salvación de uno, lo cual nos permite equivocarnos. Escuchar demanda disposición a postrarnos sobre nuestro rostro una y otra vez, hasta que hayamos aprendido por medio de la práctica a distinguir lo que es verdadero de lo que es falso (Hebreos 5:14).

Alguien tenso por el esfuerzo se perderá la chispa de la agudeza de Dios. Timmy salta sobre la espalda de su papá y se sube a él como un árbol, sabiendo que si le tira los lentes o le rompe la ropa, su papá le perdonará. A Andrea le encanta saltar sobre el regazo de su papá, sabiendo que si le deja sin aliento, su reacción tiene en ella solo amor. Los niños que saben que son queridos son libres para caer, para cometer errores y para pecar, siendo así libres para intentar, para aventurarse y para pasarlo bien. La vida es un juego, aunque serio, y el gozo lo rodea todo. Pero los tensos, quienes tienen temor a estar perdidos si no se comportan correctamente, nunca descubrirán el brillo en los ojos del Padre. Es decir, hasta que su amor rompa los grillos de la conducta. Su risa se oye tras los melodramas de la vida humana, y su sonrisa es ahogada por su mano, al igual que nuestros padres se ponen la mano en la boca para no avergonzarnos.

Nuestras mentes con frecuencia vagan cuando tratamos de escuchar a Dios. Nuestra carne no muere con facilidad. Nuestros pensamientos tienen vida propia; la mente nos hundiría en problema tras problema en lugar de dejar que la sencilla verdad inunde su oscuridad. Por tanto, escuchar se convierte en una competición entre el Espíritu y la carne. Es a veces el campo de batalla mismo del Espíritu de Dios en unión con nuestros espíritus contra las líneas atrincheradas del anticristo. Dejemos de pensar en el anticristo solamente como algo exterior a nosotros mismos (Romanos 8:7). Escuchar es una quiebra de independencia. Por tanto, la mente vaga; a propósito.

Ya que la conversación con Dios es una calle de doble sentido, implica, al igual que lo hace nuestra conversación humana, mucho que es sutil y subconsciente. Un esposo puede decirle a su esposa: "Oye, esta noche te ves estupenda". Y ella puede responderle: "¡Me pones furiosa!". Para quien escucha desde fuera, la respuesta de ella parece brusca, pero puede que haya factores en juego en la relación de la pareja de los cuales no seamos conscientes, de modo que su respuesta puede haber sido tanto adecuada como necesaria. ¿Quién puede decir lo que sucede subliminalmente en nuestras conversaciones con Dios? Recientemente el Señor me dijo que hiciera algo que aborrezco; pero yo respondí con un sencillo: "Sí, Señor". De inmediato llegó un sentimiento de ligereza y alegría, y la voz: "Bien, no tienes que hacerlo", y supe que el Señor solamente había probado mi disposición. Escuchar no lo hacemos meramente con nuestra mente, sino con todo nuestro ser.

Somos como aparatos de radio, a veces tintineantes por las interferencias y otras veces tan claros como el sonido de una campana. Podemos estar seguros de que esa claridad es una obra de la gracia; no es algo de nosotros mismos.

Una respuesta normal por parte de quienes comienzan a tratar de escuchar a Dios es el desaliento y la incredulidad manifiesta. Verdaderamente se requiere paciencia y persistencia. Calvin Coolidge afirmó que la persistencia no podía sustituirse por talentos, genio o educación.[1] El Señor advirtió a quienes estaban tan inseguros de la bondad de Dios que enterraron su talento en lugar de arriesgarse a que Él no se agradara (Mateo 25:14–30; Lucas 19:12–27). En la base de toda escucha, está una sencilla confianza en la bondad de Dios, la cual capacita a un hombre para ser un necio para Dios.

Nadie se graduará de la escuela de escuchar al Señor con su orgullo intacto. De hecho, nadie se volverá nunca realmente experto en el arte de escuchar. Están simplemente quienes saben que Dios puede hablarles y ruegan que su misericordia continuamente pueda anular sus tercos corazones y mentes. Seguimos siendo torpes niños, comenzando desde cero a oír a Dios nuevamente cada día. De otro modo estamos en una escalera con peldaños rotos o viviendo en una torre inclinada que algún día caerá.

Finalmente, escuchar es abrazar; es el abrazo de la bienvenida de Dios a sus hijos. Es lo que hace que la oración sea una carretera de dos sentidos, una visita en lugar de ser un "puente" en la noche. Mediante ella Dios se vuelve más real que de casi cualquier otra manera. Escuchar no es prueba de fe. Uno debe creer que Dios es, o la escucha nunca comenzará. Pero escuchar fortalece la fe que existe. Hace de toda la vida un camino personal con Dios en el frescor del huerto en lugar de ser un triste ocultamiento tras las hojas de la vergüenza (Génesis 3:10).

Escuchar llega mediante cualquier puerta que Dios encuentre abierta o por su sabiduría de elección para sus propósitos al educar a sus hijos. Dios habla mediante cualquier manera que sepa que está disponible (dentro de las oportunidades que le hayamos permitido) y mediante la mejor manera posible de comunicarse o enseñar lo máximo. Dios nos ama.

Cinco maneras en que Dios habla

Números 12:1–8 presenta cinco maneras en que Dios habla a los hombres. Están en un continuo, desde la más indirecta a la más directa.

1. La manera más indirecta, que implica la menor interferencia de la mente consciente, es mediante *un sueño.*
2. La segunda manera es mediante *la visión.* Hay tres tipos de visiones: (1) un trance, en el cual la mente es casi totalmente arrestada; (2) una imagen que se proyecta en nuestra pantalla interior mientras estamos vívidamente alertas; o (3) ver directamente en el mundo del espíritu. Cualquiera que sea el tipo, nuestra mente está activa y participa, pero el Espíritu Santo está a cargo y nos muestra la imagen. Tanto sueños como visiones son básicamente no verbales, aunque también podemos oír palabras. Así, los sueños y las visiones trascienden al lenguaje.

3. La tercera manera se denomina *lenguaje oscuro*. En el lenguaje, oscuro Dios utiliza un lenguaje figurado. El lenguaje llega a la mente; la mente participa, pero el mensaje mismo es algo más allá de la comprensión actual. La mente se usa, pero se pasa por encima de ella.

   Cuanto más sube Él en la escala de la participación mental, más corre el riesgo el Señor de que nuestro entendimiento en la carne distorsione el significado. Dios habla en la mente espiritual, pero la carnal también participa. Dios se comunica en lenguaje oscuro, el cual es mediante juegos de palabras y parábolas la mayoría de las veces. Hablaremos del porqué más adelante.
4. El cuarto paso en la escalera es el *lenguaje directo*. Aún oímos esto en nuestros espíritus, pero Dios habla claramente a nuestra mente. No hay juegos de palabras, ni parábolas. "Levántate y ve a la iglesia" significa que uno debería levantarse e ir a la iglesia. Es difícil separar las maneras de hablar de Dios, y a veces lo que Él quiso decir clara y directamente lo simbolizamos con confusión, y viceversa.
5. La quinta manera es la más clara: *Él habla audiblemente*, como Aarón, Miriam y Moisés lo escucharon (Números 12); como Jesús, Pedro, Santiago y Juan lo oyeron en el monte (Mateo 17:5); como quienes estaban en su bautismo oyeron (Mateo 3:17); o como los discípulos y la multitud oyeron en las calles de Jerusalén (Juan 12:28).

Debemos probar nuestra escucha repetidamente. Dios nunca hablará falsamente, pero debido a quiénes somos, puede que oigamos erróneamente. En cuanto comencemos a conversar verdaderamente con Dios, tanto nuestra carne como Satanás se molestarán. La mente y el alma no pueden permitir que este tipo de cosa pase desapercibida, o Dios nos llevará por su camino, y ellos serán echados del trono de nuestro ser. Esa batalla interior a su vez le da a Satanás un campo donde jugar. Satanás rara vez se molesta en atacar a un no creyente; ya le tiene, ¿por qué molestarlo? Pero tanto la carne como Satanás atacan a quien se acerca a Dios. Pocos de nosotros podemos disfrutar de la luna de miel del amor de Dios por mucho tiempo antes de que la carne y el enemigo comiencen a interferir en nuestras longitudes de onda.

Evitar los mecanismos de interferencia

Ocultismo

El ocultismo es un mecanismo muy destacado. Tanto la carne como Satanás copian cada don que Dios ha dado a la humanidad.

Quien aprenda a oír a Dios debe alejarse por completo de todas las cosas ocultas, como por ejemplo: adivinación, astrología, lectura de cartas, bolas de cristal, médiums, lectura de la mano, magia, brujería, alquimia, rosacrucis, encantamientos y maldiciones, hipnotismo y otras. (Ver Deuteronomio 18:9–14; Levítico 20:6, 27; Isaías 47:12–14).

A quien haya llegado a participar en lo oculto le será mucho más difícil después de su conversión que a quien no haya participado. Alguien cuya familia tenga historias de participación en el ocultismo puede que tenga mucha dificultad, aunque esa participación pueda estar quitada en dos o tres generaciones (Deuteronomio 5:9). Hobart Greeman escribió en su libro *Angels of Light?*:

> Muchas veces, la clarividencia y otros poderes psíquicos aparecen como consecuencia de participación en lo oculto, normalmente en la segunda y tercera generación. Edgar Cayce, por ejemplo, cuyo abuelo era zahorí, dio evidencia de sujeción a lo oculto a temprana edad, relatando varias experiencias psíquicas y de clarividencia. Los médiums fuertes normalmente se desarrollan de ese modo, como resultado de lo que podría denominarse "herencia psíquica". Los defectos de personalidad y carácter, como consecuencia de los pecados de ocultismo por parte de los padres o los abuelos, se ven con frecuencia en sus descendientes en forma de depresión mórbida, carácter violento, irresponsabilidad, inmoralidad, temor crónico, histeria, agnosticismo y ateísmo, odio, enfermedad persistente, conducta impredecible, y muchas otras anormalidades.[2]

Paula y yo podemos testificar de la verdad de lo que dijo Hobart Freeman. En el lado de los Sandford, hay trece Sandford que son "Ezequieles orantes", y se remonta a un Sandford "Ezequiel orante" que estuvo con Ethan Allen en la toma de Ticonderoga. En mi lado materno, hay una larga línea de indios Osage, muy devotos y místicos, entre los cuales estuvieron quienes podían encantar serpientes y quienes tenían otros poderes psíquicos. Mis padres llegaron a visitar a adivinos y luego estuvieron en el rosacrucis. Yo también fui a visitar a "tía Fanny" para que me hiciera una lectura y personalmente llegué a interesarme en el rosacrucis. Paula y yo, por curiosidad, leímos algunos libros sobre médiums (por ejemplo, Edgar Cayce), y fuimos sólo observadores en una sesión realizada por el renombrado Dr. Arthur Ford, en Chicago.

Poco después de convertirnos, el diablo volvió a golpear. Yo comencé a sentirme realmente molesto por un espíritu que había habitado en mí desde mis primeras participaciones. En cuanto llegó el bautismo en el Espíritu Santo, comenzó la batalla. El demonio salió a la superficie y fue expulsado. Durante el exorcismo, el cual tuvo lugar en nuestra casa, hasta el gato perdió los estribos, corriendo de un lado a otro por la casa, y golpeando las mismas tres notas en ocasiones distintas cuando se subía al piano. El exorcismo me liberó, pero la batalla no había hecho sino comenzar. Durante varios años después, estuvimos sujetos a ataques por parte de las fuerzas de las tinieblas. Muchas veces, nos sobresaltábamos estando medio dormidos, paralizados e incapaces de emitir sonido alguno. La repetición del nombre de Jesús en silencio comenzó a soltar la atadura de los demonios hasta que pudimos hablar en voz alta para expulsar a los espíritus malos. A veces, yo era transportado en lo que parecía místico, pero no era en el Espíritu Santo. Fue más adelante cuando aprendimos a reclamar que todo lo que estuviera en nuestros ancestros se detenía en la cruz, y la puerta fue cerrada definitivamente. (Ver Jeremías 31:29–30).

Cuando comprendí que el ocultismo en mis antepasados había interferido en mi relación con Dios durante años tras mi bautismo en el Espíritu, me enojé mucho. Sucedió en una iglesia de Asambleas de Dios. Todos teníamos nuestras manos alzadas, alabando al Señor, y la gloria del Señor estaba allí. De repente, en mitad del regocijo en el Señor, pensé: *Vaya, estuve bloqueado antes de nacer. ¡Nunca tuve una oportunidad! Eso no es justo.* Mis manos bajaron, ¡y mis emociones también! Había que aprender muchas, muchas lecciones antes de que yo fuera libre otra vez para alabar a Dios con un corazón lleno y dispuesto. Tuve que aprender que somos rebeldes desde nuestro nacimiento (Isaías 48:8). Tuve que ver que yo quería culpar a Dios de mis problemas. Realmente nos resentimos contra Dios por haber estado sujetos a las condiciones caídas de esta tierra. Pensamos que es injusto que "en Adán todos pecamos". "La insensatez del hombre tuerce su camino, y luego contra Jehová se irrita su corazón" (Proverbios 19:3). Puede parecer inconcebible que pudiéramos encontrar falta en Dios; sin embargo, el Espíritu Santo nos ayudará a ver que lo hacemos.

Nada puede ganarse nunca mediante cualquier el interés inocente en las cosas ocultas. Es un largo camino de regreso desde los engaños de Satanás.

Adivinación

La adivinación (o clarividencia), que es ver de modo prohibido el futuro, en general, se obtiene principalmente mediante nuestros propios poderes carnales, con o sin ayuda satánica. Copien los misericordiosos dones de Dios de revelación, conocimiento y perspectiva. Samuel le dijo a Saúl lo que había sucedido a las asnas perdidas, aunque Samuel no era el mero vidente que Saúl pensaba que era (1 Samuel 9:18–20). Que Jesús supiera cosas desde lejos y que los apóstoles también lo hicieran es común en todo el Nuevo Testamento. Satanás y el Espíritu Santo muestran sabiduría e información que normalmente no están disponibles para las personas. Satanás lo hace para atrapar y matar. El Espíritu Santo lo hace para traer vida. La adivinación es una falsificación, comer por segunda vez del árbol del conocimiento del bien y del mal. El temor y la falta de confianza lo impulsan, porque si confiamos en Dios, estaremos dispuestos a esperar en fe, sin ver.

Espiritismo

El espiritualismo, junto con todo contacto de espíritus de los muertos (necromancia), es una copia de Satanás de la comunión del cielo y la tierra.

Los ángeles y los santos están designados por Dios para vigilarnos: "Por tanto, nosotros también, teniendo en derredor nuestro tan grande nube de testigos..." (Hebreos 12:1). No debemos acudir a ángeles ni a santos, como Hebreos 1 deja claro. Dios puede enviar a ángeles o a santos para visitar a individuos, pero todas esas visitas son iniciadas por Dios, y no por la persona que es visitada. Un ejemplo de esto es cuando Él envió a Elías y Moisés a visitar a Jesús en el monte (Elías nunca había muerto, pero Moisés sí). Hay muchos más ejemplos de estos sucesos a lo largo de la Biblia.

Los mensajeros de Dios dicen solamente lo que Él les dirige. En toda la Biblia se nos dice que los ángeles de Dios nos vigilan para hacernos bien (Salmo 91:11; Isaías 63:9; Daniel 3:28; 6:22; Marcos 1:13; Lucas 16:22; Hechos 5:19; 12:7; 27:23; Hebreos 1:14). La comunión del cielo y la tierra es importante; pero el orden de Dios es que Él, y solamente Él, nos vigilará solo mediante sus siervos. Cualquier intento de adorar a los santos y a los ángeles, o de orar a ellos, nos hunde en problemas de inmediato. El asunto es quién será Dios para nosotros, y de qué manera. Dios nos guía para nuestro propio bien, con cortesía y libertad. Satanás no viene sino para matar y para destruir, para cegar, engañar y para entrar de cualquier manera para robar (Juan 10:10; 2 Corintios 4:4; Apocalipsis 20:3; Juan 10:1).

Magia

La magia es la copia de Satanás de los milagros y la sanidad. La magia es cualquier operación de los principios del universo mediante la energía psíquica para producir algo maravilloso por motivos incorrectos. Como consecuencia, hay una fina línea entre la magia y la oración. Samuel le dijo a Saúl, cuando éste realizó erróneamente los ritos de la ofrenda al Señor: "Ciertamente el obedecer es mejor que los sacrificios, y el prestar atención que la grosura de los carneros. Porque como pecado de adivinación es la rebelión" (1 Samuel 15:22–23). La rebelión es *como* adivinación porque si operamos principios correctos con deseos impuros —hasta en oración—, eso es similar a la adivinación, porque mediante poderes carnales activamos principios para que produzcan resultados contrarios a la voluntad de Dios. Muchas de nuestras oraciones, cuando no nos hemos quedado ante

Dios para oír su voluntad, son un intento de "manejar" a Dios para obtener nuestras egoístas voluntades. Nuestras oraciones carnales entonces se acercan peligrosamente a la adivinación.

La verdadera oración es humilde. Le pide a Dios y deja libres tanto al hombre como a Dios. No controla nada; no bombea ninguna palanca espiritual. Muchas veces hemos oído a predicadores enumerar cosas que la gente puede hacer, y luego proclamar: "Y Dios *debe* responder esas oraciones"; o: "¡tú puedes agarrar a Dios!"; o: "permítame enseñarle cómo hacer que Dios haga lo que usted quiere". Eso hace frontera con la magia. Debemos tener mucho cuidado con lo que enseñamos acerca de la oración. Ya que la magia es la operación de principios mediante la fuerza psíquica para producir un resultado deseado, necesitamos morir siempre con Cristo en oración, para no operar magia en nombre de la oración. La oración es una visita personal de doble sentido. La magia es la operación de un principio impersonal. La oración retiene la supremacía de la cortesía personal; la magia invade, menosprecia la supremacía del libre albedrío, y fuerza el resultado deseado.

Hace algunos años un maestro fue por la iglesia "emitiendo oraciones" en las psiques de la gente por la noche cuando dormían. Aquello, que a algunos les parecía bueno, era magia. Operaba en un plano psíquico, no tenía nada de cortesía, y con frecuencia se convertía en sugestión o hipnosis telepática. Una vez recibimos una ofrenda en el correo de un evangelista muy conocido. Él operaba el principio de la semilla de fe, dando a fin de recibir. Dios quiere que demos ofrendas en secreto (Mateo 6:1–4) o del modo en que Él dirija. Dios luego nos dará a nosotros de sus muchos recursos. Pero ese evangelista quería que los hombres le dieran ofrendas y estaba bombeando un principio. Eso pervierte el principio verdadero y lo convierte en magia.

El verdadero poder está en la unión de libres albedríos y energías en cortesía y cooperación. Eso produce milagros, sanidades, señales y maravillas. La magia intenta lo mismo aparte del amor. No hay "magia blanca"; toda es negra. Cualquier cosa que opere o manipule la vida aparte del libre albedrío se ha apartado del amor para usar la manipulación y la explotación; y su verdadero nombre es odio. Samantha, del programa de televisión *Embrujada*, parece inocua; pero así es el engaño del maligno. Cualquier poder que sea "operado" tiene tras él el engaño y el control satánicos, a pesar de lo inconsciente que sea quien opera de Satanás.

Uno por el Señor de la Oscuridad en su oscuro trono
En la tierra de Mordor donde yacen las sombras.
Un anillo para gobernarlos a todos, un anillo para
encontrarlos,
Un anillo para traerlos a todos y en la oscuridad atarlos
En la tierra de Mordor donde yacen las sombras.[3]

Quien ora descubre que lo hace porque el Espíritu de Dios se movió en él y libremente le instó a hacerlo. Quien usa la magia algún día descubrirá que el anillo del engaño le sedujo a ello y mediante él lo ató y lo llevó a la tierra donde yacen las sombras.

Los encantamientos, hechizos, maldiciones y el hipnotismo son todos ellos copias en la carne del poder de Dios para someter todas las cosas a cooperación mediante el amor. El primer mandamiento fue el de someter (Génesis 1:28), pero estamos sujetos a Cristo por reverencia a Él, y de igual manera estamos sujetos los unos a los otros (Efesios 5:21). La naturaleza debe someterse libremente y darnos su abundancia. Todo hechizo, encantamiento y poderes hipnóticos son un triunfo sobre bestias, naturaleza y hombres, no mediante un aumento del libre albedrío en amor sino por adormecer seductoramente la voluntad a fin de controlarla. El hipnotismo puede lograr poderosos efectos, pero el aumento de poder no lo justifica. Nuestras voluntades no deben ser rendidas a ninguna persona que no sea el Espíritu Santo de Dios.

Podríamos hablar de muchas otras aberraciones: telequinesia, telepatía, teletransporte, psicometría, materializaciones, proyección astral, entre otras. Todas ellas tienen la misma falacia como raíz, en cuanto a que operan por el poder psíquico del hombre, normalmente ayudado por Satanás, sea o no consciente de ello la persona. Son copias de dones verdaderos de Dios. De un modo u otro, se alejan del amor, la libertad y el poder del Espíritu Santo a fin de entrar en el odio, el engaño, la atadura, la ceguera, la coerción y el poder de las tinieblas. Un árbol malo no puede producir buen fruto, ni tampoco puede un árbol bueno producir maldad (Lucas 6:43).

Quien haya participado de algún modo en cualquier cosa oculta (¿y quién no lo ha hecho en esta época?), o sepa que está en su herencia, haría bien en realizar el proyecto de desentrañar cualquier recuerdo de cada incidente a fin de arrepentirse de ello, y renunciar a lo oculto y a los caminos del diablo. Cada contrato debe ser roto. Solamente la cruz y la sangre rompen las ataduras y lavan la suciedad.

Distracciones para escuchar

El profeta del Señor debe renunciar a toda ayuda que no sea la del Espíritu Santo. Aun las amistades pueden atrapar y cegar su oído. Las lealtades a familiares pueden influir en su oído. El patriotismo y la lealtad cívica pueden interponerse en su camino. Consideremos cómo Jeremías debió de haberse sentido bajo el azote tanto del cuero como de la lengua cuando los hombres le llamaron traidor.

> Y a este pueblo dirás: Así ha dicho Jehová: He aquí pongo delante de vosotros camino de vida y camino de muerte. El que quedare en esta ciudad morirá a espada, de hambre o de pestilencia; mas el que saliere y se pasare a los caldeos que os tienen sitiados, vivirá, y su vida le será por despojo. Porque mi rostro he puesto contra esta ciudad para mal, y no para bien, dice Jehová; en mano del rey de Babilonia será entregada, y la quemará a fuego.
>
> —Jeremías 21:8–10

Eliseo destruyó sus bueyes, yugos y arado a fin de no poder regresar del llamado del Señor. Jesús llama a una separación aún más profunda.

> Y dijo a otro: Sígueme. Él le dijo: Señor, déjame que primero vaya y entierre a mi padre. Jesús le dijo: Deja que los muertos entierren a sus muertos; y tú ve, y anuncia el reino de Dios.
>
> —Lucas 9:59–60

El joven quería quedarse en su casa hasta que su padre muriera a fin de poder realizar la tarea filial de enterrarlo; luego sería libre para dejar el hogar para seguir al Señor. Pero el llamado del Señor sobrepasa los vínculos familiares.

> Si alguno viene a mí, y no aborrece a su padre, y madre, y mujer, e hijos, y hermanos, y hermanas, y aun también su propia vida, no puede ser mi discípulo.
>
> —Lucas 14:26

La palabra *aborrecer* se usa de muchas maneras, tal como la que se relaciona: *amor.* El Señor de amor no nos manda que aborrezcamos en el sentido normal. La palabra significa, en este contexto, un corte limpio, aborrecer la continua influencia carnal. Nuestro carácter, personalidad y alma se forman en medio de nuestro padre y nuestra madre, hermanos y hermanas, otros familiares y amigos, herencia y nacionalidad, raza y cultura. Todos ellos están enfermos de pecado, a pesar de lo sanos que puedan parecer. Cuando aceptamos a Jesucristo como Señor y Salvador, esa es una muerte a ese vientre y un nuevo nacimiento a una nueva vida de gozo en Él. Si no cortamos el cordón umbilical, todos los caminos, motivaciones, lealtades, pertenencias, celos, temores, amores carnales—todos los impulsos interiores—pasan casi libremente a nuestra nueva vida en Cristo, disfrazados bajo una aparente bondad. Cuando morimos en Cristo, estamos muertos a todo en nosotros, sea bueno o malo; por tanto, necesitamos renunciar al pasado: a todos nuestros familiares, maestros, raza y cultura. Cristo sigue estando en el negocio de amar a padre y madre, en el negocio de amar a la esposa, a los hijos y al esposo. Ahora la cuestión es quién será quien ame y a través de qué naturaleza. ¿Será el Señor en nosotros a través de su naturaleza, o seguirá siendo nuestro yo no muerto en todas sus maneras?

Yo siempre he tenido una relación amorosa con mi madre y mi padre; sin embargo, renuncié a ellos en fe. Eso no significa que los aborreciera o los injuriara (Lucas 14:26). Significó que corté mi cordón umbilical del alma; significó que renuncié a las maneras en las cuales seguía dando gobierno y lugar a mi naturaleza carnal en mi relación con mis padres, y me propuse negar todos los avances de su naturaleza carnal a la mía. Antes de hacer eso, si alguno de mis padres llegaba de visita, obraban fuerzas inconscientes a fin de que yo sutilmente me volviera un hijo joven, regresando a actitudes y maneras de relacionarme que pertenecían a anteriores patrones infantiles. (¿Cuántas esposas han visto eso mismo suceder cuando sus suegras entran por la puerta?). Después de esa renuncia, mis padres llegaron de visita. Operaban las mismas cosas psicológicas, pero yo ya no tenía que ser atraído a ellas. Yo era libre, y Paula seguía teniendo a su esposo. Con estas palabras, no hay intención de culpar ni de herir; ahora puedo amar a mis padres con mucha más libertad y plenitud, porque es el Señor quien es ahora libre para amar por medio de mí. Lo que murió fueron las problemáticas cosas ocultas del amor humano carnal a fin de que un amor más puro, el amor de Dios, pudiera vivir.

En el momento de escribir inicialmente este libro, Paula y yo habíamos pasado veintiséis años de un matrimonio excepcionalmente afectuoso. La vela del romance nunca se apagó. A pesar de ello, cuando llegó el momento, yo renuncié a Paula. (Más adelante ella hizo lo mismo conmigo). Para sorpresa nuestra, el amor aumentó y se volvió mucho más deleitoso. Dios seguía en el negocio del matrimonio. Él solo quería separarnos de nuestros viejos caminos a fin de liberarnos el uno del otro en Él.

Yo también fui llamado a entregar mi propia vida. Para entonces, mi vida era pastorear, predicar, enseñar, y lo más importante, orar y aconsejar para la sanidad del hombre interior. Dios le dio Isaac a Abraham para hacer de la simiente de Abraham una gran nación que bendeciría a todas las familias de la tierra (Génesis 12:1–3). Sin embargo, Abraham fue llamado a sacrificar a Isaac. Abraham necesitaba estar dispuesto a entregar su ministerio, su don, su vida y su bendición. Si no lo hubiera hecho, Isaac habría seguido siendo la lidia de Abraham con Dios.

El cementerio nacional de Arlington, dijo una vez un viejo soldado, está lleno de personas indispensables. Es cierto en el mundo, y es doblemente cierto en el reino de Dios: nadie puede ser necesario. Nadie es necesario para Dios. Todos nuestros Isaac —esos ministerios que hemos desarrollado para Dios— deben ser llevados al altar del sacrificio (Lucas 14:26). Todas nuestras ambiciones, toda nuestra obra debe cesar (Hebreos 4:10). Es Dios, y no Abraham, quien bendecirá a todas las familias de la tierra mediante Abraham.

Cuando yo entregué el ministerio de la sanidad del hombre interior, lo hice de verdad. Estaba decidido a nunca más aconsejar ni orar por otra persona con respecto a ningún problema interior. Doce años de experiencia murieron en el altar. Hasta anuncié públicamente que ya no aceptaría a más personas para aconsejar. Enseguida Dios trajo a más personas que nunca y se movió con mayor prontitud para sanar. Dios meramente había querido que Abraham estuviera *dispuesto* a sacrificar a su hijo. Dios había querido que yo muriera a mi ministerio a fin de que Él pudiera ministrar por medio de mí. No debe ser Juan quien ministra con la ayuda de Dios, sino Dios quien ministra con tan poca ayuda de Juan como sea posible. Escuchar es difícil cuando nuestros "hijos" de ministerio aún no han sido sacrificados en el altar, pues oímos solo el apoyo de Dios de *nuestro* ministerio, y no su Palabra pura. Queremos que Dios apoye y sirva lo que estamos haciendo, en lugar de darle a Él nuestra obediencia incuestionable.

El deseo de ser especial

Otro obstáculo para oír con claridad es nuestro deseo de ser especiales, y se hace más difícil morir a ser especial cuando Dios nos ha dicho que Él nos ha escogido para un servicio más elevado. ¿Cómo podría un Jeremías, consagrado desde antes de su nacimiento y designado profeta para las naciones, no considerarse a sí mismo como alguien especial? ¿O Abraham? ¿O Juan el Bautista? El siervo debe aprender que el hecho de que Dios lo haya escogido de ninguna manera le hace ser especial; solamente Dios es especial. Si él no aprende esto, se volverá "hinchado sin razón por su mente sensual...apoyándose en visiones, y no aferrándose a la Cabeza [que es Cristo]" (paráfrasis del autor de Colosenses 2:18–19). Continuamente se extraviará a sus propias y peculiares revelaciones (fuego extraño) y pensará que tiene un mandato de guiar a otros. En pocas palabras, no oirá a Dios como debiera, porque su propio "ser especial" pervertirá y torcerá su oído.

En el libro de C. S. Lewis, *The Horse and His Boy*, un viejo ermitaño le dice al gran caballo de guerra parlante, Bree, que acaba de pasar por una experiencia humillante:

> Mi buen Caballo...no has perdido nada sino tu vanidad...No eres el caballo tan estupendo que habías llegado a creer, al vivir entre pobres caballos *tontos*. Desde luego, tú eras más valiente e inteligente que *ellos*. Apenas podías evitar ser eso, aunque no implica que tú seas alguien muy especial en Narnia. *Pero mientras sepas que no eres alguien muy especial, serás un tipo muy decoroso de Caballo*, en general, y tomarás una cosa con la otra.[4]

Debido a que Dios nos ha llamado, necesitamos humillarnos continuamente para recordar que no somos nada especial.

Un requisito previo positivo

El requisito previo positivo más importante para escuchar es devorar vorazmente la Palabra de Dios. La Palabra debe convertirse en nuestro aliento y pensamiento, la pista de entrenamiento de todos nuestros ejercicios, la estructura del templo de nuestra mente, el banco de memoria, el constante comprobante, la referencia perenne, el centro de todas las asociaciones y conexiones de pensamiento a pensamiento, el terreno germinador de ideas, la cantera de toda idea, la cárcel y la prisión de todo motivo, el corral de todo corcel de fantasía, el diamante de ingenio y sabiduría. Nada debe pensarse fuera de ella; es la despensa de la conversación del Espíritu con nosotros. Todo pensamiento y deseo, intuición e idea, conversación y revelación, sueño y visión del Espíritu al hombre debe llegar vestido de sus estatutos y censurado por sus límites. No debe permitirse que nada se asiente en la mente que no pueda pasar desnudo y limpio por los rayos X de su Palabra. ¿Se deduce que nadie debería acercarse al lenguaje de Dios sin ceñirse seguramente en la Biblia (2 Timoteo 2:15)?

No hay metodología para escuchar. En el prefacio a su libro, *Take Another Look at Guidance*, Bob Mumford advierte sabiamente contra aprender otros métodos en lugar de principios.[5] Oímos a Dios porque Él escoge hablarnos. Ningún sistema de meditación u otra práctica aprendida puede hacer aparecer una palabra de Dios. Ya sea que la palabra flote en la mente, o que uno "oiga" una voz interior o simplemente tenga un conocimiento interior—como quiera que suceda—, se debe a que Dios habla. Pero hay muchos que han aprendido un método y práctica y tratan de oír a Dios. La imaginación obedece al impulso, y enseguida trabaja demasiado, dando como resultado el engaño. Por tanto, quien quiera oír debe orar hasta que la presencia de Dios llene, inunde, domine y aquiete el ser. Entonces estamos preparados para oír a Dios. Pongamos atención a esas voces que se apresuran sobre nosotros. No es que Dios no pueda o no hable si no estamos en oración; Él puede hablar en cualquier momento y por cualquier medio. Pero después de cuarenta días de ayuno y oración, Jesús estaba en la cumbre de caminar en el Espíritu cuando oyó la voz de Satanás tentándolo. No hay garantías. Es meramente lo más seguro y sabio intentar escuchar cuando más se está en el Espíritu de Dios.

Otra pauta por la cual podemos probar lo que oímos es el amor de Dios. Él habla en amor. Uno debe conocer la forma de su amor. Cada río eficaz tiene bancos. Dios nunca hablará en odio, condenación o malicia, aunque su firme disciplina puede llegar con las mismas palabras que, si fueran dichas por nosotros, serían odio. Se deduce entonces que debemos *conocer* a Dios. Este conocimiento no es meramente mental. Yo no siempre sé concretamente lo que Paula puede decir, pero conozco tan bien su corazón que rara vez me equivoco en lo que ella quiere decir, a pesar de lo que ella diga. El efecto de la oración, de andar en el Espíritu, debería ser que el hombre aprenda a "conocer su voz" (Juan 10:4), no tanto por el reconocimiento de un sonido (como yo conocería los tonos de voz de Paula), sino como un amigo conoce la mente del otro. Probamos lo que pensamos que oímos porque tenemos la mente de Cristo.

A menudo podemos distinguir entre la voz de Dios y nuestra imaginación (o la voz de Satanás) por la medida de cortesía en lo que oímos. Satanás invade. Dios respeta. Aslan, el gran león que es nuestro Señor en *The Horse and His Boy*, le dice a Aravis cuando su curiosidad se entromete demasiado con respecto a otra niña: "Niña... te estoy relatando tu historia, no la de ella. A nadie se le cuenta ninguna historia sino la suya propia".[6]

Kenneth Hagin ha señalado que muchos que pensaban que habían recibido el don de percepción o conocimiento recibieron, de hecho, solo el don de la sospecha.[7] Satanás y la carne están demasiado dispuestos a revelar jugosos cotilleos acerca de los demás. Dios no. El

Señor me ha alertado muchas veces cuando uno de nuestros hijos estaba en peligro, pero Él rara vez me advirtió cuando ellos dispusieron su corazón a pecar. Nuestros pecados son nuestro negocio privado. Dios no invade. Si Él revela los pecados de alguna persona a otra, lo hace con discreción. Debemos conocer no solo la mente de Dios sino también el corazón de Dios. Él habla según su naturaleza. Cualquier cosa que no es su naturaleza, Él no lo dijo.

El Espíritu nunca hablará contrariamente a la sana doctrina. La doctrina está concedida en la Palabra, pero la doctrina no es la Biblia; es el depósito de entendimiento de la iglesia probado históricamente acerca de la Biblia. La doctrina es el sólido y atesorado aprendizaje de la iglesia a lo largo de las edades. El Señor la moldea de nuevo mediante la revelación. Surge una luz nueva, alterando la vieja. Los sabios se mueven despacio, porque el Señor comenzará pronto y confirmará con señales seguras antes de alterar doctrinas por largo tiempo mantenidas. Y Él nunca cambiará las doctrinas centrales de la Trinidad y la cristología.

Dios también nos hablará por medio del hombre, tanto en su larga historia, tal como se registra en la doctrina, como en el presente. Un amigo me dijo sabiamente: "Pero John, ¿no puede el Señor estar hablándote por medio de mí al igual que por medio de tus propias revelaciones privadas?". Dios habitó en nuestros antepasados y habita en nuestros hermanos creyentes. Debemos equilibrar nuestro oír privado con las palabras de otro. Aprenderemos, escuchando a Dios, a conocer a nuestros hermanos y hermanas en Cristo, y oiremos a Dios por medio de ellos.

Cuanto más lo conozcamos a Él, más puramente oiremos. Y cuanto más oigamos, más aprenderemos a conocerlo. Este es el dulce gozo y deleite de escuchar. Confirmación sobre confirmación descifra lo que es (y lo que no es) nuestro Señor. El amor aumenta con la revelación, porque vemos diariamente cuánto más nos ama Él de lo que nuestra mente y corazón podrían entender.

¿Cómo podemos aprender a oír a Dios? Aprendemos a amarlo y servirlo, y Él se las arreglará para llegar a nosotros cuando necesitemos su palabra para esa vida y servicio. ¿Cómo aprendemos? Aprendemos a nadar nadando. Nos debatimos en el agua, pero aprendemos.

CAPÍTULO DOCE

Sueños: el lenguaje de Dios durante el sueño

Los sueños son una de las consecuencias principales del derramamiento del Espíritu Santo (Joel 2:28). Un profeta es conocido como un "soñador de sueños" (Deuteronomio 13:1). Dios había guiado a sus hijos en casi cada punto decisivo importante en la historia bíblica mediante el lenguaje de los sueños. En un sueño, Dios advirtió a Abimelec que Sara era la esposa de Abraham, e hizo que despidiera a Abraham siendo un hombre rico (Génesis 20). El Señor se apareció a Jacob en un sueño cuando él huía de Esaú (Génesis 28). Fue en un sueño donde Él más adelante le dijo a Jacob cómo tomar ganado de Labán, y otra vez cuándo huir de Labán para regresar a Canaán (Génesis 31). A José se le dieron dos sueños que anunciaban su dominio sobre sus hermanos (Génesis 37). Cuando sus celosos hermanos vendieron a José como esclavo, él fue elevado al poder en Egipto como un intérprete de sueños (Génesis 40–41). Daniel fue ascendido al poder en Babilonia al interpretar los sueños de Nabucodonosor, y tanto en el sueño del rey como en el sueño de Daniel, se predijo la venida del Señor Jesús. Por tanto, podríamos rastrear gran parte de la acción salvadora de Dios en el Antiguo Testamente mediante el lenguaje de los sueños.

En el Nuevo Testamento, se mandó a José en un sueño que siguiera con María como su esposa y huyera con el niño Jesús a Egipto (Mateo 1:20; 2:13). Los magos fueron advertidos por Dios en un sueño de que no regresaran a Herodes (v. 12). José supo cuándo debían regresar a Nazaret por medio de un sueño (v. 19). Si cada ocasión en que aparecen sueños se quitara de la Biblia, una tercera parte de su contenido se perdería; y la mayoría de sus importante revelaciones y eventos.

La virtud de un sueño es que en un carrete que pasa rápido Dios puede hablar con una mínima interferencia consciente; y con frecuencia Él puede enseñarnos más profundamente mediante los sueños porque nos estimularán a pensar acerca de un tema y a hacer descubrimientos. Esto es mucho mejor para nosotros que si Dios nos dijera claramente lo que quería que aprendiéramos. La cortesía oriental de hablar indirectamente se basa sobre este mismo principio, que cada individuo retiene mejor lo que haya descubierto por sí mismo. Por tanto, Dios con frecuencia prefiere hablar indirectamente. Nosotros podemos preferir ser como Tomás, quien directamente puso sus dedos en el costado de Jesús, pero Jesús nos dijo que serían más benditos los que sin ver creyeran (Juan 20:29). Cuando Dios habla en sueños, normalmente necesitamos consejo para obtener entendimiento.

Sueños: externos, internos, ambos

Los sueños pueden ser externos, internos, o ambos. Un sueño externo revela algo que tiene poco que ver con nuestra personalidad o carácter. Un sueño interno revela algo acerca de nuestro propio ser interior. Nabucodonosor soñó con una imagen de un hombre cuya cabeza estaba hecha de oro, su pecho y sus brazos de plata, su vientre y sus caderas de bronce, sus piernas de hierro, y sus pies y dedos de hierro y barro (Daniel 2). Daniel fue lo bastante sabio como para ver los significados tanto interiores como exteriores del sueño de Nabucodonosor. Esa, sin embargo, fue la primera vez en que Daniel interpretó un sueño para el rey. El rey podría no confiar lo bastante en Daniel para recibir un mensaje concerniente al estado de su propia alma. Daniel, por tanto, eligió explicar solo el significado externo, la familiar profecía de cuatro reinos y la llegada del Mesías que destruiría a todos los otros reinos y establecería el suyo propio.

Pero aquí hay un posible significado interno. Su cabeza es de oro; se le ha dado mucha sabiduría y, de alguna manera, la naturaleza de Dios. Su pecho y sus brazos de plata indican que él piensa, decide y actúa con conocimiento en la gracia redentora del Señor. El vientre de bronce indica un corazón cargado. (El vientre en Oriente es el lugar de almacenaje de pensamientos, o de lo inconsciente). Las piernas de hierro significan que actúa con fuerza y dirección. Pero la reveladora advertencia está en sus pies de hierro y barro. Nabucodonosor tiene un corazón endurecido y "pies de barro". Si él no se humilla a sí mismo y vence su orgullo y sus ilusiones de grandeza, la piedra arrancada sin manos (el Señor) lo reducirá a pedazos.

Daniel no ofreció tal interpretación porque el rey no estaba aún preparado para ella; pero Dios sí le dio al rey una segunda advertencia (Dios casi invariablemente da a los hombres más de una advertencia) en forma del sueño del árbol grande que es cortado (Daniel 4). En lenguaje de los sueños, la imagen siendo hecha pedazos por una piedra y el árbol siendo cortado son idénticos. Nabucodonosor iba a ser derribado de su altivez.

Daniel le dijo al rey lo que sentía que el rey podía recibir; no se sintió obligado a decirle todo lo que sabía. Los profetas de hoy día necesitan la ayuda del Señor para ayudarles a decidir cuáles de los muchos significados debieran decirle a quien ha soñado. ¿Qué virtud es para el Señor darle un sueño a un hombre (a fin de que hacerle pensar por sí mismo) si algún intérprete explica lo que Dios podría haberle dicho directamente si hubiera escogido hacerlo así? Quizá Dios querrá que una cosa sea revelada, y quizá no. El Espíritu Santo puede impulsar al profeta a hacer al individuo preguntas a fin de que éste pueda descubrir su significado por sí mismo.

En una ocasión, yo estaba perplejo por cómo Dios podía conocer de antemano todo lo que yo pensaría o haría, como dicen el Salmo 139 y Efesios 2:10, y sin embargo dejarme con libre albedrío para decidir cosas por mí mismo; por tanto, el Señor me dio un sueño. En él, yo entraba en un verde pasto y luego en un grupo de hombres malvados que se dispersaron. Al cambiar de dirección sobre el pasto, entré en otro grupo, que se dispersó. Al volver a cambiar otra vez de dirección, caminé por la hierba hasta un porche, y ya que uno puede hacer cualquier cosa en un sueño, pasé por una ventana salediza. Entonces tuve una sincera conversación con una señora (de aproximadamente la edad de mi madre) a la cual reconocí. Al final de la charla, ella dijo: "Reverendo Sandford, usted me ha ayudado mucho; ¿podría darle un beso?". Yo, siendo muy puritano, me sentí avergonzado, pero dije: "Bien, supongo que si usted me da un beso en la mejilla, no hará ningún daño", y me incliné, ella me besó en la mejilla, y el sueño terminó. En la mañana, podía recordar todo el sueño, excepto quién era la señora.

Durante el día, olvidé por completo el sueño y estuve haciendo llamadas. En la tarde, visité el hospital. Mientras hablaba con una señora, la conversación se avivó, con un buen intercambio de significado y entendimiento (el pasto verde, al ser el verde el símbolo de una vida creciente). La conversación entonces se convirtió en consejo, y un grupo de problemas fueron hablados y solucionados (otra vez el pasto verde), con el mismo resultado (el segundo grupo de hombres).

La conversación cambió una segunda vez, volviendo a ser consejería, en la cual la señora abrió su corazón por completo (la ventana saledIza). Siguió una conversación sincera, al final de la cual la señora dijo: "Reverendo Sandford, usted me ha ayudado mucho; ¿podría darle un beso?". Yo me sentí avergonzado (sin recordar en absoluto el sueño) y dije: "Bien, supongo que si usted me da un beso en la mejilla, no hará ningún daño". Me incliné, la señora me besó en la mejilla; y el Señor trajo a mi mente otra vez el sueño. Yo había decidido libremente dónde iría y a quién llamaría; habíamos decidido libremente de lo que hablaríamos y cómo. Yo le pregunté a la señora: "¿Planeó usted todo el tiempo darme ese beso, o fue algo espontáneo?". Ella me aseguró que fue totalmente espontáneo. Yo vi que Dios conoce de antemano exactamente lo que hará una persona, hasta el más mínimo detalle.

Algún tiempo después, yo estaba enseñando acerca de los sueños en una escuela de cuidado pastoral, en la cual John Sanford, el hijo de Agnes Sanford, era también uno de los maestros. Cuando conté ese sueño, él interrumpió la conferencia para decir: "Pero usted perdió por completo el punto del sueño". Luego explicó que el sueño también tenía un significado interno. (Yo había visto solamente el externo). Mi vida estaba desequilibrada. Yo estaba expresando demasiado solamente el lado lógico y estructural de mi ser. John Sanford explicó que el sueño me llamaba a reconocer y aceptar la mitad suprimida de mi ser, la cual es la emoción, la espontaneidad, la sensibilidad y el sentimiento. Yo tenía temor de esa mitad de mi naturaleza, no la dejaba vivir, y cuando fui invitado por el sueño, permití que la otra mitad de mi ser "me besara en la mejilla". Yo lo tomé en serio. Mis emociones habían sido tan suprimidas—"los muchachos indios Osage no lloran"— que cuando sufría, solamente sonreía o, cuando todos los demás lloraban al ver una película muy sentimental, yo me reía. Oré para que el Señor liberara esa mitad de mi ser. Ahora *puedo* llorar y no sentirme extraño o avergonzado.

Una noche soñé que estaba al lado de la cama de un hospital, preguntando a una señora (a quien conocía en el sueño): "¿Qué ha sucedido para que esté usted aquí?". Como respuesta, ella, con su mano izquierda, apartó la sábana para mostrar su mano derecha, que estaba fracturada y escayolada. Su camisón de noche resultaba estar ladeado, y dejaba ver su pecho derecho. Yo me sentí avergonzado; final del sueño. La mañana siguiente, podía recordar el sueño, pero no quién era la señora. Por tanto, oré sobre ello y seguí con mi trabajo.

Más avanzada aquella tarde, mientras visitaba el hospital, encontré a una de las feligreses que no estaba allí el día anterior. Le pregunté: "¿Qué le ha sucedido para que esté usted aquí?". Ella, con su mano izquierda, apartó la sábana. Su mano derecha estaba fracturada y escayolada. Su camisón de noche estaba ladeado, y dejaba ver su pecho. Yo me sentí avergonzado, pero el Señor volvió a traer a mi mente el sueño. Aquel tiempo preparatorio de oración había hecho su trabajo; le hice unas cuantas preguntas, y vi que la mayor fractura estaba en la relación de la señora con su madre (simbolizada por el pecho).

Aquel sueño fue también para mí. El Señor me mostró que yo necesitaba examinar en oración ciertos aspectos de mi relación con mi madre en mi niñez. Ese sueño lo tuve poco después del otro que describí y también confirmó el mensaje de que Dios conoce exactamente lo que vamos a hacer, detalle a detalle. Sin embargo, nos deja completamente libres para ser nuestra propia persona.

Sueños sobre "el Estado de la Unión"

Algunos sueños son un mensaje sobre "el estado de la unión", un informe por el Espíritu Santo del estado de nuestro corazón y nuestra alma. Un hombre que se esfuerza mucho por ser recto en toda su conducta hacia las mujeres puede que tenga sueños extraordinariamente lascivos. Un hombre de buenos modales puede, en sus sueños, que sea un guerrero horriblemente violento y sangriento. Un hombre tan decidido a ser honesto que jura para su propio daño en los documentos del impuesto sobre la renta puede que sea un fraudulento de primera clase en sus sueños. Tales hombres han obligado a sus naturalezas a desequilibrarse por esforzarse bajo la ley. Los impulsos reprimidos y subconscientes demandan expresión. Pero esos hombres no quieren afrontar quiénes son realmente y lo mucho que necesitan ser salvos.

> No hay justo; ni aún uno.
>
> —Romanos 3:10

> Separados de mí nada podéis hacer.
>
> —Juan 15:5

Siempre que nos esforzamos por vivir a la altura de la ley en nuestra propia fuerza, el Señor que nos ama nos mostrará que no somos en absoluto tan santos: solamente al permanecer en Jesucristo podemos guardar la ley. Quien no preste atención a las advertencias de Dios —sueños, palabras de amigos, la Biblia— puede que de repente se quiebre sin poder ser sanado.

> El hombre que reprendido endurece la cerviz, de repente será quebrantado, y no habrá para él medicina.
>
> —Proverbios 29:1

Esa es una razón por la cual algunos ministros y diáconos rectos de repente tienen locas aventuras amorosas. Tales advertencias nos llaman a apartarnos de la justicia propia para descansar más en nuestro Señor. No necesitamos pecar para que la gracia pueda abundar, sino que deberíamos dar gracias a Dios por permitirnos ver la verdad, confesar la maldad de nuestros corazones, y rogar por misericordia para cambiar como quienes no tenemos poder en nosotros mismos. Así, los sueños son una de las maneras más amables y privadas en que nuestro Padre amoroso puede advertirnos. Deberíamos dejar de estremecernos ante tales sueños, reírnos de nosotros mismos, y rendir nuestro esfuerzo al Señor. Tales sueños son para nuestra comodidad.

Mediante sueños con frecuencia se nos habla de la muerte de un ser amado, de una enfermedad, o de algo de ese tipo. Casi cada cristiano puede relatar alguna ocasión en que se le dijo algo en un sueño. Extrañamente, tan comunes como informativos son los sueños, la ignorancia sobre qué hacer acerca de ellos es casi tan común. Los sueños que predicen muerte o desastre no deben ser recibidos como algo inevitable. No hay nada fatalista acerca de la fe cristiana. Dios nos oirá. Él nos llama a la oración a fin de que Él pueda tener la oportunidad de salvar, rescatar o cambiar cualquier cosa que suceda en bendición. Él no envió al Hijo para condenar al mundo sino para salvarlo (Juan 3:17).

Entender los sueños y llamar a la iglesia a la oración intercesora cuando los sueños han dado advertencias es una de las funciones principales de los profetas Elías del Señor. A medida que los tiempos empeoran, nuestro misericordioso Señor levantará miles de profetas, es de esperar que al menos uno en cada célula de su Cuerpo, para interpretar sueños y llamar a la iglesia a la oración.

Sueños informativos: Advertencias y bendiciones

El día 27 de marzo de 1974 yo estaba en oración y sentí que Dios me hablaba: "El tiempo para la intercesión ha pasado; ahora es el tiempo para la disciplina...será muy destructiva, porque explotarán calderos y harán estragos". Unas cuantas noches después, soñé que el cielo en el oriente resplandecía con un violento incendio, como si el cinturón Van Allen y todas las nubes estuvieran retorciéndose en llamas. Al pensar sobre esas inquietantes advertencias, recordé que, aunque el Señor dijo que destruiría Sodoma y Gomorra, aun así Abraham le suplicó hasta que Él estuvo de acuerdo en salvar a Sodoma y Gomorra si podía hallarse a diez personas justas allí (Génesis 18:22–23).

Las palabras: "el tiempo de la intercesión ha pasado..." no me detuvieron; oré por misericordia. Cada mañana en oración sentía que si podía solamente postrarme en el piso y llorar incontroladamente, podría comenzar a expresar algo de la inmensa tristeza que brotaba en mi espíritu. Todo el día, durante muchos días, yo caminaba bajo una nube de vasta tristeza. (La última vez que tal tristeza había estado sobre mí había sido antes del desastre de la mina Sunshine, antes de eso durante las oraciones por California, y antes de eso por dos semanas antes de que el presidente Kennedy fuera asesinado).

Luego llegaron los tornados que destruyeron tantas vidas desde Georgia hasta los Grandes Lagos (abril de 1974), quizá los más destructivos del siglo. El hombre del tiempo en el canal 4 en Spokane, Washington, habló de los cielos como de "grandes *calderos* de presión que parecían explotar con violencia sobre la tierra".

A este lado del cielo puede que nunca sepamos cuántos profetas Elías habían sido llamados a la oración intercesora de antemano, cuántos habían respondido, o cuánto efecto tuvieron sus oraciones, si es que tuvieron alguno. Obviamente, respondieron demasiado pocos para que la tragedia fuera completamente evitada.

Nuestro pueblo se ha apartado tanto de la Palabra de Dios que en la actualidad los profetas Elías rara vez son escuchados nacionalmente. David Wilkerson profetizó grandes desastres naturales, como tornados, en su libro *La Visión*. David, al tener estatus y reconocimiento nacionales, había utilizado todos los medios de comunicación disponibles para él —radio, televisión, publicidad, el libro— para pronunciar la advertencia a la mayor audiencia posible. ¿Qué obtuvo? Acusaciones de que estaba haciendo todo eso por codicia.

> ¿A quién hablaré y amonestaré, para que oigan? He aquí que sus oídos son incircuncisos, y no pueden escuchar; he aquí que la palabra de Jehová les es cosa vergonzosa, no la aman. Por tanto, estoy lleno de la ira de Jehová, estoy cansado de contenerme; la derramaré sobre los niños en la calle, y sobre la reunión de los jóvenes igualmente; porque será preso tanto el marido como la mujer, tanto el viejo como el muy anciano. Y sus casas serán traspasadas a otros, sus heredades y también sus mujeres; porque extenderé mi mano sobre los moradores de la tierra, dice Jehová. Porque desde el más chico de ellos hasta el más grande, cada uno sigue la avaricia; y desde el profeta hasta el sacerdote, todos son engañadores.
>
> —Jeremías 6:10–13

Nosotros no somos muy distintos a Israel. Respondemos a nuestros profetas igual que lo hicieron ellos; pero nuestro juicio será mayor, porque tenemos la vida del resucitado Señor Jesús, el poder del Espíritu Santo, y dos mil años de cristianismo como testigos; deberíamos responder de modo distinto a como ellos respondieron (Mateo 11:20–24).

Los sueños informativos no siempre significan que deberíamos pedir a Dios que detenga su mano. El Señor con frecuencia me avisó antes de llamar a morir e ir al hogar a uno de mis feligreses. Dos años antes de la muerte del presidente Kennedy, vi la escena completa del asesinato en un vívido sueño. Sin embargo, en mi sueño, los disparos no provenían del Texas Book Depository, sino de una casa que estaba en el mismo lugar que estaba el Texas Book Depository. Si alguna vez veo esa casa en la vida real, la conoceré como el lugar donde se concibió la trama. También vi un auto, lleno de hombres maliciosos, alejarse apresuradamente después. Sé por encima de toda duda que el asesinato fue obra de muchos hombres, y no meramente de Lee Harvey Oswald. Con respecto a la de Kennedy u otras muertes, el Señor no me llamó a orar para que no sucedieran, sino por bendición en la situación. Un profeta no debe suponer ingenuamente que él conoce la voluntad de Dios; debe escuchar con atención las instrucciones de Él en cada ocasión.

No todos los sueños informativos advierten de males. Dios también nos habla en sueños para que podamos orar por la bendición que el sueño anuncia. Una amiga en Council Grove, Kansas, soñó en 1968 que Paula y yo ya no estábamos en el pastorado; por el contrario, estábamos escribiendo y aconsejando, bendecidos por el Señor y felices, y viviendo en una hermosa casa que el Señor nos dio. En marzo de 1974, Bertha y su esposo, Don, vinieron a visitarnos; ella reconoció nuestra casa como la misma casa que ella había visto en su sueño. Para nosotros aquello fue una alentadora confirmación.

En 1961 nos preparábamos para dejar la iglesia First Congregational Church of Streator, Illinois. Creíamos que Dios quería que hiciéramos eso, pero no estábamos seguros en absoluto de dónde ir a continuación. Yo había renunciado y sería efectiva el 1 de junio. Fue una noche a finales de la primavera en que nos quedamos dormidos orando para que Dios nos guiara.

Aquella noche tuve un sueño. Un ángel me dijo: "Ven conmigo; te mostraré dónde debes ir" (ver Hechos 16:9). Al segundo siguiente, el ángel y yo estábamos flotando por encima de verdes praderas a través de las cuales había un camino de tierra que conducía a una gran casa blanca con muchos pretiles y toldos. La casa estaba en la cumbre de un monte, desde el cual descendía un bosque de robles hasta un valle lleno de árboles. El espíritu señaló la casa y dijo: "Aquí es donde eres llamado; debes ministrar a este hombre".

Entonces, mientras yo pensaba en el porqué debería ser yo llamado a un hombre en lugar de a una iglesia, flotamos sobre un amplio valle lleno de árboles y tierras de cultivo hasta que miramos al tejado de una iglesia. Al lado de la iglesia había un arce muy grande. En el monte detrás de la iglesia había un camino y luego unos cimientos, con materiales de construcción y herramientas por todo alrededor. El espíritu dijo: "Hay una carretera y un río. La gente viene aquí a descansar. Eres llamado a ministrar aquí". Acerca de los cimientos dijo: "Están construyendo aquí".

Una semana después, llegó una llamada desde larga distancia de Council Grove, Kansas, invitándome a ir como candidato para visitar a la congregación; yo también predicaría, y si la congregación votaba por ello y estaba de acuerdo, yo me convertiría en su pastor. Cuando llegué, en cuanto fui por el camino y vi el tejado de la iglesia y el árbol grande, supe que Dios nos había llamado allí. Las personas también escogieron eso mismo. Los cimientos que yo había visto en mi sueño también estaba allí, y cuando pregunté me dijeron: "La casa de Harry White está justo donde irá la nueva presa. Tiene que trasladarse. Se va a mudar aquí, y están preparando estos antiguos cimientos para construir la casa. La vieja iglesia solía estar sobre esos cimientos antes de que se quemara y construyeran la nueva".

Seis semanas después nos mudamos a la casa de la parroquia, que estaba entre el edificio de la iglesia y la casa de Harry White, que para entonces ya estaba en su lugar. Al principio no me di cuenta que era la casa que yo había visto en mi sueño, pero en cuanto se le volvieron a poner los porches y los toldos, era claramente esa. Yo pregunté dónde había estado. Los feligreses me dieron indicaciones. Cuando conducíamos por el camino de tierra desde la carretera, lo reconocí como el mismo camino y las praderas de mi sueño dos meses antes. En efecto, los cimientos estaban exactamente donde yo había visto la casa en mi sueño. Yo musité: *¿Por qué envió el Espíritu Santo a un ángel para llamarme a ministrar a Harry White?*

Unos meses después, cuando sentí que Harry me conocía lo bastante bien, le llamé y le conté mi sueño. "¿Por qué crees que eso sucedió, Harry? ¿Qué significa?". Él no tenía idea. Un año después, cuando asistía a una conferencia estatal, resultó que oí a "Tiny" Meador hablar en un pasillo con otro delegado acerca de un lugar propuesto para la conferencia Kansas Conference of the United Church of Christ. Se había formado un comité para encontrar un lugar para realizarla. Yo de inmediato pensé en Council Grove con su lago y la nueva reserva que se estaba construyendo. Ciertamente eso debería proporciona un estupendo lugar para un campamento de iglesia. Al día siguiente, cuando regresé a casa (el domingo en la noche), Paula y yo oramos acerca de la posibilidad de realizar un campamento de iglesia cerca de Council Grove. Era como si el Señor vaciara el lago del cielo sobre nosotros. A medida que se arrojó luz sobre nosotros, supimos que Dios iba a hacer algo maravilloso.

El lunes por la mañana le hablé al secretario de la cámara de comercio de la ciudad sobre lo que había oído. Warren llevó la idea esa mañana al ayuntamiento, y formaron un comité para investigar acerca de propiedades. El comité se acercó a Harry White y sus sobrinos, Hale y Henry. Ellos dieron a la conferencia 117 acres de tierra de primera calidad, rodeada de agua por tres lados. El Council Grove Reservoir está formado por una presa inmediatamente al sur de la confluencia del río Neosho y Monkers Creek. Esa punta de lanza de terreno que se eleva desde el lago en sus dos flancos estaba en la tierra dada por los White (Harry dio la mayor parte), y fácilmente vale cientos de miles de dólares.

Tan increíble como fue el regalo, lo fueron las cientos de "coincidencias" relacionadas. Se había construido y utilizado una carretera de acceso en 1880. Árboles y arbustos la habían cubierto de principio a fin, pero allí estaba, aún vallada y esperando a ser reclamada. Ningún problema legal prohibía el acceso al campamento. El arquitecto pertenecía a una de las iglesias Topeka. El director de recursos acuíferos estaba en una de nuestras iglesias. Se consiguieron piedras para los edificios, libremente, de casas y graneros abandonados en el lago Bed antes de que se terminara la presa. Voluntarios adolescentes de campings, utilizando tractores y vagonetas locales, llevaron las piedras hasta el campamento. Así sucedió. El Señor había planeado ese campamento desde el principio. Ahora se realizan retiros del Espíritu Santo allí cada año, e incontables jóvenes y adultos son bendecidos por medio del programa del campamento. Cuando Dios quiso bendecir a sus hijos, comenzó llamando a uno de sus profetas a su puesto por medio de un sueño.

Este fue el método de operación del Señor a lo largo del Antiguo Testamento. Él no realizaba ninguna importante obra de bendición a menos que antes informara y procurara la invitación. Vimos esto en el sueño de Jacob, en que José salvara a muchos del hambre en los siete años de escasez, en los sueños proféticos sobre el Mesías en Daniel, y en muchos otros de los profetas que anunciaron la venida de Jesús.

Al igual que el profeta que recibe un sueño de advertencia falla si no hace nada, si un siervo no afirma, invita y emprende la acción subsiguiente adecuada con respecto a un sueño de bendición, frustra el propósito del Señor al dar ese sueño. A medida que los tiempos se hagan cada vez más difíciles, los siervos del Señor necesitarán estar más alertas a sus promesas de bendición y llamar a la iglesia a su posición para recibirlos.

Sueños "medicina"

Yo denomino sueños "medicina" a algunos sueños informativos. Los sueños de bendición de Jacob y los sueños de José sobre sus hermanos postrándose ante él eran de este tipo: un sueño en el cual el Señor traza nuestro camino y nos da alguna enseñanza, advertencia o bendición con él. En Génesis 28:13–15, el Señor primero se identificó a sí mismo a Jacob, le dio la promesa de bendición, y lo alentó diciéndole que Él estaría a su lado donde él iba y le llevaría de regreso a casa. A lo largo de los catorce años de su servidumbre por sus esposas, y mucho después, esa promesa de su regreso siguió siendo una semilla oculta en lo recóndito de la mente de Jacob.

El profeta del Señor debe mantenerse en su rumbo. El Señor puede redirigir nuestro objetivo de algún modo, pero eso nunca supondrá más que una enmienda. En las reglas parlamentarias, una enmienda no puede matar la intención original de la ley. Un sueño medicina guarda a un hombre en su curso hasta que se logre por completo lo que estaba pensado.

La palabra *medicina* la tomo prestada de mi herencia de indio Osage. Cada guerrero, al llegar a la madurez, ayunaba y oraba que Wahkontah, el gran espíritu, le diera señales o sueños para indicarle su propósito en la vida. Tales sueños y señales entonces se llevaban a "The Lodge of Mystery", donde el "pequeño anciano" (que ni era pequeño ni anciano, sino que se denominaba así por humildad) interpretaba su significado con el joven guerrero. Cualquiera que fuese la conclusión de esa reunión (la cual incluía oración) se convertía en la "medicina" del joven guerrero para toda la vida. Él practicaba ese propósito. Se decía de un hombre: "Él tiene buena medicina" o "su medicina es débil".

Así, usamos este término para describir un sueño que afecta significativamente nuestro propósito dentro del reino de Dios. Vemos el llamado de Pablo de ir a Macedonia (Hechos 16:9) y el trance-sueño de Pedro a ministrar a los gentiles (Hechos 10:9–20) como tales sueños medicina. Yo prefiero utilizar la palabra *medicina* en lugar de "un sueño de llamado" porque da a entender más de lo que Dios está haciendo. El sueño obra en lo profundo de nuestros bancos de memoria como una medicina o sanidad sobre nuestras intenciones, y el siervo es él mismo una medicina para otros.

Seguir a Cristo, no los sueños

Algunos sueños puede que no sean más que cosas que flotan o se desechan de una mente o cuerpo enfermos. Nadie debería hacerse adicto a los sueños, pues no seguimos los sueños, sino la guía del Señor Jesucristo. No todos los sueños son espirituales, y no todos los sueños espirituales son del Espíritu Santo. Zacarías 10:2 y Jeremías 23:32 hablan de falsos sueños. Isaías 29:8 habla de ocasiones en que las necesidades corporales causan sueños que demuestran ser irreales al despertar. Salomón nos advierte:

> Porque de la mucha ocupación viene el sueño, y de la multitud de las palabras la voz del necio…Donde abundan los sueños, también abundan las vanidades y las muchas palabras; mas tú, teme a Dios.
>
> —Eclesiastés 5:3, 7

Si el Señor da un sueño peculiar o sorprendente, en especial un sueño de llamado o medicina, Él lo confirmará con señales, y el sueño se enfrentará a todas las pruebas de la Escritura y la sana doctrina. Siempre es solo a Jesucristo a quien seguimos. No conocemos la voz de los extraños (Juan 10:5).

Cada persona debe aprender por la experiencia cuál es su propio lenguaje de los sueños y lo que sus símbolos significan para él o ella. Para mí, por ejemplo, los sueños de volar hablan de grandes sucesos espirituales que sucederán pronto. También me dicen que me levantaré en el Espíritu para tener maravillosas revelaciones y gracias del Señor. Y me advierten de que me mantenga arraigado en el sentido común y la prueba bíblica, para que no me aleje hacia mi propio misticismo carnal y me vuelva como Ícaro, quien voló demasiado alto con sus alas de cera y plumas. El sol derritió la cera y él cayó al mar para morir. Un Hijo diferente ha derretido mis alas en el pasado y me ha hundido en el mar de la vergüenza y las consecuentes difíciles lecciones.

Recuerdo, en particular, un sueño en el cual yo volaba entre cables de alta tensión mientras hombres me disparaban pistolas con balas trazadoras. Para entonces yo supe orar antes de la serie de enseñanzas que llegaría pronto. En efecto, la misión fue muy bendecida por el Señor, pero al final hablé acerca de cosas llenas de alta tensión, en las cuales había que trazar cables de modo preciso, y hombres me lanzaron preguntas difíciles, pero el Señor bendijo y protegió.

Símbolos: el lenguaje de los sueños

Los símbolos son el lenguaje peculiar de los sueños. Algunos símbolos tienen significados universales, algunos tienen significados tribales o sociales, y otros son distintivos para países, localidades y culturas. Cada individuo tiene su propio conjunto de significados. Para entender mejor los símbolos, ayudará un estudio de religión comparativa, de arte, la obra *Bulfinch's Mythology*, o alguna otra antología de mitos, al igual que un conocimiento general de parvulario y cuentos de hadas, como la de mamá ganso y los cuentos de Grimm o de Andersen.

La mayoría de los símbolos tienen dobles significados. Por ejemplo, el león representa tanto lealtad y valor y también destructiva violencia carnal. Si un hombre camina con el Señor Jesús, entonces el León de Judá (Apocalipsis 5:5) es su fortaleza, autoridad, dignidad y valor. Si se aparta de Dios, el diablo viene como león rugiente buscando una presa (1 Pedro 5:8). Una serpiente sobre un poste simboliza sanidad, como en Números 21:8–9, y tiene un parecido asombroso al caduceo, un símbolo pagano que es un emblema de la profesión médica. Pero esa serpiente antigua y dragón que es el diablo también aparece desde Génesis 3 hasta Apocalipsis 20. Las cadenas representan, o bien esas cosas negativas que nos atan, o bien los lazos del amor que nos hacen prisioneros a fin de que podamos ser verdaderamente libres. El hacha o el cuchillo cortan hasta la raíz amigablemente o blanden muerte. La espada es de doble filo para separar para Dios o para causar heridas. La cruz misma fue el instrumento y señal de una muerte tortuosa y deshonra, cambiada por el Padre para que significara redención y victoria.

El hecho de que los símbolos con tanta frecuencia signifiquen más de una cosa evita que asumamos con demasiada facilidad que entendemos lo que vemos en nuestros sueños. Somos obligados a buscar al Espíritu Santo para que los aclare. Los colores son símbolos dobles. Si andamos con Dios, el rojo es el color de la sangre del perdón y del fuego del amor, pero si nos apartamos, entonces el rojo es el color de la ira: "¡Vi en rojo!". El azul es el color de la esperanza, sanidad y eternidad, o estamos deprimidos y tristes, sin esperanza. El amarillo o dorado representa sabiduría y la naturaleza y la luz de Dios, o bien representa cobardía. El verde representa vida, eternidad y un nuevo crecimiento, o también enfermedad y celos: "estar verde de envidia". El púrpura es para la realeza (gobernamos con Cristo), o es para la furia (estamos frustrados y enojados). El negro es el color primordial de la creación, el símbolo tanto de la vida como de la muerte, de la sanidad y la esperanza que surgen de la tierra de toda vida; también es el símbolo de la muerte y la desesperación, de la oscuridad y la maldad: "Todo lo veía negro". El blanco es pureza e inocencia, o puede representar su contrario: el temor.

Con mucho, los símbolos más importantes en los sueños, sin embargo, son las personas. La mayoría de las veces los sueños con padres, familiares y amigos son más internos que externos. Los sueños con madres, abuelas, tías o hermanas —cualquier mujer— con frecuencia nos hablan del lado femenino de nuestra naturaleza. Los sueños con padres, abuelos, tíos o hermanos—cualquier hombre—con frecuencia nos hablan de nuestro lado masculino. Soñar con dar a luz a menudo significa que el Espíritu Santo nos está hablando de algún nuevo aspecto que llega a nuestras vidas. Soñar con la muerte de una persona puede representar la muerte de algún aspecto de nuestra naturaleza. Un sueño con alguien que esté enfermo puede informarnos de una enfermedad interior en nuestro carácter. En los sueños, sin embargo, el nacimiento, la muerte y hasta la enfermedad no son en sí mismos buenos o malos. Por tanto, aunque es útil saber sobre los símbolos, nunca podemos hacer de nuestro conocimiento algo tan fácil que no necesitemos ya al Espíritu Santo.

Tener cuidado con la revelación

El hombre que descubrió la química orgánica la vio en un sueño. Algunas personas equivocadamente piensan que eso fue revelación. Gardner Murphy ha escrito de la "creatividad coconsciente".[1] Es un proceso humano común en el cual pensamos mucho sobre algo (como dónde dejamos las llaves de la casa que no podemos encontrar) y entonces, por una razón u otra, cambiamos nuestra atención a otra cosa o nos vamos a dormir. Durante ese tiempo de quietud, nuestra mente frecuentemente encuentran la respuesta o la solución. Aun si el Espíritu Santo tiene una mano directa en este proceso comúnmente observado, no es revelación.

Debemos tener especial cuidado con la revelación, pues no puede edificarse sobre otro fundamento que el que ya está puesto (1 Corintios 3:11). Cualquier revelación que contradiga lo que dice la Palabra de Dios no es revelación, sino engaño. Las visiones de David Wilkerson nos pareció que ampliaban lo que ya estaba profetizado en la Palabra de Dios. Sin duda, sigue produciéndose revelación de la naturaleza de Dios. Para muchos de nosotros, nuestra abuela, o cualquier otra persona, está en la memoria como una roca de revelación en un mar de confusión. Pero cualquier sueño que pretenda revelar alguna nueva doctrina debiera ser comprobado con mucho cuidado. Es aquí donde se desviaron los mormones, los cuentistas cristianos y otros; ninguna revelación puede ser dada aparte de la que está en la Biblia. Cualquier revelación que se produzca sobre doctrina debiera ser solamente una luz nueva sobre lo que ya está establecido.

Paula y yo hemos visto muchas cosas que creímos que provenían de Dios. A pesar de ello, cualquiera que no fuera sólidamente bíblica hubo que desecharla; y hemos estado mejor por haberlo hecho. Puede que haya muchas ideas actuales que consideramos como revelación y que mañana serán consideradas como herejía. Que cada hombre agarre ligeramente lo que crea que se ha mostrado. Si es de Dios, Dios lo prosperará (Hechos 5:34–39). Es Dios a quien servimos. La Trinidad es Padre, Hijo y Espíritu Santo, y no Padre, Hijo y revelación, o Padre, Hijo y sueños. Especialmente, la Trinidad no es Padre, Hijo y conocimiento. No somos salvos por el conocimiento, sino por la persona de Jesucristo.

Ahora que hemos compartido lo que sabemos sobre los sueños, recordemos que nada de ello es crucial. Es el Espíritu Santo quien nos guía; Él nos conduce en los caminos de la justicia *por causa de su nombre.*

CAPÍTULO TRECE

Visiones: el lenguaje en imágenes de Dios

Mucho de lo que hemos dicho sobre los sueños también se aplica a las visiones. La importante diferencia entre sueños y visiones es que estamos despiertos cuando recibimos una visión. Las visiones están así más sujetas a nuestro control. En un sueño, el Espíritu Santo tiene una mano más libre en lo que experimentamos, pero en una visión, nuestra mente puede adornar e interferir. Eso significa que tenemos que morir a nosotros mismos más completamente a fin de recibir una visión con seguridad. El Señor nos habla indirectamente en las visiones, al igual que lo hace en los sueños, para poder alistarnos más en la empresa y que podamos crecer en conocimiento, sabiduría y estatura.

Grados de visiones

Las visiones vienen en muchos grados. A veces, el Espíritu Santo lanza imágenes en la pantalla interior de nuestras mentes con o sin interrupción de los pensamientos conscientes. Algunos creen que tales visiones son menos "en el Espíritu", ya que suceden de modo menos dramático que las visiones en un trance. No es así. Dios simplemente escoge cómo se comunicará con nosotros según su sabiduría. Tales visiones no son menos valiosas, contundentes, imperativas o verdaderas. Debemos aplicarles las mismas disciplinas de prueba y obediencia que las más vívidas visiones en trances.

A veces, las cosas que vemos en nuestra mente son productos de nuestra imaginación; pero no debemos descartarlas, porque el Espíritu Santo opera por medio de nuestra imaginación. A veces, tales visiones son simbólicas, en las cuales el Espíritu Santo usa un cómic o representación para comunicarnos un mensaje figurado. O puede que veamos literalmente lo que está sucediendo a cierta distancia. Paula salió de una reunión de oración para descubrir que sus lentes no estaban en su bolsillo. Sin ella, los dolores de cabeza pronto la inutilizarían. Yo oré para que Dios nos ayudara. Inmediatamente, el Espíritu Santo me mostró un camino, montones de hierba alta, y las lentes metidas en una funda entre matas cerca del camino. Caminamos hasta llegar exactamente donde estaban las lentes. Tales sencillas visiones son tan comunes que casi cada cristiano puede relatar algo parecido. Incontables santos de Dios han visto a familiares o amigos en los ojos de su mente y han orado en consecuencia. No debiéramos permitir que la simpleza o rapidez de tales imágenes nos hagan pensar que no son visiones o que no son de Dios. Lo dramática que sea una visión no mide ni su veracidad ni su importancia.

Dios quiere andar en caminos diarios sencillos y tranquilos con nosotros. Eso es preferible a las visiones dramáticas. Tomás no fue más bendito por haber puesto sus dedos en el costado del Señor, sino menos. Algunas veces, el Señor debe darnos un golpe en la cabeza con una gran visión precisamente porque menospreciamos las continuas imágenes diarias pequeñas.

Con frecuencia, no pensamos como visiones en esas imágenes que comúnmente vienen a nuestra mente porque:

1. Nuestra propia mente parece causarlas.
2. Fue muy rápido y fácil.
3. Puede que no estuviéramos en oración en absoluto.

¿De dónde provienen nuestros pensamientos e imaginaciones? Hay solamente tres fuentes: el diablo, nuestra carne o el Espíritu Santo. Quienes pertenecemos al Señor nunca deberíamos excluir la posibilidad de que Dios nos hable en una visión. Solamente necesitamos preguntarnos mediante qué fuente están siendo avivadas nuestra imaginación. Deberíamos tener cuidado de no darnos crédito a nosotros mismos con demasiada rapidez por una buena idea que podría ser solamente un regalo del Espíritu Santo.

No digamos apresuradamente que nunca hemos recibido visiones de Dios. Puede que frecuentemente estemos recibiendo visiones y, sin embargo, nunca les hayamos dado ese nombre, o no le hayamos dado a Dios el mérito que merece.

El siguiente grado de visión es la que comúnmente consideramos como visión, cuando en oración el Espíritu Santo pone una imagen delante de nosotros vívidamente, sin la ayuda, y normalmente para sorpresa, de nuestra mente. Tal visión no es ver con nuestra mente física, sino que es en nuestro interior. La marcamos como visión, porque reconocemos que nosotros no tuvimos parte en establecerla. Puede que hasta agarremos a nuestra mente tratando de adornar o transformar la imagen de alguna manera, y tenemos que ejercer autodisciplina para no hacer tal cosa. A veces, hemos pedido por la visión y otras veces no. En cada caso, la marca distintiva es el hecho del descanso. No tuvimos parte discernible en la formación de lo que vimos. Es como sentarse en un cine viendo lo que sucede, a veces lo queramos o no.

El siguiente grado de visión contiene un sentido de ver realmente, fuera de nosotros mismos, aunque comprendemos que estamos viendo con otra cosa o con algo más que nuestros ojos físicos. Estamos despiertos, alerta y en total control. San Pablo tuvo una visión así de Jesús en el camino de Damasco antes de caer en el espíritu en un estado de semiinconsciencia (Hechos 9). Ananías y Esteban, igualmente, vieron fuera de sí mismos cuando no estaban en un trance (Hechos 9; 7). Hasta qué grado la participación de nuestros ojos físicos importa poco. En el Antiguo Testamento, y en el Nuevo antes de la venida del Espíritu Santo, la mayoría de los puntos decisivos de la historia del hombre con Dios estuvieron marcados por sueños. Después de la venida del Espíritu Santo, esos puntos de decisivos comúnmente llegaron mediante visiones en lugar de sueños: la conversión de Pablo (Hechos 9), la comisión de Pedro de comer y ministrar entre los gentiles (Hechos 10–11), el Apocalipsis de Juan, y el llamado de Pablo a Macedonia mediante "visión en la noche" (Hechos 16). Podemos deducir de esto que Dios puede arriesgar una participación consciente más directa con sus siervos cuando el Espíritu Santo mora en ellos.

El grado final de la visión ocurre mediante un trance. Al igual que en un sueño, la mente consciente es sacada de la visión. Un trance cristiano no es, de ninguna manera, similar a un trance hipnótico. El trance hipnótico es un estado deliberadamente inducido, tanto por el hipnotizador como por el hipnotizado. En el hipnotismo, la voluntad del sujeto es controlada por el hipnotizador. Sin embargo, uno no puede entrar deliberadamente en un trance cristiano. Le sucede *a* él, quizá dominando sus circuitos, pero sin dominar su voluntad. Una persona en trance puede salir por sí misma del trance, mientras que, normalmente, una persona hipnotizada no puede hacerlo.

Si Dios nos pone en un trance o entramos en él no lo sabemos, pero la Escritura dice que Pedro "cayó en trance" (Hechos 10:10), que Juan estaba en el espíritu en el día del Señor, vio al Señor glorificado y resucitado, y luego "*cayó* a sus pies como muerto" (Apocalipsis 1:17; énfasis añadido). A Daniel se le dieron grandes y fuertes visiones del Señor y del futuro, y aunque "las visiones de mi cabeza me turbaron" (Daniel 7:15), él no cayó en un trance. Sin embargo, en el capítulo 8 Daniel vio grandes y gloriosas visiones y siguió estable en corazón y mente *hasta que* él "vino cerca de donde yo estaba; y con su venida me asombré, y me postré sobre mi rostro...Mientras él hablaba conmigo, *caí* dormido en tierra sobre mi rostro" (vv. 17–18; énfasis añadido). En cada caso el receptor fue simplemente abrumado por el poder de la presencia del Señor y cayó en un trance. Dios aparentemente no prefiere eso; en Daniel, "él me tocó, y me hizo estar en pie" (v. 18), y en Apocalipsis, cuando Juan cayó, "él puso su diestra sobre mí, diciéndome: No temas... " (Apocalipsis 1:17). El Señor, sabiendo que lo imponente de su presencia resucitada nos abruma y nos lleva a un trance, nos toca a fin de que, si es posible, podamos tener comunión con Él en plenas facultades en lugar de en un trance. ¿Acaso cualquiera de nosotros no preferiríamos visitar a nuestros propios hijos cuando ellos están totalmente despiertos en lugar de estar en estado de coma?

Las visiones traen responsabilidades

Las visiones que están por encima de nosotros, que nos muestran el mundo espiritual, o que pueden inducir un trance, no están más allá de desconfianza o prueba. Tampoco deberíamos valorarlas más que a otros tipos de visiones. Cuando Gabriel se le apareció a María en una visión, le dio señales seguras para confirmar que él venía de Dios. Al Señor no le agrada si nosotros aceptamos con demasiada facilidad cualquier cosa que sea obviamente espiritual. Debemos probar nuestras visiones y lo que representan. Cuanto más celestiales nos parezcan, con más atención debiéramos probarlas (ver 2 Corintios 11:14). Incluso si una visión promete una señal que se produce, eso no da autenticidad a la visión. Señales y maravillas pueden ser dadas por alguien que se aparta de Dios (Deuteronomio 13:1–3). Los demonios pueden hacer milagros; Satanás prometió milagros a Jesús, y Jesús no disputó su capacidad para hacerlos. Debemos probar *toda* visión por la Palabra, por la naturaleza de Dios, y por la sana doctrina. Quien quiera llegar a ser espiritual debería estar en guardia en esto, pues de otro modo será como una ciudad sin muros (Proverbios 25:28). Tenemos una responsabilidad aún mayor de obedecer las visiones. Los sueños pueden olvidarse, pues nuestras mentes y voluntades no participan plenamente durante los sueños y, así, no somos totalmente responsables. Pero en las visiones, ya que estamos despiertos, somos plenamente responsables de no olvidarlas. Esa puede ser la razón de que el Espíritu Santo haya escogido presentar su autoridad mediante visión y no mediante sueños.

¿Pero cómo obedeceremos o un sueño o una visión si el significado no es claro? Nos corresponde a nosotros orar, pensar, hacer preguntas a nuestros hermanos, y esperar la revelación del Señor. No deberíamos esforzarnos por interpretar, pues eso abre las puertas a la carne y a Satanás para que interfieran. Más bien, deberíamos afirmar nuestro deseo de entender, meditar descansadamente, y quizá hacer un poco de investigación. A veces el Señor responderá con rapidez, pero la mayoría de las veces eso cortaría el proceso de descubrimiento que comenzó con el sueño o la visión. Nos estamos refiriendo a visiones que son alegóricas o figurativas. Ocasionalmente, el Señor se aparece a nosotros en una visión y nos dice directamente, sin figuras ni parábolas, lo que debemos hacer. Ananías no tuvo que pensar sobre qué hacer con el mandamiento: "Levántate, y ve a la calle que se llama Derecha... a uno llamado Saulo... para que recobre la vista" (Hechos 9:11–12). Pero aparte de eso, si el Señor nos da una visión para hacer que pensemos y aprendamos, Él revelará su significado en el momento apropiado.

Conocemos a una madre que una vez tuvo una serie de sueños y visiones de un estanque, alrededor del cual había grandes praderas y árboles aquí y allá. En el estanque poco profundo, boca abajo, había un muchachito. Durante varios días la imagen regresaba una y otra vez, y ella estaba perpleja y oraba. Una noche, cuando estaba lavando los platos, de repente dejó un plato y la bayeta en la encimera de la cocina y corrió tan rápido como pudo cruzando varias praderas hasta el estanque de un vecino, donde llegó y sacó a su hijo justo a tiempo para salvarlo de ahogarse. Debido a que ella estaba esperando quietamente en Dios, en el momento apropiado Él le mostró qué hacer.

Algunas veces, Dios nos mostrará algo mediante visiones y sueños que se quedan con nosotros para un uso futuro. Los científicos pueden situar instrumentos en un cohete que están inactivos durante meses mientras el cohete vuela por el espacio. En el momento adecuado, esos instrumentos se activarán para sacar cámaras, tomar fotografías y enviar mensajes a la tierra.

Ha habido personas que han acudido a nosotros para preguntarnos el significado de algún sueño infantil particularmente contundente y recurrente. Normalmente, descubrimos que el sueño o visión ya ha sido efectivo: el Espíritu Santo ha impulsado nuestra conversación porque el momento crucial es inminente.

Recientemente, Betty, una cristiana madura, trajo a Ann, una amiga suya, a verme. Ann estaba convencida de que su alma había muerto hacía varios días. Betty ya había comenzado a discernir que un espíritu de mentira habitaba en Ann. Ese demonio le dijo a Betty que Ann pertenecía en cuerpo, mente, corazón y alma a Satanás y que Ann estaba escogiendo la muerte y estaba en la paz de Satanás. Dios me dijo—aquel mismo viernes anterior—que Él traería a verme a tres personas, una de las cuales no era sincera, y yo debía decirle eso. Aquello me dejó perplejo, pero había orado y lo había sacado de mi mente. Entonces, llegaron las dos mujeres. Ann repetía: "Yo soy una farsante, usted es un farsante, todos son unos farsantes, todos son unos mentirosos". Y: "Estoy en paz, la muerte es paz, y sólo quiero que me dejen en paz".

De repente, me acordé de lo que el Señor me había dicho el viernes, y entonces comprendí. La tercera persona era el demonio que estaba en Ann; no era ella, sino él quien decía todo aquello. El demonio había convencido a Ann de que la muerte era paz. (Psicológicamente, ella estaba huyendo de las tensiones de la vida con su hijo y su esposo). Pero el Espíritu Santo me había dado la clave de su liberación: "Usted dice que todos los hombres son mentirosos; por tanto, usted también es insincera. ¿No es razonable entonces que esté usted mintiendo también cuando dice que la muerte fuera de Cristo es paz y descanso? Eso es una mentira. No es usted sincera. Satanás no tiene paz; él es un mentiroso".

Aquellas palabras comenzaron a resquebrajar los engaños de Satanás mediante los cuales había tenido cautiva la mente de Ann. Seguidamente, se produjo un importante exorcismo. Después Betty me dijo: "Quizá pueda decirme por qué, hace años, cuando me hice amiga de Ann por primera vez, el Señor me dio un sueño sobre ella que nunca pude olvidar. Oré por ello una y otra vez". Ella había soñado que Ann daba a luz a un bebé y luego lo mataba. El sueño tenía variaciones, pero ese era el tema continuo. El Espíritu Santo me mostró entonces el significado. Ann siempre había manejado la vida huyendo, y finalmente terminó en engaño y atadura demoníaca. Dios la conocía y previó la atadura, y había dado pasos para liberarla. En sueños, matar a un bebé con frecuencia significa nuestro propio odio por la vida y nuestra huída de ella. Aquel viernes, ella dijo: "realmente sentí un golpe mortal en mi alma. La sentí morir e irse de mí". Dios había esperado hasta entonces para efectuar su salvación, pero todo el tiempo había preparado a sus siervos justo para ese momento.

Visiones: indicaciones para sanidad, guía y liberación

Muchas veces, han acudido a nosotros personas con problemas—divorcio, conflictos paternos, culpa o incapacidad sexual y depresión, entre otros—y descubrimos que, en la niñez, tenía un sueño recurrente, el cual pudimos ver como algo que Dios había enviado como advertencia y guía. Tales sueños, visiones y soñar despiertos son con frecuencia importantes indicaciones para la sanidad y la liberación. En este sentido, quizá, debiéramos clasificar esos sueños despiertos como visiones, siendo una visión una imagen implantada por el Espíritu Santo en nuestra mente y corazón. No todos los sueños despiertos son visiones, pero los sueños *recurrentes*, dormidos o despiertos, debieran examinarse, aunque sólo fuera por su valor psicológico, sin mencionar la posibilidad de que sean la guía de Dios.

Cuando era niño, yo continuamente soñaba despierto que estaba en una habitación con estantes de libros donde acudía gente a visitarme. Y era en mi casa, que estaba llena de amor. ¿Fue solamente soñar despierto? Esa misma situación es ahora un hecho. ¿O fue el Espíritu Santo que estaba implantando guía en lo profundo de la mente de un niño?

Frecuentemente, el Señor dará una visión o sueños con años de anticipación para preparar a uno de sus siervos para hacer una obra para Él. José soñó con elevación, en la cual su padre y sus hermanos se postrarían ante él; luego pasó por años de dificultades y humillación, sin la cual nunca podría haber sido ascendido con seguridad. Quizá Jonatán tuvo una visión en 1 Samuel 14; al menos tuvo cierto sentir de que Dios haría algo por medio de él. Por tanto, él y su escudero salieron para batallar por Dios solos contra miles. ¿Les dio Dios una escalera mecánica para que pudieran llegar frescos y fuertes? No, ellos tuvieron que escalar arduamente un monte; y luego entraron en batalla. Entre cada visión y su cumplimiento normalmente hay un arduo camino. Por tanto, si parece que todo el infierno se ha liberado y nada va bien, regocíjese y alabe a Dios bajo sus sufrimientos. Esas aflicciones pueden confirmar su visión más que ninguna otra cosa. Dios le está quebrantando a fin de que el cumplimiento de la visión pueda venir de Él.

Sin embargo, cuando llega la oposición, es difícil saber si Dios está diciendo: "Yo no estoy en esto" o "ten valor, esta es la señal de que esto viene de mí". Esa es una de las razones por las que estamos dentro del Cuerpo de Cristo.

> Por boca de dos o de tres testigos se decidirá todo asunto.
>
> —2 Corintios 13:1

Rara vez los mejores amigos de un hombre son sus mejores confirmadores, pues, con frecuencia, sus propios intereses bloquean su juicio. Por tanto, el Señor frecuentemente dará a su siervo confirmaciones de personas casi totalmente extrañas o personas que de otro modo no podrían ser conscientes de lo que sus palabras puedan significar. Esto es especialmente cierto cuando la palabra o visión que Dios ha dado es contraria a lo que el cuerpo local está haciendo o pensando. Es una iglesia verdaderamente notable la que puede confirmar al siervo de Dios cuando él dice cosas que ellos no quieren oír. Dios prefiere confirmar nuestras visiones por medio de nuestros hermanos que están más cerca de nosotros en el Cuerpo, pero desgraciadamente, con frecuencia no estamos lo bastante muertos al yo para permitir que eso suceda.

Si llega confirmación y está usted convencido de su visión, obedézcala a pesar de todo (Hechos 26:19; Deuteronomio 23:21). Puede que esté usted equivocado, pero el Señor honrará su intención de obedecer, le perdonará y le sacará de los problemas.

> Con él *estaré yo en la angustia*; lo libraré y *le glorificaré.*
>
> —Salmo 91:15 (énfasis añadido)

Observemos que el versículo anterior no dice que Dios nos apartará de la angustia; más bien que Él estará con nosotros en ella. Él nos librará de ella, y nos glorificará. En una ocasión una visión me condujo en un camino contra el cual hablaba mi corazón. Mis hermanos lo confirmaron. Yo parecía innegablemente guiado a ello; por tanto, dije: "Señor, tomo esto como de ti. Si no lo es, tú sabes que mis intenciones fueron sinceras, y confío en ti para que me libres". En efecto, el tiempo reveló error; yo me encontré oprimido, confundido, enfermo; pero fue un consuelo saber que el Señor estaba allí conmigo todo el tiempo; Él me libró, y fui honrado por Dios y no avergonzado por mi error.

Problemas con las visiones

Si tenemos temor a equivocarnos y seguimos tratamos de vivir la vida cristiana, entonces nos hemos metido a nosotros mismos en una trampa (1 Juan 1:8). Pensamos que tenemos que poseer algo de justicia en nosotros mismos y tenemos temor de perderla; pero seguimos siendo pecadores redimidos por Cristo. Estamos vestidos de su justicia (1 Corintios 1:30). Por tanto, cuando tenemos "razón", significa solamente que hemos oído correctamente y hemos hecho lo que Dios nos dijo, y no que de algún modo tuviéramos razón intrínsecamente. La rectitud intrínseca es solamente fariseísmo.

Otro problema con las visiones surge de nuestras tendencias al pecado. Siempre que una persona está convencida de que Dios le está hablando, es probable que se enorgullezca, usándolo como un medio para elevarse a sí misma sobre los demás. Pablo advirtió:

> Nadie os prive de vuestro premio, afectando humildad y culto a los ángeles, entremetiéndose en lo que no ha visto, vanamente hinchado por su propia mente carnal, y no asiéndose de la Cabeza, en virtud de quien todo el cuerpo, nutriéndose y uniéndose por las coyunturas y ligamentos, crece con el crecimiento que da Dios.
>
> —Colosenses 2:18–19

Cualquiera de nosotros en cualquier momento puede envanecerse, situándonos firmes en las visiones y no aferrándonos a la Cabeza. Dios no da garantías, y ninguno de nosotros correrá la carrera sin errores. Restaurémonos los unos a los otros en bondad (Gálatas 6:1; Santiago 5:13–15). Los profetas deben tener libertad para errar, o no podrán recibir con valentía cualquier revelación nueva que Dios quiera traer al Cuerpo.

Cuando Dios muestra a un profeta algún pecado oculto u olvidado, es para salvarlo de los efectos de ese pecado. Nosotros, sin embargo, normalmente objetamos violentamente y tratamos de suprimir la visión. Odiamos ver nuestro propio pecado porque pensamos que nos descalifica (lo cual solo muestra lo mucho que seguimos confiando en nosotros mismos y no en Cristo).

> Mas todas las cosas, cuando son puestas en evidencia por la luz, son hechas manifiestas; porque la luz es lo que manifiesta todo.
>
> —Efesios 5:13

Deberíamos estar contentos al ver nuestro pecado, porque eso significará sanidad, pero “los hombres amaron más tinieblas que la luz, porque sus obras eran malas” (Juan 3:19).

Por tanto, el Señor muestra a su profeta cómo son realmente las cosas y qué, como consecuencia, va a suceder a fin de que la poner en funcionamiento la maquinaria de la salvación. Muchas veces un profeta, cuando ve el futuro, se humilla a sí mismo y le pide a Dios que le muestre su pecado. Tales oraciones son frecuentemente respondidas mediante una visión que muestra algún segmento de la vida del profeta de tal modo que revela claramente el pecado en cuestión. Eso puede, momentáneamente, causar agonía al siervo de Dios, pero solo lo suficiente para llevarlo a un sincero arrepentimiento y al gozo de la restauración.

A veces, sin embargo, no vemos nuestro pecado sino el de otras personas. En tales casos, el Señor nos enseña a actuar como lo haría Él: aconsejar, perdonar y sanar al otro. Satanás acusa; el Señor revela en luz. Nunca hemos visto que las visiones del Señor que revelan nuestros pecados o los pecados de otro vayan acompañadas de ninguna otra cosa sino compasión. Satanás obra espontáneamente; el Espíritu Santo revela los pecados de otros solo si el pecador ha entregado su voluntad al Señor y, por tanto, Él tiene la invitación. Por eso Dios mostró el asesinato y adulterio de David a Natán (2 Samuel 12:1–14). Acab fue rebelde, pero seguía estando ungido por Dios para ser rey; y así, su pecado en el caso de la viña de Nabot le fue revelado a Elías (1 Reyes 21:19–29).

Las visiones frecuentemente nos ayudan a Paula y a mí en nuestra consejería. El Espíritu Santo característicamente describirá el aspecto de una casa, la descripción de una habitación, y luego un incidente en un año dado de la vida de una persona. Al oírnos decir esas cosas, la persona exclamará: "Vaya, sí, así era exactamente mi casa, y así era mi cuarto, y eso sucedió tal como usted lo describió". Tal visión realmente libera el entendimiento, la confesión o la sanidad. Todos los que aconsejamos necesitamos este don de conocimiento. Incontables veces mujeres se han quejado a nosotros de que son incapaces de disfrutar realmente del sexo con sus esposos. Muchas veces, el Espíritu Santo me muestra una imagen de la mujer de la que un hermano, padre, tío o abuelo ha abusado sexualmente. Esas mujeres con frecuencia han reprimido ese recuerdo bastante profundamente, pero no puede ser sanado al menos que primero salga a la luz. Hasta entonces, esa amargura reprimida actúa como una raíz para causar un problema en el presente (Hebreos 12:15).

Con frecuencia hay pastores que acuden a consejeros con discursos ya planeados, incapaces de ser sinceros totalmente o de confesar libremente. La verdad es un don del Espíritu Santo, pues el corazón es engañoso (Jeremías 17:9). Así, un efecto secundario de esas palabras de conocimiento es empujar al aconsejado a una sinceridad a la que no está acostumbrado.

Sin embargo, deben establecerse claros límites. Hay una delgada línea entre el don de conocimiento del Espíritu Santo y el don humano de la desconfianza. Parecen iguales, pero el primero se usa para extender el reino de Dios, mientras que el segundo se usa para extender el reino del yo. Deberíamos diariamente, momentáneamente, rendir todo don de visión, conocimiento y percepción a que muera en la cruz a fin de que solo la vida resucitada del Señor Jesucristo pueda estar en funcionamiento. Pero al igual que no dejamos de conducir autos porque alguien conduzca temerariamente, o no dejamos de nadar porque alguien se ahogue, no debemos dejar de profetizar debido a los peligros.

Todo el que recibe una visión debería aprender a seguir al Señor, y no la visión. Si la visión es verdadera, el Señor hará que se cumpla. Si el receptor trata de hacer que la visión se cumpla, inevitablemente estará permitiendo deseos egoístas ocultándolos bajo un manto de sinceridad religiosa.

A veces se dan visiones para alentar y guiar. Paula y yo estábamos orando por un cristiano que estaba siendo llamado a aguantar mientras que su esposa se debatía en rebelión contra su autoridad, su negocio en ciernes estaba trastornado, y los grupos de células que estaban alrededor de él tenían problemas. Yo vi un barco grande navegando en una tormenta, mientras una voz gritaba: "Firme conforme avanza". De modo extraño, grandes vientos y olas lo golpeaban, mientras que las velas estaban dirigidas hacia el viento, y no en su contra. Entonces vi detrás del barco una estela de paz. Le conté la visión a mi amigo y dije: "Tus velas están llenas del viento del Espíritu Santo, y no de los vientos de la tormenta, y estás navegando por medio de su fortaleza *a* la tormenta que Él podría tener para ti. Ten valor; el Señor te está bendiciendo y diciéndote que no temas. Tus velas están llenas de Él, y no de la confusión que te rodea".

Los principiantes pueden pensar apresuradamente que sus dones les dan derecho a comportarse con arrogancia; pero Dios los tomará y los hará pasar por la disciplina de la prueba y el error. Su objetivo es siempre tanto desarrollar carácter como lograr la tarea. Paula a menudo recibe visiones humorísticas mientras ora por otros; pero el Señor usa su vergüenza y el humor para relajar al aconsejado y ayudarle a reírse de sí mismo, una clara señal de sanidad.

Dios quiere enviar su palabra para reedificar su tierra. Es una tierra que se nos ha dado para cuidarla, recuperada del supuesto dominio de Satanás mediante la resurrección de nuestro Señor. Por tanto, el Señor quiere nuestra invitación y afirmación; Dios quiere darnos imágenes de cómo Él bendecirá la tierra y luego unirse a nosotros para hacer suceder esas cosas. Él quiere mostrarnos el daño venidero que podría ser evitado por el arrepentimiento. Roguemos, como Abraham hizo, por la liberación de nuestras actuales "Sodomas y Gomorras", mientras recordamos que somos llamados a mucho más que la defensa. Somos llamados a ser personas que transformen la tierra y sus tragedias en gloria. Estemos firmes para agarrar la visión de Dios, para que nuestra tierra pueda ser transformada en algo más que el Edén, y que la humanidad pueda ser libre al fin para vivir en amor.

CAPÍTULO CATORCE

Lenguaje oscuro: la manera extraña y gozosa de Dios de hablar a la humanidad

Con frecuencia, el Señor hablará a sus hijos en lenguaje oscuro —un juego de palabras, un acertijo, una figura o una parábola— cuando podría haber hablado más fácilmente directamente. ¿Por qué? Hemos indicado algunas respuestas: lo educado de su hablar indirectamente, su deseo de que maduremos, y otras cosas. Quizá la razón más sencilla sea que Él debe permanecer oculto a nosotros.

> Lo que pasó, ya antes lo dije, y de mi boca salió; lo publiqué, lo hice pronto, y fue realidad. Por cuanto conozco que eres duro, y barra de hierro tu cerviz, y tu frente de bronce, te lo dije ya hace tiempo; antes que sucediera te lo advertí, para que no dijeras: Mi ídolo lo hizo, mis imágenes de escultura y de fundición mandaron estas cosas. Lo oíste, y lo viste todo; ¿y no lo anunciaréis vosotros? Ahora, pues, te he hecho oír cosas nuevas y ocultas que tú no sabías. Ahora han sido creadas, no en días pasados, ni antes de este día las habías oído, para que no digas: He aquí que yo lo sabía. Sí, nunca lo habías oído, ni nunca lo habías conocido; ciertamente no se abrió antes tu oído; porque sabía que siendo desleal habías de desobedecer, por tanto te llamé rebelde desde el vientre.
>
> —Isaías 48:3–8

Dios sabe lo que hace. Si nos volvemos molestos o impacientes por no poder entender lo que Él nos ha dicho, el error, si es que hay alguno, está en nosotros, y no en Dios. Cuando los discípulos instaron a Jesús a interpretar oscuros dichos sobre su muerte, de todos modos no los retuvieron, y solamente recordaron su significado mucho después del evento (Lucas 9:28–45; 18:31, 34; Marcos 9:30–32).

Si pensamos sobre un tema dado, Dios puede hablarnos en un juego de palabras o una parábola, dejándonos suponer que Él está hablando sobre lo que estamos pensando, cuando en realidad está hablando de otra cosa. Él sabe que lo entenderemos tarde o temprano. A veces, los profetas del Antiguo Testamento no eran conscientes de la plenitud de lo que estaban profetizando, sino pensaban que estaban hablando solamente de eventos inminentes como el regreso de Israel del exilio en Babilonia (Isaías 40). El Espíritu Santo hablaba en lenguaje oscuro de eventos mayores que los que ellos conocían. Jesús utilizó este método de lenguaje oscuro con Nicodemo en Juan 3 y con la mujer en el pozo en Juan 4. Cada uno de ellos pensó que Él estaba hablando de una cosa, de nacer de mujer o de sacar un trago de agua respectivamente, mientras que en cada caso el Señor usó la conversación para atraerlos a significados más profundos en el Espíritu.

Ejemplos de lenguaje oscuro

Con frecuencia, el Espíritu Santo se comunica a sus profetas despertándolos a percibir significados en cosas corrientes. Jeremías observó la rueda del alfarero (Jeremías 18–19), y vio a Dios formando a sus criaturas. Saúl, en su ansiedad, agarró el manto de Samuel; el manto se rasgó cuando él lo agarró: "Entonces Samuel le dijo: Jehová ha rasgado hoy de ti el reino de Israel... " (1 Samuel 15:28).

En una ocasión, el Señor me dijo que orara por Turquía. Recuerdo que Turquía había experimentado varios terremotos; por tanto, los terremotos estaban en mi mente. El Señor entonces me advirtió que llegaría sobre Turquía un gran terremoto, y que más de 50,000 personas morirían a menos que hubiera hombres que oraran. Tres semanas después surgió la disputa entre Turquía y Grecia por Chipre (22 de julio de 1974). A mí se me había dicho concretamente que orase por Ankara, donde estaría el epicentro del terremoto. Como capital, Ankara era naturalmente el centro de la conmoción política y militar que podría haber llevado a la guerra a Grecia y a Turquía. Yo no hice público nada de esto. Si lo hubiera hecho, me habría sentido como un tonto. El lenguaje oscuro de Dios no me equivocó, pero me guardó del orgullo.

Un día, el Señor dijo que debía llamar a una anciana porque "la muerte estaba sobre ella". Yo la encontré con buena salud, pero ella enseguida me dijo que había querido que la visitara, porque quería hablar conmigo con respecto a sus temores a la muerte. La muerte estaba verdaderamente "sobre ella".

Conocí a otra mujer que estaba atrapada en su propia prisión mental. No podía afrontar sus problemas porque la niña en su interior estaba desesperadamente aterrada. Oré para que la niña fuera llena de amor y liberada para salir y vivir la vida. Antes de su siguiente visita, el Señor me dijo que ella había salido, estaba vibrantemente viva y que me lo diría. En efecto, ella llegó deshecha en sonrisas, pero pasó a relatarme una historia acerca de otra persona. El Espíritu Santo me ayudó a ver que aquella era su propia historia. Su nueva base en la vida era demasiado preciosa para ella para mirarla y hablar de ella abiertamente.

Yo entré en el juego y disfruté de la historia, y hablamos el uno al otro como dobles. Un extraño que nos escuchara habría pensado que los dos estábamos locos. Si el Espíritu Santo no me hubiera dejado ver el lenguaje oscuro y entenderlo, no podría haberla ayudado aquel día. Al final, ella sonrió más y dijo: "Estoy bien, ¿verdad?". Si yo hubiera dejado al descubierto su juego y le "hubiera entregado la verdad", ella se habría decepcionado. Ella subconscientemente había escogido el juego como una manera de decir: "Aquí estoy, estoy fuera; ¿puede verme y reconocerme? ¿Me aceptará?". Al encontrar aceptación, ella pudo escoger seguir fuera. Así, el lenguaje oscuro fue una parte del modo en que el Señor le permitió crecer a fin de poder decir: "Vete en paz, *tu fe* te ha sanado".

Los granjeros entienden el valor de cubrir las cosechas. A veces, ellos plantan juntas avena y alfalfa. La avena actúa como una cubierta para la alfalfa más tierna. Cuando se corta la avena, la alfalfa está preparada para soportar la exposición. Nuestro amoroso y sabio Padre a menudo nos deja probar algo en lo cual tenemos confianza, sabiendo que eso nos preparará para hacer cosas para las cuales aún no tenemos confianza.

El lenguaje oscuro puede ser humorístico

El lenguaje oscuro a menudo trae con él una nota de humor. Un amigo mío y yo en una ocasión estábamos orando con una mujer cuyos pulmones e intestinos estaban cubiertos de cáncer. Al seguir orando por ella, ella sintió náuseas y se puso muy pálida, y convencida de que se estaba muriendo, comenzó a vomitar. Mi amigo y yo fuimos empujados por el Espíritu Santo a contarnos bromas el uno al otro entre las oraciones. A veces, nuestras risas eran muy embarazosas, considerando lo grave de la situación. Más adelante, la mujer confesó que las risas y las bromas eran justamente lo que ella necesitaba. Aquella alegría era el lenguaje oscuro de Dios para ella. Él le estaba diciendo que no tuviera temor, sobre todo ya que ella era una persona temerosa que se tomaba a sí misma con demasiada seriedad.

Poco después de comenzar a enseñar en escuelas de cuidado pastoral, comencé a quedar atrapado en un misticismo demasiado serio, confundiendo eso con la verdadera fe. En una de las escuelas en Whitinsville, Massachusetts, llegué a estar quemado, muy cansado, llevado por visiones y perspectivas, y finalmente completamente engañado. El deleite de Satanás es llegar a alguien que esté disfrutando de una verdadera experiencia espiritual y luego ayudarle a ir demasiado lejos. Su esperanza es que actuemos con exceso de celo o que lleguemos a estar tan humillados, enfermos o temerosos que simplemente no volvamos a intentarlo. Con su ayuda, pronto llegué a estar muy seguro de que el Señor me había revelado el momento exacto del inminente rapto. ¡Iba a suceder a las cuatro en punto de aquella tarde! Las personas que estaban conmigo en Whitinsville en la escuela y otros elegidos en varios lugares de retiro y oración serían los únicos que "subirían". Yo llegué deshecho en lágrimas a un grupo en oración, quienes pronto percibieron en qué punto estaba yo. Uno de los hombres dijo: "John, ¿por qué no nos vamos todos a tomar un helado?". Aquel fue probablemente el mejor antídoto en ese momento. Pero yo pensé: *Oh, estas pobres personas. El mundo va a terminar, y nunca más volveremos a ver a nuestras familias, ¡y en lo único que piensan es en ir a tomar helados!* Rompí en lágrimas. Ellos llamaron a Agnes Sanford, quien dijo: "John, estás sobrecargado. Vete a dormir".

Yo pensé: *Bien, puedo irme igualmente desde allí que desde cualquier otro lugar, así que ¿por qué no?* Fui al piso de arriba y me tumbé en mi cama. Lo que yo no sabía era que en aquella ciudad había un parque de bomberos de voluntarios, que fue llamado por un gran megáfono. Desde luego, por si no lo sabía, hubo una alarma de incendio, y la sirena sonó a máximo volumen a las cuatro en punto. Desde unos cuantos centímetros en el aire, yo grité: "Dios mío, ¡es Gabriel!". Qué bien se sintieron aquellas sábanas a las 4:05. Poco después de pensar en unas cuantas ideas equivocadas sobre que el Señor había venido y se había ido, volví a la tierra con un suspiro, y luego rompí a reír.

El valor del lenguaje oscuro

Con frecuencia, el Señor dará a sus hijos una guía a medias. Por ejemplo, el Señor puede decir: "Hay un hombre que vendrá a verte vestido con un traje negro; cuidado con él". El hombre puede llegar vestido con un traje negro o no; el Señor puede haber querido decir que el hombre estaría vestido mentalmente de desesperación, dolor o temor a la muerte. Si pensamos que Dios nunca hablaría así, deberíamos recordar que la mayoría de las profecías sobre la primera venida de Cristo nunca fueron claras hasta después de su cumplimiento.

La mayoría de nuestros errores en la interpretación de la Escritura han llegado por tratar de fijar pasajes proféticos con ciertas situaciones históricas concretas. Más de un orgulloso erudito ha sido humillado por un "sonido a las cuatro en punto". Si Dios nos diera una guía demasiado precisa de antemano, casi con seguridad diríamos: "Muy bien, Señor, ahora lo entiendo. No te necesito; ya sé qué hacer". Aun en el importante asunto de elegir al rey de Israel, a Samuel se le dijo solamente que uno de los hijos de Isaí sería el elegido. Solo cuando llegó el momento de ver a los ocho hijos el Espíritu Santo lo guió a David (1 Samuel 16:12). El lenguaje oscuro nos da pautas generales, pero quizá su mayor valor esté en que nos mantengamos constantemente dependientes del Espíritu Santo.

El Salmo 119:105 nos dice que su Palabra es una lámpara para nuestros pies, pero queremos una linterna que alumbre kilómetros por delante de la carretera. No nos gusta andar por fe, sino andar por vista. Tratamos de volvernos y escuchar la adivinación. El lenguaje oscuro es una de las maneras en que Dios nos protege de eso. Si presionamos demasiado diciendo: "Señor, muéstrame con claridad", puede que Él nos permita tener el espíritu de adivinación que hemos pedido hasta que, cansados de sus errores, estemos dispuestos a conformarnos con el maná diario en lugar de pedir carne (Números 11).

El lenguaje oscuro nos mantiene humildes; es el tercero en la escala. Los sueños llegan cuando la mente está dormida; las visiones llegan cuando la mente está despierta, pero sus imágenes sobrepasan la comprensión y el control. El lenguaje oscuro se da al escuchar directamente la voz de Dios, pero una vez más la mente ha sido sobrepasada por el hecho de que las palabras no pueden ser entendidas con claridad y seguridad. Contrariamente a la mayoría de nosotros, a Moisés, quien había llegado a ser "muy manso, más que todos los hombres que había sobre la tierra" se le podía hablar "cara a cara hablaré...y claramente, y no por figuras" (Números 12:3, 8). El Señor le había quebrantado tanto que podía confiar en que Moisés estaría con Él si le hablaba con claridad. El lenguaje oscuro y su consecuente falta de claridad son así nuestra protección por la sabiduría de Dios.

Con frecuencia, los viernes en la noche asistimos a una reunión de católicos carismáticos de unas doscientas personas. Justamente antes de una de las reuniones yo oí al Señor hablarme oscuramente: "Habrá una explosión en la reunión esta noche". Más adelante, sucedió que el Espíritu Santo cayó en la reunión de manera notable. Interpretación y enseñanza salieron del grupo reunido de modo que sobrepasó cualquier cosa que los líderes hubieran estado esperando. Cuando yo vi esa "explosión", me aseguré que era del Espíritu Santo, debido al lenguaje oscuro que yo había oído anteriormente. De otro modo, podría haber resentido alguna falta de respeto por los líderes. Antes de que se produjera la explosión realmente, yo no tenía manera de saber el significado preciso de lo que Dios me había dicho.

En una ocasión, el Señor me dijo: "Te bendeciré hoy con un regalo de amor". Eso me sonó bien; y comencé a tener una idea bastante clara de lo que podría significar. Pasé gran parte del día esperando que me sucediera algo bueno; pero quedé decepcionado. De hecho, casi lo único notable que sucedió ese día fue que una persona me dio una memorable reprimenda por algo que yo había hecho. Al principio, no podía entender lo que el Señor había querido decir con aquellas palabras, hasta que mis ojos leyeron el Salmo 141:5. Dios había querido que viera que era realmente Él quien había guiado la reprimenda, que significaba que Él me ama, y que yo necesitaba la humillación de no entender mientras escuchaba.

El lenguaje oscuro y la Escritura

Jesús una vez le dijo a Pedro:

> Simón, Simón, he aquí Satanás os ha pedido para zarandearos como a trigo; pero yo he rogado por ti, que tu fe no falte; y tú, una vez vuelto, confirma a tus hermanos.
>
> —Lucas 22:31–32

Cualquiera que hubiera sido la interpretación que Pedro dio a lo que Él dijo, descubrió su verdadera intención con prontitud, y está bastante clara para nosotros ahora. Pero me gustaría sugerir que podría seguir siendo calificado como profecía de lenguaje oscuro para nosotros hoy día. La sangre pascual sobre los dinteles no solo significaba que el ángel de la muerte pasaría de largo en las casas de los israelitas, sino que también anunciaba el sacrificio de Cristo (Éxodo 12:7; 1 Corintios 5:7). Cuando Moisés levantó la serpiente en el desierto, prometía protección de las mordeduras de las serpientes y era un tipo de la elevación de Cristo en la cruz (Números 21:8–9; Juan 3:14). Por tanto, no es inconcebible mirar atrás desde la perspectiva actual y ver algo más en las palabras de Jesús a Pedro.

Yo sugiero que Pedro es tipo de la iglesia católico romana que Satanás ha zarandeado como a trigo. Pero debido a la intercesión de Jesús, la tribulación y la humillación están siendo convertidas en gloria en nuestro tiempo. A medida que Dios derrame su Espíritu sobre toda carne, veremos la comunión católica "volverse otra vez" y convertirse en una fuente de fortaleza para sus hermanos en todas las comuniones de la cristiandad.

No a todos les emociona esta idea, pero está bien. Si es la verdad, el Espíritu Santo la hará clara en su debido momento. Si es falsa, entonces yo estoy equivocado, lo cual no debería sorprender a nadie. Pero el punto principal es que el Espíritu Santo puede querer decirnos verdades frescas de la Biblia en lenguaje oscuro.

Estamos sujetos a opiniones contradictorias y al error, y Dios lo mantiene así mediante el lenguaje oscuro. Evita torres de Babel; Dios evita que estemos de acuerdo demasiado completamente, para que no pensemos que "lo tenemos". Cuando "lo tenemos", creemos que podemos hacerlo sin Él y, como consecuencia, nos apropiamos de la viña, expulsamos a sus mensajeros y llevamos las cosas a nuestra manera. Pero si Él nos deja en cierta medida de incertidumbre, debemos buscarlo a Él continuamente. Unidad significa Cristo en el centro, no uniformidad o acuerdo en los detalles. Tal uniformidad carnal inevitablemente se convierte en un medio por el cual nos ponemos a nosotros mismos en el centro.

A veces, el Espíritu Santo nos traerá a la mente pasajes de la Escritura y hará que los leamos. Normalmente no sabemos cuáles son esos versículos hasta que abrimos la Biblia; entonces el Espíritu Santo aviva un significado personal. Eso no debe confundirse con abrir la Biblia al azar y señalar una parte con el dedo. Eso es superstición. Cuando el Señor nos hace oír referencias bíblicas, lo hace para que podamos oír lo que de otra manera no escucharíamos.

En una ocasión le pedí al Señor que revelara mis pecados para que pudiera confesarlos. Él me dio una larga lista de pasajes bíblicos para leer; cada uno de ellos describía un pecado en particular, que el Señor me ayudó a ver que yo estaba cometiendo. En dolorosa sucesión siguieron sorpresa, conmoción y vergüenza. Los últimos pasajes trataban todos sobre la seguridad del perdón y la restauración. Yo no sabía si estar más sorprendido por mi pecaminosidad o por la precisión del método del Señor para mostrármela. No había manera en que yo pudiera haberlo soportado si el Señor hubiera escogido decirme esas cosas directamente. El lenguaje oscuro me dio el tiempo para recibir gracia para aquietar mi corazón que protestaba y escuchar.

Hemos dicho mucho acerca de la naturaleza alegre de Dios y el consiguiente hecho de que la vida no es tan seria como nosotros la hacemos ser. Eso es en Jesús, pero fuera de Él la vida es mortalmente seria y algunas veces apasionadamente lúgubre.

Una vez, Paula y yo sentimos que el Señor nos guiaba, día tras día, a pasajes bíblicos que hablaban de falsas acusaciones y persecuciones, aún hasta la muerte. En un principio, pensamos que el

Señor nos estaba diciendo que Él entendía la persecución que estábamos soportando entonces; pero día tras día Él seguía con ese tema. Finalmente, entendimos que Él nos había estado llamando a orar por quienes son falsamente acusados. Comenzamos a orar por individuos en el gobierno, por cristianos tras las cortinas de hierro y de bambú, y por pastores perseguidos por sus congregaciones. Aún sentíamos que había más. El Señor siguió con el tema, cada mañana dándonos más pasajes de acusaciones de hombres contra hombres y su brutalidad.

Finalmente, entendimos la idea de que había mucha más acusación de hombres contra hombres de la que conocíamos, especialmente contra cristianos y, finalmente, contra el Señor. Habíamos sido protegidos, y solo vagamente éramos conscientes del extremo de la pecaminosidad del hombre y su falta de humanidad para con el hombre. Al día siguiente después de entenderlo, Paula y yo fuimos al supermercado. Yo me acerqué a los estantes de las revistas y agarré una revista llamada *Saga*. Normalmente, yo nunca leo revistas como esas, pero compré una. En casa, mis ojos vieron un artículo sorprendente: "Tortura: más de la mitad de los países del mundo utilizan la tortura, ¡y va en aumento![1] El artículo hacía una crónica caso tras caso de horrible tortura, infligida sin ley sobre inocentes víctimas en Europa y América del Norte, en países del tercer mundo, y tras la cortina de hierro. Revelaba una masiva epidemia de un trato duro, inhumano y bestial de hombres y mujeres en todo el planeta. El Señor nos llamaba a Paula y a mí y, sin duda a incontables otros, a la intercesión. Supimos, al fin, por qué habíamos estado llorando delante de Él en oración.

En el Señor Jesucristo, la vida es gozo y resplandece de humor, pero fuera de Él la vida es finalmente solemne, y hasta horrible. Sin el gozo y la seguridad que tenemos en Cristo, no podemos aguantar por mucho tiempo salir airados en la corrupción de la humanidad; pronto terminaremos enojados con Dios y quizá perderemos nuestra fe por completo. Por otro lado, algunos cristianos han sido seducidos por los gozos de la fe hasta el punto que no quieren oír, y no oirán, de ninguna de las tragedias del mundo que podrían llamarlos a la intercesión y el servicio. Quieren huir al santuario para celebrar. Quienes han perdido el gozo tienden a burlarse de quienes celebran, llamándolos "irresponsables", mientras que los que celebran podrían responder: "Pero ustedes han perdido la fe en que Jesús *es* Señor de todo". La celebración y el servicio deben ir unidos en la vida de todo cristiano. Podemos quejarnos y llorar ante Dios por sus hijos y regocijarnos en el mismo momento. No somos llamados a ser coherentes; somos llamados a ser cristianos.

El lenguaje oscuro nos enseña que el conocimiento humano no puede abarcar la realidad; por tanto, no vivimos por la mente sino por el Espíritu. Aprendemos a descansar en las incoherencias. Los culpables buscan ocultar toda trampa y asegurarse de que nada parezca sensato y lógico; pero los redimidos del Señor saben que ellos son pecadores e incoherentes; ya no tienen que tener nada conformado a un estándar coherente.

Sin embargo, cuando Satanás ata a las personas, hay una desesperada urgencia por hacer que todo se conforme a algún patrón. Ese es el caso en todo régimen totalitario. Podemos verlo fácilmente en el nazismo y el comunismo. Pero siempre que el hombre camina con el Señor, la lógica carnal se ve fracturada. Somos libres de la culpable demanda de la mente de uniformidad y coherencia; nuestra coherencia está en el Espíritu, mientras que la personalidad y el carácter de nuestro Señor resplandecen a través del quebrantamiento. A veces, hemos edificado nuestros fáciles sistemas de pensamiento y de conducta a lo largo de los años, y puede que necesitemos muchos más años de oír el lenguaje oscuro de Dios, y de ser fracturados por él, antes de que estemos dispuestos a descansar en un Dios cuyos pensamientos trascienden a los nuestros. Pero llegará el día en que podamos descansar en los dentados bordes de lo desconocido y aun así confiar en que Dios nos tiene en ellos.

CAPÍTULO QUINCE

Cara a cara: lenguaje claro y audible

Durante mucho tiempo, Paula y yo quisimos oír a Dios hablar directamente con más frecuencia, en lugar de hacerlo en sueños, visiones y lenguaje oscuro. Pero eso era antes de aprender que a su llegada debe preceder mucho quebrantamiento. Las personas que con frecuencia oyen a Dios hablar directamente están sujetas a enorme tentación. La humilde dependencia se pierde fácilmente en aquellos que creen que saben todo. Quienes son verdaderamente quebrantados pueden oír directamente y seguir siendo mansos, como Moisés. Pero la mayoría de nosotros pasamos con mucha facilidad de seguir a Jesús a comenzar a hacer un ídolo de *lo que* Él nos ha dicho. La "cosa"—el arte de escuchar, lo concreto de lo que se dice, la confianza obtenida—pronto se convierte en un objeto en sí mismo, y la relación entre Dios y su siervo se pierde.

Cuando yo era pequeño, me encantaba escuchar a mis tíos contar historias. Ellos contaban historias estupendamente, y la familia se reunía para oír historias que todos habíamos oído desde que éramos pequeños, y todos nos reíamos en los momentos adecuados como si cada broma fuera nueva para nosotros. Lo importante era la comunión. La personalidad del que la relataba adornaba la historia, y cada parte traía a la memoria algún bonito recuerdo común, de modo que todos nosotros podíamos revivir nuestros sentimientos. Uno salía de esas reuniones sintiéndose renovado y fortalecido.

Dios quiere al final visitar a sus hijos; Él quiere encontrarse con nosotros de corazón a corazón y compartir viejas historias familiares; Él quiere reírse con nosotros y amarnos.

> Caminaremos y hablaremos como los buenos amigos debieran hacerlo y hacen.
> Juntamos nuestras manos, y nuestras voces resuenan de risa;
> Mi Dios y yo caminamos por los matices de la radera.[1]

Quizá no tengamos un propósito mayor que el que, a través de nuestro paso por aquí, Dios pueda dar nacimiento a hijos con los cuales Él pueda tener una sencilla comunión (1 Juan 1:1–4). Pero qué fácil es hacer un trabajo de escuchar, y reducir la comunión a un "ello". Ya que la comunión da la gracia de guardar lo que se dice, cuanto más practiquemos el escuchar en lugar de buscar su rostro, más seco y más imposible se volverá el camino. No podemos guardar ni aún lo primero que Él ha dicho, y mucho menos lo demás; pero cuanto más adoramos, más se queda en el interior lo que se escucha, ayudando a la adoración y el servicio, y nunca convirtiéndose en una cosa en sí misma. En pocas palabras, no deberíamos buscar en primer lugar el escuchar, sino el adorarlo a Él, y entonces el escuchar seguirá (ver Mateo 6:33).

Dios habla

Job quería hablar cosas con Dios, entender, que se le mostraran cuáles eran sus pecados (Job 9–10). Entonces, él utilizaría lo que oyera para volver a tener la comunión; pero no sucede de ese modo. Al igual que nosotros queremos que nuestros hijos confíen en nosotros antes de explicarles nuestros actos, así Dios nunca respondió las preguntas de Job. Más bien, en el capítulo 38, Él había confundido tanto la mente de Job que éste clamó:

> He aquí que yo soy vil; ¿qué te responderé? Mi mano pongo sobre mi boca. Una vez hablé, mas no responderé; aun dos veces, mas no volveré a hablar.
>
> —Job 40:4–5

Pero Dios no había terminado. Él añadió misterio sobre misterio hasta que Job clamó:

> Yo conozco que todo lo puedes, y que no hay pensamiento que se esconda de ti. ¿Quién es el que oscurece el consejo sin entendimiento? Por tanto, yo hablaba lo que no entendía; cosas demasiado maravillosas para mí, que yo no comprendía. Oye, te ruego, y hablaré; te preguntaré, y tú me enseñarás. *De oídas te había oído; mas ahora mis*

ojos te ven. Por tanto me aborrezco, y me arrepiento en polvo y ceniza.

—Job 42:2–6 (énfasis añadido)

Cuando verdaderamente vemos o experimentamos a Dios, Él surge por encima de todo lo que hasta la mente o el espíritu pueden soportar, y tanto la boca como el oído son detenidos. Este es el final de la escucha. Nuestras palabras solamente interfieren y nuestros pensamientos se convierten en malos versos cuando Él está ahí plenamente. En la plenitud de su presencia, el escuchar se libera de todo lo que ha sido y se convierte en una nueva dimensión de atención, apreciación, respeto y adoración de su majestad.

Sin embargo, gran parte del tiempo Dios escoge no sorprendernos en su abrazo, sino enseñarnos de modo práctico en mitad del mundo del trabajo. Un padre que trabaja con sus hijos en el campo da órdenes con rapidez, pero llega un momento en que escoge sentarse y tener comunión. Necesitamos ser capaces de notar la diferencia entre esos dos tipos de visitación de Dios, *y* necesitamos dejar la elección entre las dos en manos de Dios. Insistir en el rapto y la dicha es idolatría; pero también lo es nuestra terca negación a dejar nuestro trabajo y tener comunión con Él. El cristiano maduro detecta la voluntad del Padre y se reúne con Él según los términos de Él, estando muerto a sus propias demandas.

Uno se pregunta: ¿Hablaba Dios siempre a Moisés claramente, o solo algunas veces? ¿Quería Moisés siempre que Dios hablara directamente, o también estaba contento con sueños, visiones y lenguaje oscuro si Dios así lo escogía? S. Pablo dijo: "he aprendido a contentarme, cualquiera que sea mi situación" (Filipenses 4:11). Pero en la misma carta también dijo: "prosigo a la meta, al premio del supremo llamamiento de Dios en Cristo Jesús" (Filipenses 3:14). Por tanto, debemos estar contentos y descontentos, llenos y sin embargo hambrientos. Moisés, lleno de la presencia de Dios, aún buscaba verlo con más claridad (Éxodo 33:18).

Cómo habla Dios

¿Cómo nos habla Dios? ¿Envía él un ángel? ¿Susurra a nuestros oídos desde el exterior? ¿Habla desde el interior? Probablemente importe poco de qué manera haya escogido Dios hablarnos. El que no podamos responder estas preguntas con certeza nos humilla y aparta nuestra tendencia a poner las cosas en cajas cerradas. Dios puede hacer que una voz se eleve en nuestro interior, o puede hablarnos por medio de un mensajero celestial. De cualquier manera, siempre queremos estar seguros de que sea Él y, mediante la escucha, buscar amarlo cada vez más.

Algunas veces, queremos más certeza y pensamos que si Dios hablara audiblemente, podríamos estar seguros. Pero aún el lenguaje audible a menudo se escucha de manera diferente por distintas personas. Cuando Jesús fue bautizado, Mateo 3:17 nos dice que la voz del cielo dijo: "*Este* es mi Hijo amado, *en quien* tengo complacencia" (énfasis añadido). Pero Marcos 1:11 y Lucas 3:22 dicen: "*Tú* eres mi Hijo amado; *en ti* tengo complacencia" (énfasis añadido). El Señor hace que sus hijos oigan las mismas palabras de manera diferente, normalmente según los propósitos de Él y las necesidades de ellos.

Sin embargo, la verdad de Dios no se ve disminuida por las diferencias, sino aumentada. Cuando Saulo vio y oyó al Señor, quienes estaban a su lado "se pararon atónitos, oyendo a la verdad la voz, mas sin ver a nadie" (Hechos 9:7). El modo en que Saulo recibió el evento fue cualitativamente y cuantitativamente diferente al de quienes estaban con él. Cuando Jesús clamó: "Padre, glorifica tu nombre…"

> Entonces vino una voz del cielo: Lo he glorificado, y lo glorificaré otra vez. Y la multitud que estaba allí, y había oído la voz, decía que había sido un trueno. Otros decían: Un ángel le ha hablado.
>
> —Juan 12:28–29

A veces, deseamos: "¡Si Dios nos hablara en voz audible y nos dijera (con más frecuencia *a ellos*) exactamente lo que Él quiere!". Pero el problema no está en Dios, está en nosotros. Aun si Él hablara, algunos pensarían que era un trueno, y otros que un ángel había hablado. Ni una sola de las personas que estaban con Jesús aquel día pensó que Dios había hablado abiertamente. Mientras exista el libre albedrío, y sigamos oyendo y percibiendo a individuos, Dios puede enviar una visión a un grupo, o hablar en voz audible, o pronunciar un mensaje por medio de un predicador o un profeta, y cada persona lo oirá de modo diferente.

¿Cuántas veces hemos oído a personas decir: "Hay solamente una verdad", y luego pasar a revelar que ellos creen que solamente ellos tienen esa verdad? Cualquiera que pudiera ser la verdad, nuestro modo de escuchar (percibir, comprender, recibir, retener) es siempre subjetivo. El modo en que yo perciba un evento dado no debe tomarse, por incisivo que pueda ser para mí, como global y exclusivo. Mis percepciones siempre necesitarán la corrección de mi hermano (Proverbios 11:14; 20:18; 24:6).

Atención a los peligros

Para ver más claramente por qué necesitamos someter lo que oímos a otros creyentes, veamos más de cerca los peligros que existen al escuchar a Dios. El primero es la carne. Cada uno de nosotros naturalmente quiere ser especial, distinto a nuestros hermanos y hermanas, único y dominante. ¿Con cuánta frecuencia hemos oído de quienes pensaron que escuchar a Dios les trajo alguna especial revelación que ellos, y todo lo que ellos pensaban, estaban por encima de sus hermanos? Casi cada denominación en un momento u otro ha pensado que sus propias revelaciones eran las correctas y que sus miembros eran los únicos calificados para ir al cielo. El orgullo tiene una manera de engañarnos a todos (Abdías 3).

El segundo peligro, desde luego, es Satanás. Fue por orgullo que cayó (Ezequiel 28:14–17); él conduce a cualquiera que se lo permita por ese mismo camino; llega para enfermar a quienes suponen el mayor peligro para las débiles mortajas de su reino. Que nadie entre solo en la batalla; ya no son los santos Don Quijote los que cargan en la batalla; ahora es el Cuerpo, unido, el que "como valientes correrán, como hombres de guerra subirán el muro; cada cual marchará por su camino, y no torcerá su rumbo. Ninguno estrechará a su compañero, cada uno irá por su carrera; y aun cayendo sobre la espada no se herirán" (Joel 2:7–8).

La obra de Satanás es cortar y dividir; él quiere elevarnos a uno por encima del otro. Dios no lo quiere así. Dios nos humilla y nos hace ser interdependientes. Él hace al más grande como el menor, y a los santos como el principal pecador (1 Timoteo 1:15).

Satanás llega sobre las alas de la oración, en la cumbre de la escucha, como llegó a Jesús después de cuarenta días de ayuno y oración. Nos gustaría pensar que si solo pudiéramos llegar a estar más llenos del Espíritu, más embelesados en la oración, más seguros de su Palabra, entonces estaríamos seguros contra los ataques de Satanás. No funciona de ese modo. ¿Cuando estuvo Jesús más lleno del Espíritu que después de su bautismo? En ese punto llegó Satanás. Sin haber tenido éxito, se apartó "por un tiempo" (Lucas 4:13).

¿Cuándo volvería él otra vez? ¿Cuando Jesús estuviera bajo de energías, sin ánimo, herido y quebrantado? No, sino más bien cuando Jesús acababa de ser transfigurado en gloria. Y él llegó en boca de un discípulo querido: Pedro.

> ¡Quítate de delante de mí, Satanás!; me eres tropiezo, porque no pones la mira en las cosas de Dios, sino en las de los hombres.
>
> —Mateo 16:23

¿Cuándo llegaría otra vez Satanás? En la institución misma de la Comunión, en el momento más alto de unidad y adoración en la vida de Jesús y de los apóstoles.

> Y entró Satanás en Judas, por sobrenombre Iscariote, el cual era uno del número de los doce.
>
> —Lucas 22:3

Satanás llega, entonces, no cuando ya nos tiene abatidos, sino cuando las alturas de la gloria proporcionan la oportunidad.

Por tanto, escuchar no proporciona seguridad. En la multitud de consejeros hay seguridad. La espiritualidad no proporciona seguridad, sino más bien exposición. Estar unidos con nuestros hermanos y hermanas en Cristo es seguridad. La experiencia, extensa y abundante, es solamente un tesoro para ser saqueado cuando el hombre fuerte es atado en orgullo (Marcos 3:27). El conocimiento bíblico no nos protegerá; Satanás puede citar muy bien las Escrituras. Solamente la humildad en el cuerpo será el acceso de Dios para protegernos. Una vez que esa protección está ahí, todas esas cosas pueden ayudar: la espiritualidad, el conocimiento bíblico y el escuchar a Dios.

El crecimiento espiritual en la escucha no es de debilidad a fortaleza, del error a lo infalible, de dependencia a independencia; es precisamente lo contrario. Se produce cuando un individuo es consciente de que necesita a sus hermanos y hermanas alrededor de él o ella. Si él está seguro en sus propias fuerzas, entonces es débil y fácilmente engañado. Si su conocimiento es absolutamente seguro, entonces ya ha caído. Si está seguro de poder enfrentarse a las fuerzas de las tinieblas él solo y vencer, entonces no tendrá que hacerlo, pues ellas ya lo tienen a él. Si alaba a Dios por su independencia, su alabanza es vacía, y necesita que Dios le muestre su necesidad.

Escuchar directamente a Dios es bendición, pero esa bendición humillará al que oye a una dependencia cada vez mayor de la sabiduría de sus hermanos y hermanas. ¿Por qué Moisés golpeó la roca (en lugar de hablarla tiernamente) si no fue porque había comenzado a sentirse especial, distinto y desdeñoso de las debilidades de sus hermanos?

> Y reunieron Moisés y Aarón a la congregación delante de la peña, y les dijo: ¡Oíd ahora, rebeldes! ¿Os hemos de hacer salir aguas de esta peña? Entonces alzó Moisés su mano y golpeó la peña con su vara dos veces; y salieron muchas aguas, y bebió la congregación, y sus bestias.
>
> —Números 20:10–11

¿Cómo se apartó tanto Moisés de sus hermanos que cuando ellos pecaron él ya no se postró sobre su rostro como había hecho en Números 12 y 16? Él había alcanzado las cumbres del escuchar directamente; su rostro resplandecía de esplendor; ¿se volvió orgulloso?

Hasta aquí como advertencias. Es Dios quien nos guardará. Él estará con nosotros en la angustia, nos librará y nos honrará (Salmo 91:15). No necesitamos tener temor a sus alturas. Él el digno. Él nos agarrará a cada uno de nosotros y nos hará están en pie una vez más cuando caigamos.

CAPÍTULO DIECISÉIS

El asna de Balaam, y otras cosas sorprendentes

Dios puede usar cualquier cosa para hablar a sus hijos. En 1 Samuel 7:10 Él habló desde los cielos y desconcertó a los filisteos. En 2 Samuel 22 David celebró que Dios había hablado mediante el trueno, el relámpago y los canales del agua hasta que fueron descubiertos los cimientos del mar (vv. 14-16). En Éxodo el Señor dividió las aguas del mar para los israelitas y las cerró sobre los egipcios; por no decir nada de lo que Él ya había dicho mediante nueve plagas de ranas, úlceras y el ángel de la muerte (Éxodo 1–14). Él habló desde el medio de una zarza ardiente (Éxodo 3:2), mediante la tierra que se abrió y se tragó a Coré y a toda su compañía (Números 16:32), mediante una vara que floreció y produjo almendras de la noche a la mañana (Números 17:8), mediante fuego que quemó carne y tortas (Jueces 6:21), y mediante una asna que cayó de rodillas y habló.

> Y viendo el asna al ángel de Jehová, se echó debajo de Balaam; y Balaam se enojó y azotó al asna con un palo. Entonces Jehová abrió la boca al asna, la cual dijo a Balaam: ¿Qué te he hecho, que me has azotado estas tres veces?
>
> —Números 22:27–28

Sin embargo, es Dios quien habla, y no el asna o el trueno. Muchos místicos se han apartado para tener comunión con flores, más enamorados de las flores que de Dios. Necesitamos prestar atención a esto porque Dios está moviéndose en el cielo y en la tierra por su derramamiento y su cercanía. ¿Quién sabe cuántas "bocas de asnas" serán abiertas?

¿Quién no sabe que "las coincidencias" son con frecuencia el modo en que Dios habla? Un amigo nos contó una vez de una mujer cuyo esposo se divorció de ella y se casó con una mujer. Sin embargo, continuamente regresaba para visitarla, buscando su amistad y su consejo; retorciendo el corazón de ella con dolor y lástima cada vez. Sus amigos le aconsejaron que lo alejara, que él no era bueno, que lo olvidara y que buscara a otro. Su consejo era de la carne, pero a pesar de eso tenía peso en ella.

Justo antes de su divorcio, su esposo le había regalado un hermoso anillo con doce diamantes. Poco después de que él se fuera, se cayó un diamante y se perdió. Un diamante perdido rara vez se encuentra, pero un día allí estaba el diamante, encajado en el escurridor del fregadero. Ella hizo que un joyero lo engastara de nuevo, sólo para volver a perderlo menos de una semana después. Otra vez, algún tiempo después, ella encontró el diamante e hizo que lo engastaran; una tercera vez se cayó y se perdió. Más adelante, en el cuarto de baño, fue como si el Señor le hiciera mirar y, allí, resplandeciendo sobre la alfombra, estaba ese mismo diamante. El Espíritu Santo vino sobre ella cuando pensó: *Esto es demasiado; esto es más que una coincidencia. Dios debe de estar diciéndome algo.* Entonces llegó la voz del Señor: "Tu esposo es un diamante que yo no he rechazado. Aún será salvo". Una semana antes de morir en un accidente, finalmente él se volvió al Señor.

Un grupo de personas compraron un rancho cerca del parque natural Yellowstone. Pensaron que Dios les había dicho que sería un centro para la diseminación de su particular rama de la fe, la cual estaba más descentrada de lo que pensaban. Entonces llegó el desastroso terremoto que creó el lago Earthquake por debajo del lago Hebgen en 1959. El epicentro estaba directamente bajo su rancho, y todos sus edificios fueron destruidos. Aquella repetición en el siglo XX de Números 16 liberó sus pensamientos de engaño enseguida.

Lenguaje latente, dobles significados y señales codificadas

Cuando Dios habla por medio de nuestros hermanos o hermanas, ellos algunas veces son conscientes de que son el canal de Dios; la mayoría de las veces. Frecuentemente sus palabras contienen un doble significado por el cual Dios nos habla. Y los psicólogos hablan de lenguaje latente (oculto). Si entendemos que el cuerpo es el templo del Señor y que el alma es el canal del carácter mediante el cual nuestro espíritu habla, entonces podemos entender los dobles significados y el lenguaje latente con bastante rapidez.

El lenguaje latente es la manera en que nuestro subconsciente habla mediante reveladores movimientos corporales o mediante palabras o actos simbólicos. No es lo mismo que el lenguaje corporal. El lenguaje corporal se refiere más concretamente a la manera en que nuestro subconsciente se revela a sí mismo mediante lo que hace nuestro cuerpo. La manera en que estamos de pie, en que cruzamos los brazos, en que movemos los dedos, o en que movemos los labios pueden decir con mayor exactitud lo que realmente pensamos de lo que estamos admitiendo conscientemente en ese momento. El lenguaje latente es más inclusivo, abarcando no sólo el lenguaje corporal sino también las inflexiones de la voz, frases clave, y significados simbólicos de las elecciones que hacemos.

Una mujer una vez acudió a mí para recibir consejería, y al llegar a un punto crucial de decisión en cuanto a si quería realmente salir de sus trampas mentales a una vida abundante, ella dijo: "No si realmente quiero o no". Pero yo observé el modo en que ella había entrado en la casa: cómo se había sentado derecha, alerta, y sus ojos brillaban. Por tanto, yo fui capaz de asegurarle que ella sí lo sabía, y que había escogido la vida. El tiempo demostró que el Espíritu Santo me había ayudado a ver la verdad.

En la película *The Hustler*, George C. Scott fue llamado por Minnesota Fats (Jackie Gleason) para observar "al niño" (Paul Newman). George hacía el personaje de un hombre con capacidad para leer el lenguaje latente ("observar los 'dichos'"). En la cumbre del éxito del niño contra Minnesota Fats, George le dijo: "Quédate con él, Fats; este niño es un perdedor". Su predicción demostró ser cierta.

Tanto el lenguaje corporal como el lenguaje latente expresan sólo los mensajes que la psique interior puede enviar por medio del corazón, la mente y el cuerpo. Hay niveles más profundos. Somos criaturas tripartitas. El alma a veces aprisiona al espíritu y, como consecuencia, nuestro espíritu a veces necesita enviar señales codificadas a quienes tienen oídos para oír.

> Como aguas profundas es el consejo en el corazón del hombre; mas el hombre entendido lo alcanzará.
>
> —Proverbios 20:5

Oír tales señales codificadas, sin embargo, no es una capacidad que uno pueda poseer aparte del Espíritu Santo, pues solamente Él nos otorga oídos para oír este lenguaje.

Eliseo estaba enfermo sobre su lecho de muerte y Joas, rey de Israel, llegó para visitarlo. Eliseo le mandó que sacara el arco y lanzara una flecha, y clamó: "La flecha de la liberación del Señor" (2 Reyes 13:17). Entonces le dijo a Joas que él golpearía a los sirios en Apec hasta haberlos consumido. Entonces Eliseo le mandó:

> Golpea la tierra. Y él la golpeó tres veces, y se detuvo. Entonces el varón de Dios, enojado dijo: Al dar cinco o seis golpes, hubieras derrotado.
>
> —2 Reyes 13:18–19

Eliseo había invitado a Joas a un drama; entonces pudo observar a Joas en su papel y "leerlo". No solo los escasos tres golpes en la tierra, sino también el modo en que Joas los dio, le dijeron a Eliseo que el espíritu de Joas era demasiado pusilánime; él no perseguiría a su enemigo sin descanso hasta que se ganara la victoria completa.

Quizá el Espíritu Santo en Joas se lo dijera a Eliseo por medio del espíritu humano; quizá fuera enteramente el propio espíritu de Joas el que hablara. No siempre lo sabemos. ¿Fue el espíritu de la asna la que habló a Balaam en Números 22:27–28 o fue el Espíritu Santo de Dios? No lo sabemos. Preferimos creer lo segundo. Israel con frecuencia oía a Dios hablar por medio del Urim y Tumim y del efod. Sin duda, no había ningún espíritu que residiera en los artículos que hablaban, pero el Espíritu Santo de Dios habló por medio de ellos, al igual que cuando la suerte descubrió a Saúl para ser ungido como rey o a Acán para destrucción (1 Samuel 10:22; Josué 7). Pero entre las criaturas animadas de Dios existe la posibilidad de cooperación entre el Espíritu Santo de Dios y el propio espíritu que reside en la criatura. En el hombre, la cuestión de si habla el espíritu del hombre o el Espíritu de Dios es tan incontestable que debemos probar con atención cada doble significado. Nada está por encima del reproche o la prueba.

Elías fue arrebatado, pero Eliseo, que tenía una doble porción del espíritu de Elías, a pesar de eso murió. ¿Se convirtió la gran agudeza espiritual de Eliseo en una trampa para él? Cuando yo fui consciente por primera vez del lenguaje latente y del doble significado de Dios, dejé que me llevara al desequilibrio. Veía dobles significados en todo. Cada evento conllevaba significados místicos. Al igual que Wordsworth, tuve que agarrarme de un árbol y recordarme a mí mismo que era solamente un árbol; y cuando vi mi idolatría con más claridad, tuve que morir a tales visiones y tener cuidado de no apreciar la perspectiva más que al Señor. Un amigo me dijo: "John, mejor que consideraras todas esas experiencias y poderes como tu enemigo en vez de como una bendición". ¿Es posible que Eliseo estuviera demasiado enredado en experiencias para alejarse de ellas y estar desnudo, ciego y sordo delante del Señor? San Pablo nos dice que el Señor le dio un aguijón en la carne "para que la grandeza de las revelaciones no me exaltase desmedidamente" (2 Corintios 12:7). Paula y yo hemos aprendido a permitir que el Espíritu Santo nos mantenga abiertos a oír y ver, pero solo cuando Él quiera que así sea.

Jesús dijo: "Mirad, pues, *cómo oís*" (Lucas 8:18, énfasis añadido). Cuanto más tiempo estemos con Jesús, más preparadas estarán nuestras mentes para oír de acuerdo a su verdadera naturaleza. Cuanto más limpios de rebelión estén nuestros corazones, más claro se volvería nuestro oír.

Una primavera pusimos un jardín, hierba y árboles frutales, lo cual nos llevó un tiempo considerable. El trabajo fue tan tónico para mí que seguía en ello continuamente, cuando debería haber estado siguiendo al Espíritu del Señor en otras obras. El Señor me advirtió varias veces. En efecto, yo le estaba pidiendo que bendijera el jardín mientras a la vez descuidaba algunas de las obras a las que Él me había llamado. El Señor bendijo el jardín abundantemente; producía mucho. Pero Él redujo las finanzas a un goteo. Hasta que la disciplina terminara, no habría sanidad. Dios me dio lo que le pedí, pero no fue lo que Él quería ni lo que yo necesitaba.

> Y severo serás para con el perverso.
>
> —Salmo 18:26

Dios proveyó abundantemente comida en la mesa durante toda aquella disciplina, pero estaba grabando la lección de la obediencia en mi corazón cuando yo me quejaba acerca de la escasez de dinero (ver Deuteronomio 8). Él me parecía bastante perverso al no proveer según su promesa. Él dio más en un área y quitó en otra; pero yo finalmente vi mi perversidad.

A propósito, esa fue al menos mi segunda vuelta para esa lección. En una ocasión yo seguía metiendo en mi calendario más citas de consejería que las que el Espíritu Santo quería. Él me advirtió y me reprendió, pero yo seguí adelante. Por tanto, el Espíritu Santo nos plagó a Paula y a mí durante seis semanas sin descanso de consejería, exorcismos y visitas de personas a todas las horas de la noche y del día hasta que clamamos: "¡Señor, ya hemos tenido bastante!". Dios había estado dispuesto a parecer rudo e inconsiderado, llenándonos de trabajo, hasta que aprendimos. No es siempre una bendición cuando Dios nos da lo que nuestros corazones anhelan o lo que nuestras mentes piden.

El Señor puede usar cualquier evento en nuestras vidas para hablarnos. Incontables veces las personas relatan historias de sus vidas y añaden: "Y toda mi vida ha sido así". Eso algunas veces es señal para alguien que escuche con discernimiento de ver algo acerca de la persona. Y si esa persona con discernimiento es un profeta cristiano, el Espíritu Santo podría impulsarlo a decir: "Ese patrón termina ahora". O, por otro lado, podría impulsar al profeta a decir: "Afirmemos eso bueno y alabemos a Dios por ello". Cualquiera que sea el tipo de visión o profecía que se nos dé, nada es incambiable en nuestro Señor. Necesitamos afirmar lo positivo y arrepentirnos de lo negativo. Ese es nuestro llamado como profetas.

Las palabras inconscientes de Dios

Las pruebas científicas han medido los efectos de la oración y la maldición sobre las plantas. Muchas personas ahora les hablan a sus plantas como lo harían a cualquier otro amigo o animal. Uno podría preguntar: "¿Y pueden los animales, plantas y cosas, responder?". Allen Boone ha escrito un libro muy provocador sobre el tema, titulado *Kinship With All Life.*[1]

No es nuestro lugar aquí hablar de si pueden o debieran producirse tales comunicaciones entre el hombre y otras criaturas de Dios.

Sospechamos que Dios tiene muchas nuevas puertas que abrir. Job 12:7–8 tiene estas palabras intrigantes:

> Y en efecto, pregunta ahora a las bestias, y ellas te enseñarán; a las aves de los cielos, y ellas te lo mostrarán; O habla a la tierra, y ella te enseñará; los peces del mar te lo declararán también.

S. Francisco de Asís predicó a la creación, hasta a los peces. El salmista a veces se dirigía a las plantas, animales, vientos, cielos, mares, ríos, tierra y estrellas (Salmo 103:22; 145:10; 148; 150:6).

Hablamos primordialmente de cómo Dios puede hablar por medio de cualquier parte de su creación, no de cómo nosotros podemos comunicarnos con la creación. Hay peligros tanto en oír a Dios por medio de la creación como en intentar comunicarnos con la naturaleza. Espíritus falsos, en especial espíritus elementales como los mencionados en Colosenses 2:8, encuentran en ese deseo un terreno fértil para el fuerte engaño sobre los hijos de Dios. Debemos ser excesivamente prudentes; fue mientras Eva estaba hablando con una bestia que fue engañada.

Sin embargo, es primordialmente por medio de nuestros hermanos y hermanas que Dios escoge hablarnos. Por tanto, *¿cómo* lo hace? Todos sabemos de maneras conscientes: profecía, interpretaciones, sueños y visiones que se les dan a otros acerca de nosotros, al igual que sermones, enseñanzas, reprimendas, entre otros. Hablemos aquí de las palabras inconscientes.

La manera más común en que el Señor nos habla por medio de otros, cuando ellos no son conscientes de eso, es en lo trivial de la conversación. Él hace que una frase resalte hacia nosotros o que un pensamiento se quede pegado en nuestras mentes como si fuera un percebe. Esa frase o pensamiento sigue irritándonos hasta que tenemos que hacer algo al respecto. Alguien puede mencionar algo sobre podar árboles, y se queda ahí y obra hasta que el Espíritu Santo revela el significado: el Señor nos ha estado podando y quiere que lo entendamos. Leemos un libro, revista o periódico, vemos la televisión, o miramos cómo juegan los niños, y el Señor aviva una palabra en nosotros. Nuestro compañero de golf manda mal una bola y luego se produce una hermosa recuperación, y el Señor despierta esperanza para nuestra propia situación.

Un hombre asistió a una escuela de cuidado pastoral, donde tanto Agnes Sanford como yo le ministramos. Después visité a Agnes en su casa. El hombre hizo un viaje especial allí para darme un regalo de unos gemelos. En ellos, estaban imágenes de un Buda. Yo, perplejo con el regalo, el porqué de aquel viaje especial, y por qué mi espíritu saltó en mí cuando me dieron el regalo. Cuando el hombre se fue, el Espíritu Santo me guió a poner en el fuego aquellos gemelos que entonces crujieron en la chimenea. Agnes y yo fuimos guiados a entender que el hombre estaba simbólicamente renunciando a sus idolatrías, y que por eso mi espíritu había saltado de gozo. No todos los regalos tienen tal significado ni debieran ser destruidos; pero algunos sí. Los profetas necesitan estar alerta.

Algunas veces se dan regalos como señales. Cada vez que he sido llamado a una nueva dimensión de ministerio, el Señor ha impulsado a alguien a regalarme un colgante de cruz. Cuando el Señor nos llamó a Paula y a mí a ser un equipo, cuatro personas, orando juntas, nos vieron en un templo en el cielo donde estábamos arrodillados delante de un gran altar. Antes de arrodillarnos, un lazo dorado estaba alrededor de mi muñeca izquierda y la muñeca derecha de Paula, uniéndonos. (Desde entonces, siempre que el Espíritu Santo viene sobre mí, puedo sentir el agradable calor de ese lazo en mi muñeca). En esa visión, también una gran espada estaba en nuestras manos. Ninguno de los dos podía blandirla por separado; pero juntos salimos y usamos esa espada una y otra vez, abriendo en cada vez los cerrojos de puertas de cárceles, de cada una de las cuales salían parejas de esposo y esposa. Poco después de eso, hablamos en Peoria, Illinois. El pastor que nos invitó nos regaló a cada uno simultáneamente colgantes de cruces. Él no sabía nada de la costumbre del Señor conmigo de darme ese regalo como señal, y mientras estuve allí yo no me había puesto ninguna cruz. Nunca antes le habían regalado a Paula la misma cruz al mismo tiempo que a mí. El Señor estaba confirmando la visión y nuestra nueva misión conjunta.

Al regresar a casa, una mujer a la que aconsejamos nos trajo un regalo. Era una figura de escayola en bajo relieve unida a una parte de atrás. La figura era de un águila con dos cabezas detrás de un escudo, con una cabeza separada y llevando un casco que estaba entre las dos cabezas del águila. Ella explicó que la figura era un símbolo matrimonial, por la cual dos cristianos águila se convierten en uno, tras un solo escudo (fe), bajo el liderazgo de Cristo (casco de la salvación, Efesios 6:17). Fue una segunda confirmación.

Entonces Andrea, nuestra hija de seis años, hizo un dibujo y nos lo dio. Eran un hombre y una mujer, de los cuales descendían líneas en expansión y bajo los cuales había personas sonrientes que estaban de pie en un gran círculo. Dentro de ese círculo había dos mesas, y personas felices comían en una y jugaban a un juego en la otra.

El Padre había usado a tres personas por separado y sus regalos —un ministro protestante, una mujer católica laica y nuestra propia hija— para confirmar nuestro ministerio. El regalo de Andrea fue el más significativo porque nuestro equipo ministerial podría lógicamente costarle una considerable cantidad de tiempo con sus padres. Cada una de las tres personas no sabía nada del propósito más profundo que había tras su regalo. El Espíritu Santo fue quien habló por medio de los regalos, y no las personas que los hicieron.

Con frecuencia, la comunicación menos bienvenida, pero la mejor, para nosotros es la reprimenda sin intención (con intención, también, pero hablamos aquí de la palabra de Dios dada por medio de quienes no son conscientes de ello). Nunca olvidaremos cómo una joven visitó nuestro grupo de oración, proclamando su incapacidad para orar; pero a medida que ella sencillamente confesó su pecaminosidad delante del Señor, cada una de sus frases abrió nuevos panoramas para nuestros propios pecados ocultos. Ninguno de nosotros pudo negar que el Espíritu Santo la había llevado precisamente para ese propósito. ¿No ha encontrado cada uno de nosotros que la vitalidad de una sesión compartida es debido a que los testimonios parecen diseñados de modo preciso por el Señor para llegar a nuestros puntos más vulnerables? ¿Acaso algunas veces no nos encontramos a nosotros mismos aborreciendo el gozo de otro y el poder en el Señor porque esa misma bendición nos reprende y expone nuestro sentimiento de fracaso?

Un día yo iba caminando por la iglesia preocupándome por personas que yo sabía que se oponían al evangelio. Un miembro se acercó y entre bromas tiró de un largo hilo que se había pegado a mi chaqueta, diciendo: "Veo que alguien tiene hilos en ti hoy, John". La persona no quiso decir nada con eso (después le pregunté); pero no fue una coincidencia. Dios me estaba llamando a dejar de sentir lástima de mí mismo, a alabarle, y a echar toda mi ansiedad sobre Él (1 Pedro 5:7).

En otra ocasión llamé a un hombre a petición de su esposa. Ella esperaba, igual que yo, que la charla pudiera ayudar a resolver sus problemas matrimoniales. Aquel hombre y yo bromeábamos sobre el equipo favorito de béisbol de quién ganaría cada día. Cuando entré, el hombre dijo: "No vas a ganar hoy". Fue un desafío no demasiado sutil a mi autoridad en Cristo aunque, desde luego, él lo habría negado diciendo que se refería solamente a nuestra competición de béisbol.

Cada persona necesita aprender cuándo y dónde el Espíritu Santo lo hará oír un doble significado. Normalmente el Espíritu Santo me alerta a fin de que sienta una viva expectación cuando la otra persona habla. En este caso, justo antes de que el hombre abriera su boca, el Espíritu Santo me dio la alerta. De inmediato, cuando charlábamos de cosas triviales, comencé a interceder y arrepentirme en silencio por el hombre, sintiendo que el Espíritu Santo me estaba alertando de la oposición. Hoy no puedo recordar si el Señor movió su mano aquel día. Si no lo hizo, probablemente se debiera a que yo tropecé al creer la sugerencia negativa de mi amigo.

En 1963, recuerdo ver a un hombre en televisión presentando botas de vaquero al presidente Kennedy antes de que él fuera a Dallas, Texas, diciendo: "...para protegerlo de las serpientes en el patio de Johnson". ¿Fue aquello sólo ironía, o fue el Espíritu Santo tratando de alertar tanto a Kennedy como a aquellos con oídos para oír? No lo sabemos, pero sí sabemos que Dios está levantando hombres y mujeres en todas partes que oirán y prestarán atención a su voz. Nuestras tragedias, nacionales y personales, solamente subrayan lo grande que es la necesidad de que se levanten profetas de Dios. Los soldados romanos aprendían a leer las señales en sus propias vidas. Si continuamente se les caían cosas en un día dado, por ejemplo, no salían a la guerra ese día si podían evitarlo. ¿Cuántas veces hemos oído: "*Sabía* que algo iba a suceder hoy. Oh, ¿por qué no escuché?".

> Porque escudo es la ciencia, y escudo es el dinero; mas la sabiduría excede, en que da vida a sus poseedores.
>
> —Eclesiastés 7:12

Obediencia a quienes están en autoridad

Dios también habla por medio de quienes están sobre nosotros en el Señor, tanto por su conocimiento consciente como inconsciente. Necesitamos ser obedientes. Si quien está en autoridad ha hablado, nuestra propia escucha está anticipada. No debemos preferir nuestra propia escucha a lo que nuestro pastor mande en el Señor; sin embargo, muchos pastores enseñan falsamente y, cuando ese es el caso, debemos preferir nuestra propia escucha. Pero un mandato a servir es diferente. S. Pablo distinguió cuidadosamente lo que él sugería de lo que mandaba, y lo que él sabía que era mandato del Señor de lo que solamente él esperaba que fuera su palabra (1 Corintios 7 da varios ejemplos de esta diferenciación).

Cuando la palabra de cualquier persona que está sobre nosotros en el Señor es un mandato claro, el debate y la discusión están fuera de lugar. Si desobedecemos, aunque tengamos "razón", somos rebeldes; pero Dios honrará nuestra obediencia, aun si lo que hacemos es incorrecto, y Él tratará con la persona que está en autoridad, no con nosotros. Debemos desobedecer solamente si la persona en autoridad manda claramente contra la Palabra de Dios; por ejemplo, robar, mentir, o cometer adulterio, porque eso sería ir tras dioses falsos (ver Deuteronomio 13:1–5). Pero cuando no se quebranta ningún mandato claro de la Palabra de Dios y el anciano o líder demanda nuestra obediencia, debemos obedecer aun si el mandato parece equivocado o poco sabio.

Aarón y Miriam hablaron contra Moisés debido a la mujer cusita con la que se había casado, y dijeron: "¿No ha hablado también por nosotros?" (Números 12:2). Pero Dios nunca dijo nada sobre si Moisés fue sabio o necio acerca de la mujer cusita. Eso era entonces irrelevante. "¿Por qué, pues, no tuvisteis temor de hablar contra mi siervo Moisés?" (v. 8). Miriam fue golpeada por la lepra; solamente la rápida intercesión de Moisés la salvó, y luego ella tuvo que permanecer fuera del campamento por siete días.

Recientemente a un amigo mío le pidieron que hablara en una clase en la universidad acerca del Espíritu Santo. Él compartió la invitación con la iglesia Northwest Christian Fellowship en Spokane, donde yo también estaba sometido. Ese grupo sintió que él no debería ir solo y me eligió para que lo acompañara. Aquella mañana, cuando conducía hasta la universidad, fui consciente de una trampa, y oí al Espíritu Santo decirme: "John, no vayas; esto es una trampa. Date la vuelta. Vete a casa". Hasta el día de hoy sigo creyendo que el Espíritu Santo realmente me estaba diciendo eso, probándome para saber si yo obedecería al Señor como debiera. Cuando pensé y oré, recordé que los hermanos a los cuales yo estaba entonces sometido nos habían ungido a los dos en oración para ir, y recordé la lección de Números 12. Dije: "Puede que esté equivocado, Señor, pero pongo el principio de obediencia a quienes están sobre mí por encima de mi propia escucha. Yo sé que si estoy equivocado, tú me perdonarás. Debo seguir. No debo obedecer mi propio oído en este asunto". El Señor convirtió la sesión, que *era* una trampa, en una gran sesión de testimonio. Debemos hacer lo que decimos que haremos por aquellos que están en autoridad. Dios nos habla principalmente mediante quienes están en autoridad sobre nosotros.

Siempre podemos humildemente pedir a nuestros superiores que reconsideren, comprueben su guía, u orar por protección, pero estamos fuera de orden si decimos: "Mi propio oído me dice que haga esto o aquello". Mi propio oído no puede ser otra cosa sino rebelión o prueba cuando el mandato ha sido dado.

El Señor está construyendo un ejército. Cada soldado debe aprender que cuando se da una orden, debe emplear todos sus recursos y su ingenuidad para cumplir esa orden. Y cuando crea u oiga algo que esté por encima de su autoridad delegada, o directamente lo contradiga, no debe obedecer esa escucha personal. Dios no es un Dios de caos para que dé órdenes contradictorias.

Tampoco Dios está limitado a este principio en ningún sentido mediante el cual podamos controlarlo a Él. Algunas personas utilizan la obediencia incuestionable como una excusa para escapar a la responsabilidad de vivir la vida propia. Cuando eso sucede, Dios probablemente nos dará guía que nos pondrá entre la espada y la pared, obligándonos así a vivir nuestra salvación con temor y temblor.

Lealtades en conflicto

Una vez mis padres se molestaron mucho por algo que yo dije en un sermón. Un hermano a quien yo estaba sometido en aquel tiempo me instó a que fuera y los reprendiera sobre la base de Mateo 18:15–17 y Lucas 17:3. Yo me propuse obedecer, pero me sentí mal sobre ello. Seguía recordando la advertencia de Pablo a Timoteo: "No reprendas al anciano, sino exhórtale como a padre" (1 Timoteo 5:1). También comprendí que mis padres simplemente no estaban preparados para entender lo que yo había dicho. Finalmente llegué a la conclusión de no reprenderlos; en cambio, cuando entré en la habitación, el Espíritu Santo derritió mi corazón, y me arrodillé para pedir perdón. Mis padres mostraron misericordia, y nuestro tiempo juntos fue cálido y feliz. Pero la cuestión de lo que yo había dicho no quedó totalmente resuelta. Un año después ellos oyeron a otra persona predicar lo mismo que tanto les había ofendido. Aquella vez, sin embargo, ellos lo entendieron y no fueron ofendidos, y yo fui vindicado.

El Señor a veces nos humilla al ponernos bajo lealtades en conflicto. Él siempre quiere abrir nuestros corazones para revelar motivos e intenciones ocultos. Así, las cosas que más nos molestan o parecen de mayor importancia son con frecuencia secundarias a los propósitos de Dios (como con el contenido de lo que yo enseñé y que molestó a mis padres).

Por tanto, nuestro corazón debería estar decidido a obedecer a Dios mediante sus autoridades, pero ser lo bastante libre para estar equivocado ya sea en términos de lo que personalmente pensamos que el Espíritu Santo nos dice o lo que las autoridades nos dicen en el nombre del Señor. Una falta de disposición a estar equivocado es a menudo un síntoma destacado de fariseísmo.

Debemos aprender cuándo preferir la escucha de otro sobre la nuestra y cuándo no. Solo el orgullo evita nuestra disposición a someternos al consejo y la autoridad de hermanos y hermanas en el Señor.

Todas las variadas y extrañas maneras en que Dios puede hablarnos son parte del don de sabiduría. El hombre de Dios debe estar totalmente equipado "en *toda buena obra* para que hagáis su voluntad, haciendo él en vosotros lo que es agradable delante de él" (Hebreos 13:21, énfasis añadido). La sabiduría es un don, pero al igual que con muchos dones, el Dador debe preparar al receptor para guardarlo. Aprendemos sabiduría mediante la prueba y el error y al ser discipulados dentro del Cuerpo. La experiencia abundante es la corona del anciano (ver Eclesiastés 1:16). La sabiduría es la corona de la vida de la iglesia, la gloria de Dios para esta era, anunciada por Salomón en el templo (ver 1 Reyes 10). Pero oigamos la advertencia de Ezequiel 28:17: "corrompiste tu sabiduría a causa de tu esplendor". Cuanto mayor sea la cantidad de sabiduría que Dios nos da, más debemos humillarnos a nosotros mismos ante Dios y nuestros hermanos. Si no lo hacemos, Él nos humillará, porque Dios no permitirá que otro nos tenga.

CAPÍTULO DIECISIETE

El summum bonum

El *SUMMUM BONUM* (mayor bien) es el Señor obrando por medio de su iglesia. La iglesia nació para revelar el poderoso propósito de Dios y su sabiduría no solo a la tierra sino también a los principados y potestades en los lugares celestiales (Efesios 3:10). La iglesia será esa sabiduría, "una corona de gloria en la mano del Señor" porque "como el gozo del esposo con la esposa, así se gozará contigo el Dios tuyo" (Isaías 62:3, 5). La iglesia será magnífica no debido a sí misma, sino por la gracia y el poder de Dios (Isaías 42:4; 62:11–12).

El Señor ahora está edificando su iglesia para que sea una casa espiritual de piedras vivas, que encajen bien con cada parte funcionando adecuadamente, edificándose a sí misma en amor (1 Pedro 2:5; Efesios 4:16). En esta generación, desconocido para muchos, Dios ha estado levantando a quienes se *ocuparán* de su rebaño (Jeremías 23:4). Por medio de ellos Él ha estado preparando a quienes responderán. Los arreos se han puesto sobre los pocos que están siendo humillados y preparados.

El Señor aún no está preparado para revelar su ejército de hijos (Romanos 8:19; 1 Pedro 1:5). Un requisito previo, creo yo, es que Él debe disciplinar, formar y revelar a sus dos testigos (Apocalipsis 11:3). Creemos que los dos testigos son sus apóstoles y profetas de los últimos tiempos. Ellos son el fundamento para su iglesia (Efesios 2:20). Ellos hablan con tal poder que su aliento mata a sus enemigos (Apocalipsis 11:5).

Nadie puede saber con seguridad quiénes son los dos testigos. Algunos dicen que son Enoc y Elías, las dos únicas personas en la Historia que nunca gustaron la muerte. Pero es posible que los dos representen a dos clases de personas, como hemos sugerido.

Como fue en aquel memorable día en el monte Carmelo (1 Reyes 18), así hoy día es la misión de Elías llamar al Cuerpo de Cristo al monte de la gloria, para construir la trinchera de protección alrededor de los apóstoles y profetas, para llegar hasta el corazón y exponer al carnero (de la mentalidad del hombre) a la espada de la verdad, y para poner todo delante de Dios como una ofrenda. ¿Cuándo? A las tres de la tarde, la hora del sacrificio de la tarde, y la hora en que Jesús murió. Creemos que esa hora de la ofrenda de Elías está casi sobre nosotros.

También fue la misión de Elías destruir a 850 profetas falsos. El salmista escribió:

> Exalten a Dios con sus gargantas, y espadas de dos filos en sus manos, Para ejecutar venganza entre las naciones, y castigo entre los pueblos; Para aprisionar a sus reyes con grillos, y a sus nobles con cadenas de hierro; Para ejecutar en ellos el juicio decretado; *gloria será esto para todos sus santos*. Aleluya.
>
> —Salmo 149:6–9 (énfasis añadido)

El ejército de oración de Dios

El Señor ha reunido a su ejército de oración en pequeñas comunidades y grupos de oración bajo pastores y ancianos en toda la cristiandad. Son los santos del Salmo 149 que se entregarán a sí mismos a Él sin importar cuál sea el costo. Actualmente están obrando, y Él está reuniendo más. Solamente necesitan una dirección unida; por tanto, Él está levantando a sus profetas Elías.

En cada comunidad, es de esperar que en cada iglesia y, en el mejor de los casos, en cada pequeña célula en su Cuerpo, el Señor habrá levantado a sus profetas para oír sus órdenes y pasar cada mensaje a su ejército de intercesores. Aquí y allá, tanto por asuntos locales y regionales, nacionales y globales, los guerreros de oración responden como luces que se encienden en la oscuridad, hasta que por todo el mapa del mundo un resplandor de luces responda, o hasta se levante, antes de cada ataque de la oscuridad.

El Señor debería ser como un gran general que supervisa a sus ejércitos cuando entra en batalla. Aquí y allá Él debería ver tropas de reserva preparadas para la guerra espiritual de la oración. Otras tropas puede que ya estén participando en otros frentes o que acaben de regresar de la batalla y descansen en campamentos. El Señor debería tener la potencia de fuego de la oración a su disposición, un pueblo despierto, alerta y preparado.

Una colmena es protegida por varios tipos de tropas. Las abejas guerreras atacan a los enemigos; las abejas obreras encuentran recursos; las abejas ventilador ventilan la colmena con sus alas. Cada célula de la iglesia debe saber cómo interceder. Cuando el Espíritu Santo se mueve, sus profetas deberían escuchar y llamar a la acción. Los guerreros de oración entonces se levantan para evitar el peligro mediante la cobertura en oración, para usar la perspectiva y la percepción para descubrir y asegurar las bendiciones que la iglesia necesita, o para ventilar el dolor y las tristezas y llevarlos a la cruz.

La oración es nuestra arma principal y más poderosa. La fe viene por el oír, y el oír por la predicación (Romanos 10:17). Pero la espada de la Palabra de Dios puede moverse solamente cuando la oración ha preparado el camino.

En la magnífica cinta *Remember Them That Are in Bonds* ("Recuérdales que están atados"), Ray Barnett dice que en el año 1975 Mozambique cayó bajo control comunista, y los cristianos eran normalmente encarcelados por su fe. Él hablaba de cómo los brasileños se levantaron en oración y salvaron a su país. En esta cinta él clamó para que Estados Unidos se despertara y respondiera; hizo un llamado a los cristianos estadounidenses a levantarse como un ejército de oración antes de que sea demasiado tarde. Él llamó (en su literatura) a que se levantaran 100,000 guerreros de oración para salvar a América y empujar la marea de la oscuridad.

¿Le oyeron? ¿Serán él y otros como él oídos en la actualidad? Es difícil decirlo. La humanidad es tradicionalmente sorda tanto a las lecciones de la Historia como a las llamadas del Espíritu Santo. Jesús preguntó: "Pero cuando venga el Hijo del Hombre, ¿hallará fe en la tierra?" (Lucas 18:8). Nos gustaría ser optimistas, pero mucho depende de lo seriamente que estemos dispuestos a tomar a Dios y de hasta qué grado nos entreguemos a Él. A Saúl se le prometió el reino mediante su linaje para siempre, pero tuvo que ser dado a David (1 Samuel 13:13–14). Hasta la dinastía de David aparentemente no había recibido la promesa hasta que Jesús vino. ¿Cómo serán cumplidas las promesas de Dios para nosotros a menos que respondamos, y hasta que respondamos?

Dios renuentemente envía las aflicciones, como las mencionadas en Amós 4 y el libro de Apocalipsis, porque la humanidad no permitirá que el Hijo del Hombre gobierne hasta que su propio gobierno haya atemorizado lo bastante. Los pocos, los castigados y preparados, no pueden forzar el gobierno de Él sobre los muchos. La humanidad debe cosechar la cosecha de su propia rebeldía hasta que la desesperación haya hecho su obra. Y hasta los dispuestos en mente deben volverse dispuestos de corazón desde el pozo del quebrantamiento.

Nuestro enemigo derrotado

Recuerdo una vez en que yo había ordenado a un espíritu malo que saliera de una mujer. Lo hice por la autoridad (en griego *exousia*) de Cristo. Pero el demonio no salió en aquel momento. El Señor no escogió expulsarlo de inmediato por su poder (en griego *dunamis*). Una semana después, esa mujer estaba orando con una amiga cuando ese demonio emergió. Temblando y llena de náuseas, la mujer miró en el espejo y vio uno extraños y horribles ojos que la miraban; luego el espíritu la dejó. Recordé el muchacho que se convulsionó y quedó inmóvil después de que el diablo saliera de él (Marcos 9:14–29). Esa expulsión tampoco había sido inmediata; recuerdo que Jesús también dijo: "*ahora* el príncipe de este mundo será echado fuera" (Juan 12:31, énfasis añadido). Pero el demonio aún está aquí.

Cuando nuestro Señor murió y resucitó, el diablo fue derrotado y se le dijo que se fuera, al igual que yo ordené al espíritu malo que saliera de esa mujer: por el *exousia* de Cristo. Pero el acto final del *dunamis* de Cristo, por el cual Satanás es echado al lago de fuego, aún tiene que suceder. Pero el Señor ha estado levantando a su ejército a fin de que el diablo tenga que emerger y sea expulsado por completo.

La misión de Elías; y el summum bonum

Cuanto más profundamente la espada de Dios se hunda en el corazón de la humanidad, mayor será el estremecimiento y la convulsión del mundo dirigido por el demonio.

El demonio quería permanecer oculto en el espíritu y el alma del hombre, controlándolo sutilmente por su espíritu mesmeriano. El Señor podría haberlo expulsado por la fuerza (*dunamis*) de la psique y el espíritu del hombre, pero eso no cambiaría el corazón del hombre. Más bien el Señor efectuó su *exousia* mediante su pasión, muerte, resurrección y ascensión. Luego envió al Espíritu Santo a su pueblo. Desde entonces la batalla, ya ganada, ha continuado. El Espíritu Santo exorciza más y más a la humanidad y la tierra, y Satanás debe emerger y ser revelado.

Esto significa que el aumento venidero de la oscuridad no es por el poder de Satanás sino por su derrota. Antes de convertirme, el diablo había habitado en mí mediante mi curiosidad acerca del ocultismo. Hasta que vino el Espíritu Santo, yo podía actuar en justicia a fuerza de determinación carnal y felicitarme a mí mismo porque era un hombre bastante bueno. Satanás no quería tocar esa fachada falsa; él tenía un lugar seguro en mí. Por tanto, cuando llegó el Espíritu Santo, yo no pude ser un hombre tan "bueno" como había sido. El Espíritu Santo estaba haciendo que el enemigo emergiera y fuera revelado. Ese es el último paso antes de la sanidad completa.

El aumento de la maldad bien puede ser el resultado de la obra del Espíritu Santo en lo profundo de la mente de la humanidad, sacando a la superficie lo que está realmente ahí. Satanás quiere que la humanidad se ponga la "careta" de la bondad. De ese modo, él permanece oculto, controlando a la humanidad mediante niveles inconscientes que hunden a los hombres en odios y enemistades, las cuales ellos las razonan detrás de "buenas" motivaciones. Por tanto, es Dios, y no Satanás, quien envía escasez y dificultades a fin de revelar lo que hay en los corazones de los hombres (ver Amós 4).

Cuando emerge el verdadero yo y debo mirarlo, es humillante; y cambia el corazón. Algunos cristianos, sin embargo, erróneamente creen que el que surja eso es malo y debería evitarse a toda costa. No es así. Es la misericordia de Dios revelar el pecado; es la obra de Satanás ocultarlo.

Todos los que entienden esto ven los momentos de tribulación alabando a Dios. La victoria ya ha sido ganada. Los engaños de Satanás han llenado la mente y el corazón de toda la humanidad y han blanqueado todo. Dios sabe que nuestros corazones son malvados (Mateo 15:19). Él lo supo siempre, y solo quiere que lo veamos, lo admitamos y seamos sanos. Por tanto, llegan tribulaciones (Apocalipsis 16), porque aunque las aflicciones no son la principal voluntad de Dios, Él debe enviarlas para que los hombres sean sanos.

La misión de Elías es, por consiguiente, exponer la maldad directamente o hacer que salga a la superficie para que pueda haber arrepentimiento. El hacha sigue cortando hasta la raíz. La espada de la verdad sigue dividiendo el alma y el espíritu. La psiquiatría de Dios está obrando. Sus profetas deben oír y obedecer porque la luz descubre lo que la oscuridad oculta. Desgarra, y lucha, y muere; y aquel a quien mucho se le perdona, mucho ama.

Está bien que los siervos de Dios sean humillados y aparentemente cuenten poco delante de los hombres. Porque los hombres seguirán honrando a los suyos: a quienes escalan las montañas más altas, a quienes marquen más goles, a quienes triunfen en la guerra, y a quienes ganen en la política. Y los hombres seguirán acudiendo en masa a oír a grandes predicadores, amontonando elogios sobre quienes hacen milagros, y acudiendo a cruzadas masivas; solo para pasar por alto los tranquilos golpecitos de Él en la puerta de la humilde sumisión. Sirve a los propósitos de Dios para los hombres que sea así, porque ya sea que ataquen o aplaudan a sus siervos, es humillante para esos siervos y, a su vez, obra su gloria en los corazones de ellos. Y cuando la obra de Él sea lo bastante profunda en ellos, ellos volverán a conmocionar el mundo.

Ya sea por milagro o por humillación y sufrimiento, ya sea por victoria mediante la oración o por el quebrantamiento en acción, la misión de Elías es una preparación. Todos queremos cosechar los campos blancos, pero antes de eso muchos de nosotros tendremos que cosechar estiércol (Juan 4:35; Lucas 13:8). La obediencia es la contraseña de la preparación. Al igual que Jesús aprendió la obediencia por lo que sufrió, como nos dice Hebreos 5:8, así la iglesia aprende, por la humillación, la verdadera obediencia del corazón. Pero en el momento en que un individuo o iglesia permite que el éxito lo llene de presunción, el Espíritu Santo pasa a obrar para sacar a la superficie esa maldad.

Dios no tiene temor de avergonzar a los suyos delante del mundo. Dios no es derrotado si los hombres fallan. Puede que Él envíe un profeta a los hombres, sabiendo no solo que esos hombres pueden fallar (como en Isaías 6), sino también que ellos podrían apedrear al profeta. A lo largo de la historia bíblica, Dios envió a algunos a brillar para que las tinieblas de otros pudieran ser reveladas (1 Corintios

11:19); lo hizo para traer arrepentimiento. Con frecuencia, no es hasta que somos expuestos, hasta que injuriamos a los mensajeros de Dios, que descubrimos la maldad en nosotros. Dios no tiene temor de las tinieblas, ni tampoco deberían sus testigos tener temor a las tinieblas.

> La luz en las tinieblas resplandece, y las tinieblas no prevalecieron contra ella.
>
> —Juan 1:5

El mundo demanda paz y armonía, el cumplimiento de sus propios sueños impulsados por la culpa. Pero el Señor usa las pruebas de la vida para perfeccionar las almas cristianas. Por tanto, el profeta no se desanima si la maldad persiste.

> Que formo la luz y creo las tinieblas, que hago la paz y creo la adversidad. Yo Jehová soy el que hago todo esto.
>
> —Isaías 45:7

El profeta sirve a un Dios que obra todo para bien de quienes son llamados (Romanos 8:28). El mundo insiste en que todo sea enderezado, o si no, Dios no está en el trono o no se preocupa por ello. La lealtad del profeta no es a un sueño de una tierra restaurada, sino a un Señor que puede que no restaure todo del modo en que nosotros esperaríamos; aunque, al final, todo será restaurado. Un profeta debe aprender a vivir con contentamiento en medio del desastre, confiando en la mano de Dios en todas las cosas.

Los problemas persisten en el mundo a fin de que lo verdadero pueda ser perfeccionado.

> Pues en primer lugar, cuando os reunís como iglesia, oigo que hay entre vosotros divisiones; y en parte lo creo. Porque es preciso que entre vosotros haya disensiones, para que se hagan manifiestos entre vosotros los que son aprobados.
>
> —1 Corintios 11:18–19

Dios permite lo imperfecto a fin de que puedan ser descubiertas las verdaderas gemas y ser pulidas mientras su protección supervisa el proceso.

El *summum bonum* es, por tanto, la obra de Dios, el Señor Jesucristo. Él es el testimonio del Padre a los hombres; Él es la sabiduría que se sienta a la diestra de Dios; Él es la expresión y la reivindicación de Dios entre los hombres. Su vida se expresará a sí misma más y más por medio de los hijos de Dios entre los hombres. Pero la iglesia debe aprender a confiar a medida que Él nos muestra que no somos aún como Él es. Es esa obra de revelar el pecado, ya sea mediante maravillas o aflicciones, la que constituye la misión de Elías. Sin ella no puede haber resurrección a la gloria; por tanto, Elías viene como un fuego purificador para cumplir Malaquías 3 entre nosotros. Que la iglesia se levante para recibir a sus Elías.

Mientras tanto, los ríos deben ser contaminados y debe evitarse que un auto atropelle a un niño. Las visiones y sueños, el lenguaje oscuro y el directo, llamarán a los hombres y mujeres a realizar su papel. Papeles pequeños y grandes llenarán escenas y actos antes de que se eche el telón final. Cada escena añade detalle a detalle hasta que el villano del drama aparece.

La iglesia está cruzando el Jordán para entrar en la tierra prometida. Los sacerdotes que ahora llevan el arca delante del pueblo son los apóstoles y profetas del Señor. Debemos aprender a reconocerlos, recibirlos y apoyarlos. Por mucho tiempo hemos recibido a sus pastores y sanadores, sus evangelistas y maestros; hasta los exorcistas están obteniendo cierta medida de reconocimiento. Pero los profetas y apóstoles son los últimos porque ellos son los primeros. Ellos van delante para apartar las aguas del Jordán. Como hizo en Hechos 13:2, Dios nos mostrará quiénes son para que puedan ser apartados. El Señor llama: ¿quién puede sino responder?

¿Los recibiremos?

Notas

3—A restaurar todas las cosas

1. "How Firm a Foundation," de John Rippon's Selection of Hymns, 1787. De dominio público.
2. Merlin R. Carothers, *Power in Praise* (Merlin R. Carothers).
3. "Onward Christian Soldiers," por Sabine Baring-Gould. De dominio público. Cursivas añadidas para dar énfasis.

4—El llamado de un profeta

1. Kenneth E. Hagin, *I Believe in Visions* (Faith Library Publications).

5—La disciplina y la formación de un profeta

1. Watchman Nee, *The Release of the Spirit*, edición reimpresa (Christian Fellowship Pub.). Watchman Nee, *The Spiritual Man, Vol. 1* (Christian Fellowship Pub.).

6—Lecciones de profecía de la historia de la mujer en el pozo

1. "Jesus Loves Me," por Anna B. Warner. De dominio público.

7—El cumplimiento adecuado de la obligación del profeta

1. David Wilkerson, *The Vision* (Pillar Books).
2. William Shakespeare, *Hamlet*, Acto I, escena V.

9—El lugar de parada

1. Cita atribuida a Sir Walter Scott.

10—El poder creativo de la Palabra en la oración

1. Bruce Railsback, PhD, profesor, Departmento de Geología, Universidad de Georgia, "Marduk Creates the World From the Spoils of Battle," www.gly.uga.edu (accesado el 20 de abril de 2006).
2. "Ra and the Serpent: Egyptian Myth of Creation," paráfrasis preparada por Angelo Salvo, http://ccat.sas.upenn.edu (accesado el 20 de abril de 2006).
3. E. T. Whittaker, "Aristotle, Newton, and Einstein," *Science* 98: 270, se hace referencia en Arthur Custance, "The Nature of the Conflict," capítulo 1, parte 1, *Science and Faith*, vol. 8, www.custance.org (accesado el 20 de abril de 2006).
4. Cleve Backster, "Evidence of a Primary Perception in Plant Life," *International Journal of Parapsychology* 10 (1968): 329–348, se hace referencia en Adolph Hecht, "Emotional Responses by Plants," *Plant Science Bulletin* 20 (December 1974): www.botany.org/ (accesado el 20 de abril de 2006).
5. Glenn Clark, *The Man Who Talks With Flowers* (Macalester Park).

11—Preludio a escuchar

1. "Quotations by Author: Calvin Coolidge," The Quotations Page, www.quotationspage.com (accesado el 21 de abril de 2006).
2. Hobart Freeman, *Angels of Light?* (Faith Ministries and Pub.).
3. J. R. R. Tolkien, *The Lord of the Rings*, 50th anniversary edición en un volumen, (Houghton Mifflin Company).
4. C. S. Lewis, *The Horse and His Boy*, edición reimpresa (HarperCollins Publishers), cursivas añadidas.
5. Bob Mumford, *Take Another Look at Guidance* (Logos Int.).
6. Lewis, *The Horse and His Boy*, 202, cursivas añadidas.
7. Kenneth E. Hagin, *Ministering to the Oppressed*, 2nd edición (Faith Library Publications).

12—Sueños: el lenguaje de Dios durante el sueño

1. Gardner Murphy, *Personality: A Biosocial Approach to Origin and Structure* (Harper Bros.).

14—Lenguaje oscuro: la extraña y gozosa manera de Dios de hablar a la humanidad

1. Nivo Lo Bello, *Saga Magazine* 48(5), agosto de 1974.

15—Cara a cara: lenguaje claro y audible

1. "My God and I," himno de Latvia. No más información disponible.

16—El asna de Balaam y otras cosas sorprendentes

1. J. Allen Boone, *Kinship With All Life* (HarperSanFrancisco).

Acerca de los autores

John Loren & Paula Sandford

Son considerados pioneros en los movimientos proféticos y de sanación en nuestros días. Paula es consejera profesional, y ha escrito 13 éxitos de ventas con John, su esposo. John se graduó del seminario teológico y obtuvo una maestría en Religión. Ha sido pastor de iglesias durante 21 años, y fundó el ministerio Elijah House. Están casados desde 1951, y tienen seis hijos y muchos nietos y bisnietos.

Para más información, puede comunicarse con:
Elijah House, Inc.
3127 N. Pines Road
Spokane Valley, WA 99206
Web site: www.elijahhouse.org